商业银行
法律风险防控与处置化解

主 编 尹承业

人民法院出版社

图书在版编目（CIP）数据

商业银行法律风险防控与处置化解 / 尹承业主编.
北京：人民法院出版社，2024.11. -- ISBN 978-7
-5109-4265-5
  I．D922.281.5
  中国国家版本馆CIP数据核字第2024TD7670号

商业银行法律风险防控与处置化解
尹承业　主编

策划编辑	赵　刚
责任编辑	白　鸽
出版发行	人民法院出版社
地　　址	北京市东城区东交民巷27号（100745）
电　　话	（010）67550662（责任编辑）　67550558（发行部查询）
	65223677（读者服务部）
客 服 QQ	2092078039
网　　址	http://www.courtbook.com.cn
E - mail	courtpress@sohu.com
印　　刷	三河市国英印务有限公司
经　　销	新华书店
开　　本	787毫米×1092毫米　1/16
字　　数	336千字
印　　张	20.5
版　　次	2024年11月第1版　2024年11月第1次印刷
书　　号	ISBN 978-7-5109-4265-5
定　　价	78.00元

版权所有　侵权必究

前言
PREFACE

　　法律是治国之重器，法治是治国理政的基本方式。党的十八大以来，以习近平同志为核心的党中央高度重视全面依法治国，党的十八届四中全会作出《中共中央关于全面推进依法治国若干重大问题的决定》，指出全面推进依法治国的总目标是建设中国特色社会主义法治体系，建设社会主义法治国家，并对这个总目标作出了阐释：在中国共产党领导下，坚持中国特色社会主义制度，贯彻中国特色社会主义法治理论，形成完备的法律规范体系、高效的法治实施体系、严密的法治监督体系、有力的法治保障体系，形成完善的党内法规体系，坚持依法治国、依法执政、依法行政共同推进，坚持法治国家、法治政府、法治社会一体建设，实现科学立法、严格执法、公正司法、全民守法，促进国家治理体系和治理能力现代化。党的二十届三中全会通过的《中共中央关于进一步全面深化改革　推进中国式现代化的决定》指出，法治是中国式现代化的重要保障。必须全面贯彻实施宪法，维护宪法权威，协同推进立法、执法、司法、守法各环节改革，健全法律面前人人平等保障机制，弘扬社会主义法治精神，维护社会公平正义，全面推进国家各方面工作法治化。

　　当前，全面依法治国持续推进，已经取得巨大成就。法治社会建设进入快速推进阶段，各项治理工作及经济活动都必须在"法治"轨道上运行。商业银行作为独立的市场主体，毫不例外，各种经营管理活动也必须在"法治"轨道上运行，"依法治行"成为商业银行核心竞争力的重要组成部分。2023年10月，中央金融工作会议指出，坚持把防控风险作为金融工作的永恒主题，坚持在市场化法治化轨道上推进金融创新发展。商业银行法律风险直接影响银行的声誉和资产质量，法律风险的防控与处置化解是"依法治行"的重要内容，其重要性不言而喻，可以说是决定商业银行生死存亡的重要因素。所以，法律风险防控与处置化解成为推动商业银行高质量发展的重要保障。

《商业银行法律风险防控与处置化解》从构建比较完整的商业银行法律风险防控与处置化解管理体系出发，本着对法律风险早识别、早预警、早处置的原则，理论性与实用性并举，"风险防控"与"处置化解"并重，深入业务流程，抓住关键环节，识别法律风险点，提出针对性强的风险防控措施与处置化解措施。

本书共分为两大部分：总论，分论及专题。

第一部分总论，包括以下几章：

第一章"论商业银行法律风险管理体系"，主要包括：法律风险的内涵与特点，法律风险管理的准则、组织架构、管理流程、管理措施，法律风险的量化研究等。

第二章"商业银行常见业务法律风险防控"，包括：存款业务、对公信贷业务、个人信贷业务、信用卡业务、中间业务、保函业务等六大类业务的法律风险点及防控要点。

第三章"法律纠纷处置化解"，包括：法律纠纷处置化解的系统观念、法治思维；信贷业务起诉类纠纷、被诉类纠纷，以及个贷、信用卡纠纷的精细化管理要点。

第四章"坚持系统观念，实施全方位法律追索"，主要介绍全方位查找债务人资产、围绕债务人的"资产"与"经营交易"进行追索的措施、围绕债务人的关联公司追索的措施以及如何运用多种诉讼程序，提高法律追索效率。

第五章"《民法典》制度创新对银行业务的影响及实务操作要点"，对《民法典》总则编、物权编、合同编等每一编与银行业务相关的制度创新进行条文解读，并提出实务操作要点。

第二部分分论及专题。这部分主要是关于绿色金融、科技金融、普惠金融、数字金融等金融创新业务的法律风险防控的专题论述，包括：供应链融资业务、碳排放权担保、知识产权质押业务、互联网贷款业务、涉农信贷业务、植物新品种权质押、集成电路布图设计专有权质押、最高额物权担保、个人信息保护、个人住房贷款业务被诉纠纷、保理业务、应收账款质押业务、预售商品房抵押、银行债权"破产撤销"、存款质押、动产流动质押法律风险防控等。鉴于法律风险的责任既包括承担民事责任，也包括可能承担刑事责任或者行政责任，因此专题论述违法发放贷款罪及防范。

目录
CONTENTS

总论

第一章 论商业银行法律风险管理体系 ………………………… 3

    第一节 认识法律风险 ………………………………………… 3
    第二节 法律风险管理体系 …………………………………… 5
    第三节 加强量化研究，探索法律风险管理新思路 ………… 11
    结　论 ………………………………………………………… 13

第二章 商业银行常见业务法律风险防控 …………………… 14

    第一节 存款业务法律风险防控要点 ………………………… 14
    第二节 对公信贷业务法律风险防控要点 …………………… 26
    第三节 个人信贷业务法律风险防控要点 …………………… 41
    第四节 信用卡业务法律风险防控要点 ……………………… 47
    第五节 中间业务法律风险防控要点 ………………………… 51
    第六节 保函业务法律风险防控要点 ………………………… 55

第三章 法律纠纷处置化解 …………………………………… 60

    第一节 坚持系统观念，提升法治思维能力，做好商业
           银行法律维权工作 …………………………………… 60
    第二节 信贷业务起诉类纠纷精细化管理要点 ……………… 66
    第三节 被诉类纠纷精细化管理要点 ………………………… 83
    第四节 个贷、信用卡纠纷精细化管理要点 ………………… 89

第四章 坚持系统观念，实施全方位法律追索 ·················· 96

第一节 全方位查找债务人资产 ························ 96

第二节 围绕债务人的"资产"与"经营交易"进行
法律追索 ·························· 103

第三节 围绕债务人的关联公司（人）进行追索 ·········· 112

第四节 运用多种诉讼程序，提高法律追索效率 ·········· 130

第五章 《民法典》制度创新对银行业务的影响及实务
操作要点 ·························· 143

第一节 总则编制度创新对银行业务的影响及实务
操作要点 ·························· 143

第二节 物权编制度创新对银行业务的影响及实务
操作要点 ·························· 147

第三节 合同编制度创新对银行业务的影响及实务
操作要点 ·························· 154

第四节 人格权编制度创新对银行业务的影响及实务
操作要点 ·························· 163

第五节 婚姻家庭编制度创新对银行业务的影响及
实务操作要点 ························ 166

第六节 继承编制度创新对银行业务的影响及实务
操作要点 ·························· 168

第七节 侵权责任编制度创新对银行业务的影响及实务
操作要点 ·························· 170

分　　论

第一章 供应链融资业务法律风险防控 ·················· 177

第一节 供应链金融概述 ·························· 177

第二节 供应链金融的法律关系分析 ·················· 179

第三节　供应链金融的法律风险防范 …………………… 180

第二章　碳排放权担保法律风险防控 ………………………… 189
　　　第一节　概述 …………………………………………… 189
　　　第二节　碳排放权担保面临的法律风险 ………………… 192
　　　第三节　碳排放权担保的法律风险防范 ………………… 194

第三章　知识产权质押业务法律风险防控 …………………… 197
　　　第一节　概述 …………………………………………… 197
　　　第二节　知识产权质押法律问题与风险防控 …………… 199
　　　第三节　专利权、商标权、著作权质押法律风险防控 … 206

第四章　互联网贷款业务法律风险防控 ……………………… 212
　　　第一节　互联网贷款概述 ……………………………… 212
　　　第二节　互联网贷款的法律风险 ……………………… 213
　　　第三节　互联网贷款的法律风险防控措施 ……………… 215
　　　结　论 …………………………………………………… 219

第五章　涉农信贷业务法律风险防控 ………………………… 220
　　　第一节　关于涉农经营主体法律分析 ………………… 220
　　　第二节　涉农信贷新型担保方式法律问题研究 ………… 230

第六章　植物新品种权质押法律风险防控 …………………… 240

第七章　集成电路布图设计专有权质押法律风险防控 ……… 244

第八章　最高额物权担保中最高债权额确定的法律分析 …… 248

第九章　个人信息保护法律风险防控 ………………………… 251

第十章　个人住房贷款业务被诉纠纷防控与处置化解 ……… 258

第十一章　保理业务法律风险防控 …………………………… 267

第十二章　应收账款质押业务法律风险防控 ……………… 272

第十三章　预售商品房抵押法律风险防控 …………………… 280

第十四章　银行债权"破产撤销"法律风险防控 …………… 285

第十五章　存款质押业务法律风险防控 ……………………… 289

第十六章　动产流动质押业务法律风险防控 ………………… 295

专　　题　违法发放贷款罪分析及防范 ……………………… 302

  第一节　违法发放贷款罪解析 ……………………………… 302

  第二节　违法发放贷款罪案例分析 ………………………… 305

  第三节　违法发放贷款罪防控措施 ………………………… 313

后　　记 ………………………………………………………… 320

总　论

第一章 论商业银行法律风险管理体系

第一节 认识法律风险

一、法律风险的情形及责任后果

巴塞尔银行监管委员会于 1997 年公布的《有效银行监管的核心原则》中明确指出:"银行要承受不同形式的法律风险:包括不完善、不正确的法律意见、文件而造成同预计情况相比,资产价值下降或负债加大的风险。同时,现有法律可能无法解决与银行有关的法律问题;有关某一银行的法庭案例可能对整个银行业务产生更加广泛的影响,从而增加该行乃至其他所有银行的成本。影响银行和其他商业机构的法律有可能发生变化。在开拓新业务时或交易对象的法律权力未能界定时,银行尤其容易受法律风险的影响。"

上述论述仅仅列举了较为常见的法律风险类型,并没有将法律风险的内涵讲清楚,所以它不能称为法律风险的定义。

巴塞尔银行监管委员会于 2004 年 6 月发布的《统一资本计量和资本标准的国际协议:修订框架》(新资本协议)"操作风险"一章中对操作风险的定义:"操作风险是指由不完善或有问题的内部程序、人员及系统或外部事件所造成损失的风险。本定义包括法律风险,但不包括策略风险和声誉风险。"上述定义是从引起损失的原因来界定操作风险的。可以看出,引起操作风险的风险源有人员、内控程序、系统和外部事件四种;同时说明操作风险包括法律风险,认为法律风险是广义的操作风险的一部分,但未对法律风险的内涵作进一步说明。这一提法未被广泛接受。

2023 年 12 月,国家金融监督管理总局公布《银行保险机构操作风险管理办法》，该办法第 2 条规定：本办法所称操作风险是指由于内部程序、员工、信息科技系统存在问题及外部事件造成损失的风险，包括法律风险，但不包括战略风险和声誉风险。该办法"附录：名词解释及示例二"规定：法律风险包括但不限于下列风险：（1）签订的合同因违反法律或者行政法规可能被依法撤销或者确认无效；（2）因违约、侵权或者其他事由被提起诉讼或者申请仲裁，依法可能承担赔偿责任；（3）业务、管理活动违反法律、法规或者监管规定，依法可能承担刑事责任或者行政责任。

以上是以列举的方式说明法律风险包括哪些情形以及法律风险的责任后果，没有明确定义什么是法律风险。

二、法律风险的内涵

法律风险是指由各种法律事实造成或者可能造成损失的风险，法律事实包括人的行为、自然事实等，法律风险是对各种行为、自然事实等及其他风险法律上的评判。这是法律风险区别于其他风险的本质特征。法律风险的损失即后果，既包括承担民事责任，也包括可能承担刑事责任或者行政责任。

法律风险是一种独立的风险。它与操作风险、信用风险、市场风险、流动性风险等其他银行风险既相互独立，又相互关联，有时相伴而生。有些情况下，法律风险与其他风险相伴而生，而且其他风险有时会转化为或最终表现为法律风险，操作风险即属于此。法律风险与操作风险，二者的含义及本质特征是不同的。将二者区别开来，将有助于更好地管理各类风险，是十分必要的。

三、法律风险的特点

1. 法律风险具有共性属性与多样性

共性属性是指风险的法律属性。但是法律风险由于引发因素多种多样，从各种各样的事实及人的行为来看，显然其外在表现形式是多样性的，差异是很大的；这种多样性、差异性导致了法律风险从识别、评估、量化到管理控制、监测等各个方面都具有很大的难度。

2. 法律风险具有普遍性

法律风险普遍存在于商业银行业务、产品和经营管理的各个方面及各个环节，包括经营部门和非经营部门。它与市场风险主要存在于交易类业务和信用风险主要存在于授信业务不同，法律风险不仅存在于银行各项业务、产品、服务活动之中，也存在于经营管理活动中。

3. 法律风险的损失具有难以预测性

从理论上讲，法律风险的损失应由法律标准来裁判和衡量。但是由于法律体系庞大，规范数量巨大，加之对法律规范的理解与适用的不同一性，使得法律风险的损失有时难以判断和具体预测，特别是损失由内外两方面的因素造成的情况；有时可能涉及民事责任、刑事责任交叉，则法律风险的损失更加难以预测。

4. 法律风险难以进行量化管理

在商业银行面临的诸多种类风险中，信用风险、市场风险等因数据丰富而比较容易计量，而法律风险则是当前最难计量的风险，其主要原因是：（1）风险源构成复杂，多种多样。商业银行业务、产品、经营管理活动等涉及的法律法规非常之多，未遵循某一条规定均可能引起法律风险；（2）法律风险是由人的行为、自然事实所引起的，难以客观量化；（3）许多业务、产品法律风险损失数据稀少且缺乏积累。

第二节 法律风险管理体系

法律风险管理是指通过采取各种措施与活动，从而对法律风险加以防范、控制与处置化解。"防范、控制与处置化解"是针对法律风险的不同状态而采取的管理活动的称谓。一般而言，法律风险形成之前的管理活动称之为"防范"，亦称为法律风险事前防范；法律风险形成中或已形成但尚未暴露而采取的管理活动称之为"控制"，亦称为法律风险事中控制；法律风险暴露以后而采取的管理活动称之为"处置化解"，亦称为法律风险事后化解。法律风险管理体系包括以下内容：

一、法律风险管理准则

法律风险管理，要遵循以下准则：

1. 股东会或董事会需了解法律风险的主要方面，对法律风险管理框架体系进行审批和定期重检；

2. 必须建立法律风险管理体系，确保管理体系已接受过有效的内部审计；

3. 高级管理层应对批准的管理体系的运行执行情况负责；

4. 各部门、各个岗位的人员应明确关于法律风险管理的相应的职责；

5. 必须充分识别、评估、控制和化解目前经营的所有产品、经营管理活动、程序和系统的法律风险；

6. 应在开发新产品、开展新业务、建立新程序、新系统之前，对存在的法律风险进行充分的识别、评估；

7. 建立有效的防范、监测、控制、处置化解法律风险的程序和措施。

二、法律风险管理的组织架构

建立管理法律风险的有效组织，以保证法律风险管理体系能有效运转与执行。董事会对法律风险管理负有最终责任。法律部门与各部门应各司其职、互相配合，共同做好法律风险的防范、控制与处置化解工作。管理法律风险的具体部门及其分工如下：

1. 法律部门是法律风险管理的专职部门

其职责主要概括为以下几方面：（1）制定、修改有关法律风险管理的制度、管理措施及方法；（2）组织落实、实施法律风险管理的准则、管理措施及方法；（3）检查监督法律风险管理准则、管理措施及方法的实施、执行情况及效果；（4）牵头负责对法律风险的处置化解；（5）负责业务、产品、经营管理活动等合法性审查。

2. 各部门（机构）是本部门（机构）业务、经营管理活动法律风险防范、控制的第一道防线

各部门（机构）应当严格执行法律风险管理准则及防范措施、方法；评估、监测本部门业务、经营管理中的法律风险；汇报、协助配合处置化解已发生的法律风险。

3. 部门法律风险管理员

应当建立部门法律风险管理员制度。各部门要配备专职或兼职法律风险管理员，负责本部门日常法律风险的管理及与法律部门的沟通工作。

三、法律风险管理流程

法律风险的管理流程包括法律风险识别、评估、监测、控制、处置化解、报告等活动。

1. 法律风险识别

法律风险识别是指对业务、产品及经营管理活动中可能引起法律风险的风险因素的识别。

法律风险识别是有效防范与控制法律风险的基础环节，应建立和完善法律风险识别制度，采用适当的工具与方法，定期或不定期地对法律风险进行识别。法律风险识别应就银行的业务、产品和服务，以及法律文本、法律环境及其变化情况、交易双方的履约情况等进行充分判断分析。

2. 法律风险评估

法律风险评估是指通过一定的方法，对法律风险发生的频率、影响程度大小、控制与处置化解的效果等进行分析和评价。应建立法律风险评估制度，通过定性与定量相结合的方法，准确了解和掌握各项业务、产品法律风险的情况，并要采取相应的预防控制措施。

3. 法律风险监测

法律风险监测是指对各种引发法律风险因素指标的日常监测，对法律风险状况及其控制措施进行动态持续的监测。应建立法律风险关键指标监测体系，并运用关键风险指标等工具监测法律风险。法律风险关键指标包括交易双方履约情况、双方交易法律性质、交易规则的变化、法律环境的变化等。

4. 法律风险控制与处置化解

法律风险控制通常是指依据法律风险识别、评估、监测的结果，根据风险的不同情形，在事前事中采用适当的措施与方法，对法律风险进行转移、补救、降低、规避，使风险完全化解或降低到可接受的程度。法律风险的处置化解通常指风险已经形成暴露后采取的措施与方法。

5. 法律风险报告

法律风险报告是指对法律风险信息、情况进行收集、加工与传递、报告的活动。报告的信息包括：面临的法律风险和潜在的法律风险、应对风险的步骤、采取的具体措施与方法等。

应建立全面、严格、及时的法律风险报告制度，使法律风险各级管理者能够及时了解、掌握法律风险事件的全面情况，以便迅速采取有效的防范、控制与化解措施。

四、法律风险管理的措施

坚持系统观念，运用法治思维，深入流程环节，形成事前防范风险、事中控制风险、事后处置化解风险的完整措施体系。

（一）法律风险事前防范措施

1. 建立科学完善的规章制度体系，夯实法律风险防范基础

建立科学完善的行内规章制度体系是防范法律风险的一项重要的基础性工作。目前各商业银行已经基本实现了经营管理的有章可循，规章制度建设逐步走向科学化、规范化。但是，规章质量不高、监督执行不力等问题还比较突出，还不能完全符合既能防范风险，又能确保业务高质量发展的要求。因此，应建立起完善的与现代商业银行经营管理相适应的规章制度体系。具体地讲，这个规章制度体系应当具有以下几"性"：一是合法合规性。即行内规章是在遵守国家法律、法规、规章的前提下制定的、用以规范自身经营管理行为的、在本行内具有拘束力的规范性文件。"合法合规性"是行内规章有效实施的前提。而且，内部规章应该将法律法规规章的规定要求予以内化体现。二是及时性。即及时制定规章制度，防止经营管理制度上出现"真空地带"；拓展新产品、新业务时，坚持规章制度先行。三是动态性。如果新法律法规颁布或法律法规发生修改变化，以及业务有了发展变化，应当对原有规章制度及时进行修订、补充完善，以达到合法合规性的要求。四是双重目标性。好的规章制度应当是既能防范经营管理活动中的风险，又能促进业务的健康发展。只有将两方面有机统一或较好地结合起来的规章制度，才是科学完善的规章制度。

2. 完善法律性文件审查和法律咨询制度

（1）法律性文件审查制度。商业银行各项业务都是通过法律性文件的形式来完成的。对法律性文件在正式对外出具前予以合法性审查是事前防范法律风险的主要措施。完善的法律性文件审查制度应包括以下主要内容：一是应以高质量为目标。无较高的审查质量，难以防止风险。二是审查的范围应涵盖所有的法律性文件。三是法律意见的采纳及反馈。法律审查意见原则上应予以采纳，送审部门应根据法律审查意见修改完善相关条款。建立法律审查意见反馈制度，对于法律审查意见的采纳情况，送审部门须及时反馈法律审查部门。

（2）经营管理决策法律咨询制度。经营管理决策的合法合规性是决策科学性的前提，是高质量发展的法治保障。为确保经营管理决策依法合规，应当建立健全决策法律咨询制度；明确规定各项经营管理决策，应当认真听取法律部门的意见，将法律意见作为重要的决策参考。

3. 建立法律、法规识别制度

如有新颁布或者修改的法律、法规、司法解释等情况发生，法律部门应立即分析，评估其对银行业务、经营管理的影响，及时就有关影响提出法律意见，供业务部门参考。各部门应依据法律部门的法律风险评估分析及建议，研究制定新的或修订本部门业务规章制度、操作流程等。

4. 制定法律风险防控手册

法律风险具有自己独特的特点，有时业务、产品操作手册难以完全防控法律风险。因此，有必要制定法律风险防控手册。手册可以按照业务、产品制定，包括业务流程环节、法律风险点、防控措施等。

5. 提升全员法律素质和法律意识，提高全员防范法律风险的能力

内部人员的行为是引起法律风险的主要风险源之一，其有些行为是由于法律意识淡薄而导致。因此，增强员工的法律意识以提高员工防范法律风险能力。

加强法治宣传教育，提高员工的法律意识和法律素质，应重点做好两方面的工作：一是要加强领导人员尊法学法守法用法工作，进一步提高领导人员的法律意识和法治观念。要把法律知识学习列入领导干部的必修课程；建立领导干部法治讲座、学法日等制度；实行领导干部任前法律知识考试制度。二是努力提高广大员工的法律意识。要通过举办专题讲座、研讨会、辩论会、知识竞赛、案例教学等多种扎实有效的方式，使广大员工学习、了解和掌握相关法律、法规、规章制度，提高广大员工的法律意识，增强其自觉依法合

规操作的能力。

(二) 法律风险事中控制措施

1. 建立法律风险识别与监测制度

加强对产品、流程、系统、外部法律行为的法律风险的识别与监测工作，应建立法律风险识别与监测制度，包括以下主要内容。

(1) 应就全部产品、流程及系统，进行法律风险的识别与评估，找出所有的法律风险点，给予充分的监测。

(2) 所有新业务、新产品、新系统的研发工作，应当有法律部门参加；法律部门就新业务、新产品、新系统可能涉及的法律问题、潜在的法律风险等提出法律意见及建议；审查所有相关的法律文件。

(3) 对内部经营管理活动中可能引起的法律风险的识别与监测。一是对经营管理活动中可能存在的法律风险予以识别提示，并尽可能涵盖所有的经营管理活动；二是对具体的经营管理活动是否引起法律风险进行识别与监测。

(4) 对外部行为可能引起的法律风险的识别与监测。外部行为包括契约相对方和第三人所实施的行为。既要加强对契约相对方的行为可能引起的法律风险的识别与监测，还要特别注意第三方（如外部诈骗）可能引起的法律风险，以便及时采取控制与处置化解措施。

2. 建立健全合法性检查监督制度

建立健全合法性检查监督制度是事中控制法律风险的有效手段。要对已签订的法律性文件或已进行的经营管理活动定期进行合法性检查，对风险评估较高的业务可以加大检查频次，以能够及时发现存在的法律风险，从而采取相应的措施方法予以控制和化解。

(三) 法律风险事后处置化解

法律风险处置化解包括诉讼和非诉讼措施。本文重点论述诉讼措施。加强纠纷诉讼全流程管理，发挥诉讼措施在法律风险处置化解中的核心作用。

建立纠纷诉讼全流程管理制度。纠纷诉讼管理工作应当强化全流程、精细化管理，努力实现诉讼价值最大化。应当建立以"管理流程化、方案科学化、操作精细化"为主要内容的诉讼全流程管理模式。

(1) 强化全流程管理，构筑贯穿诉讼全过程的纠纷跟踪管理流程。所谓流程化的案件跟踪管理是对纠纷诉讼全流程的管理，是对纠纷从诉前、诉讼过程、裁判结果直到执行终结的动态实时管理，其核心是对纠纷进展的实时了解掌控，以及时提出应对措施。

（2）引入诉前评估和诉讼分析制度，使诉讼方案科学化。科学的诉讼方案，是实现诉讼目标的首要条件。而面对种类繁多、案情各异的诉讼纠纷案件，如何制订科学高效的诉讼方案，是做好诉讼工作需要考虑的首要问题。在诉讼决策及诉讼方案制订中，引入诉前评估制度和诉讼分析制度是必不可少的。

（3）诉讼操作精细化。诉讼工作是非常复杂的，涉及实体法、程序法，必须精细化操作。细节决定成败。科学的诉讼方案决定了赢得诉讼的可能性，而好的诉讼策略和精细化操作，则是通向诉讼目标的必要通道。因此，在诉讼工作中，应当高度重视纠纷处置化解工作精细化，在熟练掌握运用实体法、程序法规定的基础上，坚持纠纷优化操作、精细化操作。

第三节　加强量化研究，探索法律风险管理新思路

以上法律风险管理措施、方法，主要是从定性角度来考虑的。加强法律风险的量化研究，建立法律风险案例分析库和法律风险关键指标监测体系，将使法律风险管理更加完善和有效。

一、建立法律风险案例分析库

1. 数据收集

收集二十年来（时间越长越好）发生的法律风险和包含法律风险的案例，包括案件、纠纷、事件等。

2. 识别风险点和风险源

对每一案例识别出法律风险点和风险源。法律风险点是指风险发生在业务、产品的具体环节、部位。法律风险源是指引发风险的具体法律事实，包括行为、自然事实等。每个案例可能有多个风险点、风险源，都应逐一列出。

3. 统计与分析

按业务种类和产品对所有案例进行分类，然后统计出每类业务和产品所发生的法律风险的风险点、风险源、风险频率（次数）、风险强度（损失大小）（见表1、表2）：

表1 各种业务风险点、风险源、风险频率、风险强度

业务种类	风险点	风险源	风险频率	风险强度	备注
公司业务					
个人业务					
房金业务					
电子银行业务					
投资银行业务					
国际业务					
……					

表2 各种产品风险点、风险源、风险频率、风险强度

产品种类	风险点	风险源	风险频率	风险强度	备注
存款					
公司贷款					
个人住房贷款					
个人消费贷款					
保函					
票据					
……					

根据以上分类统计的结果，对每类业务、产品的法律风险情况进行全面的分析研究，了解掌握每种业务、每类产品的法律风险的风险点、风险源、风险频率、风险强度的状况。

4. 提出防范法律风险的措施、方法

依据以上分析研究的结果，对每类业务、产品提出防范法律风险的建议、

措施和方法，供管理层和业务主管部门参考使用和执行。

二、建立法律风险关键指标监测体系

建立法律风险关键指标监测体系，并运用系统工具，能够增强防控的有效性。法律风险关键指标包括两大类：共性指标和个性指标。共性指标可以适用于大部分银行业务和产品，一般包括交易的法律架构、交易对方的法律属性、交易的履约情况等；个性指标应该按照各个业务、产品来制定，通过梳理业务、产品每一流程环节，找出法律风险点，设立相应的关键指标。

结 论

法律风险是银行业中常见的独立的风险。法律风险的管理水平、控制能力如何，直接影响着一家银行的声誉和资产质量，也影响着银行的核心竞争力。因此，加强法律风险的管理具有十分重要的意义。我们应该根据商业银行法律风险自身内涵与特点，坚持系统观念，运用法治思维，建立起完善的商业银行法律风险的管理体系，才能够有效地防范、控制与处置化解法律风险，为银行业的高质量发展提供强有力的法治保障。

第二章 商业银行常见业务法律风险防控

第一节 存款业务法律风险防控要点

《商业银行法》规定商业银行可以经营的首个业务种类是"吸收公众存款"。存款业务是商业银行的主要业务之一，包括活期、定期等存款，个人借记卡、单位结算卡等借记卡，个人、单位准贷记卡等业务。随着存款介质和结算方式的变化，存款业务亦呈现出新的特点。近年来，存款业务纠纷数量居高不下，是商业银行法律纠纷的主要业务类型之一。本节就存款业务关键环节的法律风险点进行分析，同时提出相应的防控措施。

【关键环节一】 客户身份真实性审查

（一）法律风险点

根据相关法律法规规定，对客户进行身份识别是银行的法定职责，同时也是保障客户存款安全的重要举措。实践中，不法分子使用虚假身份证件、冒用他人真实身份开户、补办银行卡、密码挂失等方式冒领存款，进行违法犯罪活动等。如果银行未按规定对客户身份进行识别或识别有误的，除可能因违反监管规定而受到行政处罚外，还可能因客户身份识别有误，存款被他人冒领导致存款所有人发生损失从而被索赔并承担民事责任。

（二）防控要点

▶防控要点1：严格执行客户身份识别制度

银行在客户开立账户时要切实履行本机构和岗位职责范围内的客户身份

识别的工作职责，收集真实、有效和完整的客户信息，做到"了解你的客户"，对客户身份资料及交易记录妥善保存，把好开户审核第一关，严防存款人以虚假身份证件或者借用、冒用他人身份证件开立银行账户。

▶防控要点2：严格规范柜面操作管理

严格落实个人账户实名制要求，对客户出示的居民身份证，应通过联网核查公民身份信息系统验证姓名、号码、照片、有效期以及签发机关等信息的真实性，仔细核对证件照片、联网核查显示照片是否与客户实际容貌特征相一致，并完整、准确登记客户基本信息。当客户与身份证件照片显示非同一人时，应拒绝客户业务办理要求。如客户声称确实是其本人，应要求客户出具其他能够证明身份的有效证件或证明文件（户口簿、护照、工作证、机动车驾驶证、社会保障卡等），以进一步确认其身份。如客户拒绝提供其他资料且确实无法判定与身份证件照片同属一人，应拒绝为其开户。

对于单位客户开户，应严格落实客户尽职调查，具体可采用柜面核实、面对面调查、上门核查、远程视频等方式，对客户的证明文件、经营状况等进行核对。监管规定必须上门核实信息的，不得采用非现场方式替代，同时应妥善保存上门核实记录。

▶防控要点3：及时履行报告义务

发现个人冒用他人身份开立账户时，应履行报告义务，并根据《中国人民银行关于加强支付结算管理防范电信网络新型违法犯罪有关事项的通知》（银发〔2016〕261号）要求向公安机关报案。报案后，等待公安机关人员到达现场，但不得强行扣押客户及其身份证件。

▶防控要点4：加强风险提示教育工作

通过银行卡申请领用协议、短信、对账单、ATM屏显、网站、网点公告等形式对持卡人作出风险提示，指导持卡人正确、安全地使用银行卡。营业网点应当向客户广泛开展反诈骗宣传。在办理存款业务中对防范诈骗作出特别提示，如网银不交由他人保管、存款密码不告知他人等；针对存款业务中常见的、新出现的诈骗手段及时向客户作出提醒，特别是有向客户宣传银行"高息揽储"业务、要求存款后不查询不转账不修改密码等情形的，应及时提示客户防范，从源头减少风险发生。

【关键环节二】 大额资金划转核实

（一）法律风险点

银行须根据客户的指令和企业账户的协议进行划转，同时严格核实客户身份、授权许可等材料。实践中，存在因财务管理漏洞，不法分子伪造身份证件、单位印鉴、贸易合同等材料，导致存款被非法使用和转移的情况。如果银行未按规定做好大额资金划转核实等工作，可能需承担相应民事责任。

（二）防控要点

▶防控要点1：关注大额支付和异常支付，确保资金安全

银行机构要加强大额支付的审核，对大额支付业务必须严格执行会计主管人员审签和与单位确认制度，在出现大额资金变动时应及时进行电话核实，同时可发挥银行短信服务平台覆盖广、易普及等优势，将客户账户资金交易变动及时以短信形式通知客户。加强存款人银行结算账户异常或可疑资金支付的监控，对大额资金频繁转入转出、与存款人经营规模或业务范围明显不符的资金收付等现象应跟踪、核实。

▶防控要点2：加强与客户对账工作

银行机构要按照监管规定和协议约定，定期与客户进行对账，严格执行对账相关制度，切实提高综合对账率和对账单回收率，要加强对不符账项的追踪管理，做到"有疑必查，查必落实"。对账工作中发现问题及可疑账务的，要及时向主管领导和相关部门报告。

【关键环节三】 存款代理支取

（一）法律风险点

1. 未成年人存款代理支取风险

《民法典》规定，未成年人的父母是未成年人的法定监护人，该监护权是一种身份权，不因父母婚姻关系是否存续、子女是否由父或母一方单独抚养而改变。未成年人的父母已经死亡或者没有监护能力的，可由其他近亲属或愿意担任监护人的个人、组织担任监护人。实践中，有的银行工作人员在审核"谁是监护人"时，认为在同一户口簿上或能证明亲属关系就是监护人，

存在未成年人账户由非监护人支取的情况。

2. 无民事行为能力或限制民事行为能力人存款代理支取风险

《民法典》规定，无民事行为能力或者限制民事行为能力的成年人，由下列有监护能力的人按顺序担任监护人：（1）配偶；（2）父母、子女；（3）其他近亲属；（4）其他愿意担任监护人的个人或者组织，但是须经被监护人住所地的居民委员会、村民委员会或者民政部门同意。银行应在核实监护人存款支取符合法律法规规定的前提下，配合办理业务。

3. 委托取款风险

委托代理主要风险来源是代理权存在法律瑕疵，即行为人无代理权、超越代理权或代理权终止后仍以被代理人名义从事民事行为。例如，行为人在并未取得存款人授权的情形下，采用窃取、骗取等手段，持所谓的委托手续、存款人存单、存折、身份证件等办理取款业务，存款人若因此遭受资金损失，可能要求银行赔偿损失。

（二）防控要点

▶防控要点1：关注客户年龄

如果为未成年人，要根据相关法律规定和行内规章制度准确认定未成年人的适格代理人，审核监护人资格证明材料。办理业务时，监护人应提供该财产处理是为维护被监护人利益的证明材料。

▶防控要点2：严格审查证明材料

银行在收到人民法院关于认定该客户为无民事行为能力人、限制民事行为能力人的判决书后，方可确定其为无民事行为能力人、限制民事行为能力人。如果遇到仅凭医院诊断结论或居委会、村委会证明就要办理代理业务的要求，应当依法予以拒绝并告知其取得法院文书。同时，根据相关法律规定和行内规章制度准确认定无民事行为能力人、限制民事行为能力的成年人的适格代理人。

【关键环节四】 **存款继承**

（一）法律风险点

1. 合法继承人的身份确认风险

《民法典》规定，继承开始后，按照法定继承办理；有遗嘱的，按照遗嘱继承或者遗赠办理。同时，对自书遗嘱、代书遗嘱、打印遗嘱、录音录像遗嘱、口头遗嘱，以及公证遗嘱的形式要件进行了明确规定。实践中，如果银行未严格落实相关规定或合法继承人身份确认错误支取存款，可能导致合法继承人起诉银行。

2. 继承过程中的存款查询风险

《中国银保监会办公厅、司法部办公厅关于简化查询已故存款人存款相关事项的通知》对查询已故亲属存款流程进行简化、优化，规定了查询人需具备的资格、提供的材料、范围。若银行未按相关规定进行查询，可能因客户存款信息保密不当，承担相应责任。

3. 已故存款人存款支取风险

实践中，如果银行工作人员未严格落实相关规定或因被继承人亲属缺乏相关证明材料而拒绝支取存款，可能导致被继承人亲属起诉银行。

4. 丧葬费、抚恤金支取风险

《社会保险法》第17条规定："参加基本养老保险的个人，因病或者非因工死亡的，其遗属可以领取丧葬补助金和抚恤金。"由此可以看出，丧葬费、抚恤金是直接支付给死者遗属的补助、抚恤性质的资金，不应视为死者的遗产，如果直接将丧葬费、抚恤金按照遗产过户给继承人，则可能存在支付错误的风险。

（二）防控要点

▶防控要点1：审核合法继承人的身份证明文书

应当根据相关法律规定确认合法继承人的身份后，再办理过户或支付手续，不能仅仅因为存款单、银行卡持有人拥有密码，就直接为其办理取款手续。同时应注意，根据《民法典》相关规定，公证遗嘱不再具有效力上的优先性，在判定各份遗嘱之间的效力时，内容相抵触的，以最后的遗嘱为准。

▶防控要点2：严格执行存款继承相关规定

对于已故存款人存款的提取，应仔细审核相关资料，提取金额5万元以上的须先经公证程序；在办理符合《关于简化提取已故存款人小额存款相关事宜的通知》（银保监办发〔2021〕18号）规定的已故存款人小额存款提取时，应注意严格按照上述文件规定审核继承人或受遗赠人提交的材料。

▶防控要点3：妥善处理丧葬费、抚恤金支取工作

客户提出支取丧葬费、抚恤金的要求时，银行应严格按照规定妥善处理；同时，需与社保机构做好协调沟通工作，坚持在合法合规的前提下办理业务。

【关键环节五】 存款挂失支取

（一）法律风险点

1. 未识别出客户伪造身份材料办理挂失

伪造身份证挂失，通常伪造者与存款人比较熟悉，采取一定的途径获取存款人的身份证和存款余额等信息，利用自己的人像伪造客户的身份证，前来冒名挂失密码、存款；借用、冒用他人身份证件，找相貌相似的人员到柜台办理挂失支取手续。存款人起诉银行后，法院一般会以银行未尽到核实挂失人身份的义务，导致该笔存款被他人冒领为由，判决银行承担相应责任。

2. 挂失处理不及时造成客户资金损失

实践中，存在个别银行工作人员以客户无法提供身份证件为由拒绝办理书面挂失，也未提醒客户通过其他途径办理临时挂失。如果在此期间客户存款被盗取，法院可能会以银行未及时办理挂失止付手续为由，判决银行承担一定的责任。

3. 帮助客户填写挂失申请书存在操作风险

实践中，个别银行工作人员在客户办理挂失手续时，把存折、银行卡的有关要素全部告知客户，甚至直接帮助客户填写挂失申请书。如果出现存款被冒领的情况，可能会因操作上的过错而承担一定的法律责任。

（二）防控要点

▶防控要点1：挂失后续处理须由存款人本人办理

根据《中国人民银行关于执行〈储蓄管理条例〉的若干规定》，挂失申请可以代办，而挂失后续处理，包括补发存款凭证、支取、销户等手续必须由存款人本人办理。因此，银行在办理上述业务时，需严格审核是否为本人办理。

▶防控要点2：严格履行身份真实性审核义务

通过联网核查以及人证一致性审核来确认客户身份的真实性，必要时可

通过户口簿、护照、驾驶证等进行辅助验证并留存辅助证明材料复印件，或通过拨打系统预留的客户电话进行验证，确认无误后方可办理挂失处理业务。

▶防控要点3：及时办理挂失手续

认真审核客户提供的挂失资料，在能够确认客户身份的情况下，可立即办理挂失手续；当场不能确认客户身份的，可提醒客户通过客服电话等途径办理临时挂失。

【关键环节六】 自助设备机器维护及场所安全

（一）法律风险点

在银行自助设备、办公场所等开放程度较高的经营场所，银行负有保障进入银行的客户人身和财产安全的义务。实践中，个别不法分子通过在银行自助设备上安装特殊装置、张贴虚假告示等方式，窃取存款人的银行卡、卡号、账号、密码等信息，进而诱骗或者窃取存款人的存款。在因上述情况导致存款人资金损失引发的诉讼中，法院认为，银行自助设备是银行营业柜台的物理延伸，银行有义务确保其安全、可靠，银行未尽安全保障义务，应当承担赔偿责任。

（二）防控要点

▶防控要点1：强化自助设备检查

严格按照自助设备检查制度加强对自助设备的日常检查，及时发现、排除和解决自助服务区域的可疑现象和设备故障。特别是自助设备区监控发生故障、ATM机频发未吐钞故障等异常情况，网点人员应立即前往设备区查看。同时，应妥善留存排查记录，如自助设备检查监控录像、员工检查记录单等。

▶防控要点2：充分提示设备使用风险

采取适当方式主动提示存款人自助设备使用风险，提升存款人风险防范意识。风险提示如，进入自助银行门禁无须输入密码；使用自助设备前应留意周边环境；自助设备出现吞卡或不吐钞的故障，不要轻易离开，可以原地拨打官方客服电话；发现自助设备上张贴有可疑文件，及时与网点工作人员联系等。

【关键环节七】 银行卡使用

（一）法律风险点

1. 客户身份信息、密码泄露

实践中，如果客户对银行卡使用中的安全风险缺乏认识、对新推出的银行卡产品缺乏了解，个人信息、密码保密和安全防范意识不足，从而导致个人身份信息、密码泄露，则会给犯罪分子以可乘之机，造成持卡人存款被盗、被骗等情况发生。

2. 银行卡伪卡盗刷和网络盗刷风险

银行卡盗刷纠纷为近年来个人存款纠纷的主要类型之一。行为方式主要包括伪卡盗刷和网络盗刷，常见的盗刷手段如非法购买客户信息伪造银行卡、冒充网购卖家以"退款"或"退货"为由骗取银行卡信息，以及客户不当使用银行卡导致关键信息泄露等情形引发的资金损失。实践中，持卡人多基于储蓄合同法律关系请求发卡行赔偿被盗刷存款的本息损失。因银行较难举证证明消极事实，即持卡人未妥善保管并谨慎使用银行卡及密码，此类纠纷多判决银行承担相应的赔偿责任。

（二）防控要点

▶防控要点1：全面履行告知说明义务

一是严格履行银行在防范盗刷风险中的告知说明义务，特别是在涉及银行卡开通、新增网络支付业务时，应明确告知持卡人银行卡具有相关网络支付功能，并告知持卡人身份识别方式、交易验证方式等足以影响持卡人是否使用该功能的内容。二是银行作为格式合同的提供方，应切实履行重要事项的提示说明义务，包括客户本人阅读、抄写风险提示，妥善保管银行卡及其密码、不得出借银行卡、设置高等级密码、交易支付限额等涉及账户资金安全的重点事项。

▶防控要点2：提高银行卡信息安全科技水平

银行应提升银行卡安全程度及系统自动识别异常交易因素并及时阻断异常交易的能力。必要时，可采用与客户进行交易确认等辅助方式，进一步降低资金盗刷风险。如对于未办理余额变动提醒业务的客户，在其银行卡多次、频繁在某一时间、跨区跨境进行交易，疑似被盗刷的情形下，系统主动触发风险预警，采取短信预警提示、电话确认等防范手段，减少乃至避免账户资金损失。

▶防控要点3：加强证据收集保存

《最高人民法院关于审理银行卡民事纠纷案件若干问题的规定》（法释〔2021〕10号，以下简称《银行卡民事纠纷若干规定》）出台后，银行卡盗刷纠纷已经逐渐形成较为统一的司法裁判标准。客观上要求商业银行提高证据意识，主动适应举证责任分配要求。一是积极收集交易单据、对账单、监控录像、交易身份识别信息、交易验证信息等证据，证明持卡人账户资金减少为本人交易或授权交易。如争议交易发生前，是否存在非持卡人本人的第三人签字确认办理该账户取款或转账交易的业务凭证及POS单据等；主张境外伪卡盗刷的，异常交易前后是否已存在境外交易记录等。二是可以提供证据证明持卡人对银行卡、密码、验证码等身份识别信息、交易验证信息未尽妥善保管义务，从而减轻或免除自身责任。如确认持卡人是否有不良消费习惯，是否经常访问风险网站，涉案银行卡是否绑定了第三方支付平台等，以此了解持卡人自身泄露密码、银行卡号等关键信息的可能性。三是可提供证据证明持卡人未及时采取挂失等措施防止损失扩大，持卡人应自行承担损失扩大部分的责任。

▶防控要点4：积极协助客户报案

一是积极协助客户向公安机关报案；二是指导客户根据银行卡相关交易规则及时提起交易异议，拦截资金交易；三是发生疑似银行卡盗刷情况，主动提示客户采取挂失银行卡等方式锁定资金，避免资金损失持续扩大。

【关键环节八】 印鉴管理与审核

（一）法律风险点

由于预留印鉴在银行支付结算业务过程中的重要作用，决定了印鉴管理的复杂性和高风险性，特别是印鉴变更过程中，银行工作人员如果操作不规范，对资料审查不严，可能导致假印鉴被预留。实践中，主要系银行业务办理过程中，因验印审核不严等原因，未能识别出业务凭证上加盖的印鉴与预留印鉴不一致，由此导致客户资金损失，银行需承担赔偿责任。

（二）防控要点

▶防控要点1：开户环节要严格审查客户材料

严格审查开户证明文件真实性，核实开户意愿，严控虚假开户行为。如对于违法失信企业、注册地址不存在或虚构经营场所的客户，应根据相关规定不予开户；对于法定代表人或主要负责人对企业主要情况不清楚、注册地和经营地均在异地等情形，仔细核查开户意愿的真实性，并留存客户签约的视频、音频资料。

▶防控要点2：加强预留印鉴的管理

严格按照制度规定及操作流程办理印鉴预留及变更业务，一是要对客户提供资料的真实性、完整性进行严格审查，做到核对有据、核查清楚；二是要对客户身份进行真实性确认，授权办理的，还应提供授权委托书和经办人有效身份证件，确认其是否具有办理此类特殊业务的资格。必要时，可与委托人进一步核实确认并留存相关证据材料。

▶防控要点3：强化印鉴审核

验印时发现验印系统提示异常的情况，可采用多次验证、多人交叉验印等方式进一步仔细核对，切忌随意人工通过，避免验印流于形式。

【关键环节九】 协助执行查询、冻结、扣划存款

（一）法律风险点

协助有权机关完成执行工作，是商业银行必须履行的法定义务。如不履行协助义务，或协助执行过程中推诿拖延、延误办理、通风报信等导致账户资金被转移，帮助被执行人隐匿或转移财产，银行和经办人不但可能会受到司法或行政处罚，甚至有可能触犯刑法。但同时，客户存款属于客户的敏感信息，商业银行有保护客户存款资金和信息安全的义务；若未按法律规定履行协助义务，在未认真审查请求协助执行机构的主体资格、未仔细核实执法人员身份的真实性、未对协助执行的法律文件进行仔细审查等情况下，对客户账户进行查询、冻结、扣划操作，亦会侵犯客户的合法权益，导致银行承担民事侵权责任。

(二) 有关法律法规规定

1. 银行协助执行查询、冻结、扣划存款的规定

(1)《商业银行法》相关规定。《商业银行法》第 29 条第 2 款规定:"对个人储蓄存款,商业银行有权拒绝任何单位或者个人查询、冻结、扣划,但法律另有规定的除外。"第 30 条规定:"对单位存款,商业银行有权拒绝任何单位或者个人查询,但法律、行政法规另有规定的除外;有权拒绝任何单位或者个人冻结、扣划,但法律另有规定的除外。"

(2) 中国人民银行《金融机构协助查询、冻结、扣划工作管理规定》(银发〔2002〕1 号)。该规定对金融机构协助有权机关查询、冻结和扣划单位、个人的存款作出具体规范。

2. 有权进行查询、冻结、扣划存款的机关

(1) 具有查询、冻结、扣划权限的机关(见表 3)。

表 3 具有查询、冻结、扣划权限的机关表

序号	单位名称	法律依据
1	人民法院	《民事诉讼法》第 117 条
2	税务机关	《税收征收管理法》第 17 条、第 38 条
3	海关	《海关法》第 4 条 《关税法》第 44 条、第 50 条、第 61 条

(2) 具有查询、冻结权限,不具有扣划权限的机关(见表 4)。

表 4 具有查询、冻结权限,不具有扣划权限的机关表

序号	单位名称	法律依据
1	人民检察院	《刑事诉讼法》第 144 条
2	公安机关	《刑事诉讼法》第 144 条
3	监察机关	《监察法》第 23 条
4	国家安全机关	《刑事诉讼法》第 4 条
5	军队保卫部门	《刑事诉讼法》第 308 条

续表

序号	单位名称	法律依据
6	监狱	《刑事诉讼法》第 308 条
7	海警机构	《刑事诉讼法》第 308 条
8	证券监督管理机构	《证券法》第 170 条
9	反洗钱行政主管部门	《反洗钱法》第 25 条、第 26 条

（3）只有查询权限的机关（见表5）。

表 5　只有查询权限的机关表

序号	单位名称	法律依据
1	银行、保险监督管理机构	《银行业监督管理法》第 41 条 《保险法》第 154 条
2	市场监督管理机关	《反垄断法》第 47 条 《反不正当竞争法》第 13 条 《市场主体登记管理条例》第 39 条 《企业信息公示暂行条例》第 16 条
3	外汇管理机关	《外汇管理条例》第 33 条
4	审计机关	《审计法》第 37 条
5	财政部门及其派出机构	《会计法》第 32 条
6	社会保险费征收机构	《社会保险法》第 63 条

（三）防控要点

▶防控要点 1：严格依法履行协助执行义务

银行工作人员要加强协助执行的审核工作：一是对要求协助执行的主体进行核验。主要看是否为有权机关及其权限范围，对不符合法律规定的协助要求应当拒绝。二是要对有权机关是否依照法定程序办理协助执行进行审查，对不符合法定程序的有权拒绝。三是对有权机关法律文书和经办人员证件真实性进行核实，包括证件持有人是否为本人、证件是否在有效期内、法律文书是否经有权机关签发等。必要时，可通过电话方式与有权机关联系，对执法人员的身份进行确认。受理审核过程中发现问题的，要及时向有权机关做好解释说明工作。

▶防控要点2：专人接待，及时处理

根据相关法律规定，金融机构应当在其营业机构确定专职部门或专职人员，负责接待要求协助查询、冻结和扣划的有权机关，及时处理协助事宜。实践中，部分有权机关往往对协助执行时限要求较高。银行在协助执行过程中，应安排专人接待，优先办理，提高效率。

▶防控要点3：注意规范填写协助执行回执

填写协助执行回执是协助执行的一个重要环节，一旦将回执交付有权机关，便意味着银行要对回执内容真实性负责，并承担相应的法律责任。银行应在按照有权机关要求和法定程序完成全部协助执行行为后，方可填写回执，并注意核对存款人户名、账号，以及被查询、冻结、扣划金额和协助时间是否与实际情况一致。对于虽然完成协助事宜，但存在协助事项较为特殊，容易引发争议的，应在回执上对有关情况进行注明，如轮候冻结的，须在回执上注明该冻结系轮候等情况。

▶防控要点4：严格履行保密义务

一是在协助执行完毕前，不得将执行事项通知被执行人，不得向被查询、冻结、扣划的单位或个人通风报信，帮助其隐匿或者转移财产。二是协助有权机关办理完毕查询存款手续后，有权机关要求予以保密的，金融机构工作人员应当严格保守秘密，不得将有权机关查询存款的情况向客户泄露，避免被查询人转移财产，妨碍有权机关后续工作开展。三是在协助有权机关办理完毕冻结、扣划存款手续后，银行根据业务需要可以通知存款单位或个人。

第二节　对公信贷业务法律风险防控要点

对公信贷业务是商业银行的主要业务之一，是商业银行向企（事）业法人或国家规定可以作为借款人的其他组织发放的用于日常生产经营周转、特定项目投资等用途的贷款。常见贷款产品类型包括流动资金贷款、固定资产贷款、银团贷款、银行承兑汇票、信用证融资等。本节对商业银行对公信贷的贷前调查、合同签订、担保业务办理、债权保全、债权转让、强制执行等关键业务环节的法律风险点进行分析，并对应提出法律风险防控要点。

【关键环节一】 贷前调查

（一）法律风险点

1. 银行疏于审查借款主体的合法合规性，可能导致借款合同无效。

2. 银行未核实担保人身份真实性或担保人属于法律规定的不得对外担保的范围，可能导致担保合同无效。

3. 担保物存在权利瑕疵或属于法律规定不得提供担保的范围，可能导致担保权利无法实现。

4. 公司法人提供担保时未履行法定决策程序或未遵守公司章程规定，可能导致保证合同无效。

5. 借款人的出资人未按照法律规定和约定出资，影响银行债权实现。

（二）防控要点

▶防控要点1：审查借款/担保主体资格合法性

（1）确保借款主体资格合法合规性。受理法人分支机构作为借款主体时，申请人应提供经当地登记主管机关核准颁发的《营业执照》；申请人应提供法人对该分支机构的书面授权；法人的职能部门不能作为借款主体。

（2）确保担保人具备担保资质。加强调查了解，确保担保人不属于法律规定的不得对外担保的范围；担保人为公司分支机构的，应注意审查书面授权书及其担保权限；担保人为自然人的，应确保其身份真实性，如果已婚，应要求其配偶作为共同担保人在相关合同及文件上签字或出具《夫妻共同承担担保债务声明书》。

▶防控要点2：审查担保物是否可担保及其权利状况

（1）全面掌握抵押物、质押物的法律状态，确保其不属于法律规定的禁止抵押、质押的类型。

（2）担保物的权属清晰且担保人有权处分。根据《商业银行法》规定，商业银行应当对抵押物、质押物的权属和价值以及实现抵押权、质押权的可行性进行严格审查。因此，应注意在设定担保之前，对抵押物和质押物的权属状况进行严格审查，重点为权利人是否有权处分、权利共有状态、权利负担情况等。

(3) 审查抵押物、质押物是否被查封，避免在诉讼环节引发案外人执行异议纠纷。

(4) 开展保理业务或应收账款质押业务应注意审查应收账款的真实性，确保应收账款的权属清晰、无瑕疵。详见分论第十一章、第十二章中的防控要点。

▶防控要点3：审查公司对外担保的决策程序

(1) 公司为他人提供担保，注意审查以下内容：按照公司章程的规定，由董事会或股东会决议；公司章程对担保的总额有限额规定的，不得超过规定的限额。

(2) 公司为其股东或实际控制人提供担保的，注意审查以下内容：担保人应提供其股东会同意此担保的决议；作为被担保人的股东或受实际控制人支配的股东不得参与该担保事项的表决；该项决议应由出席会议的其他股东所持表决权的过半数通过；如果担保人的公司章程对于其为股东或实际控制人提供担保有其他要求的，应确保该决议满足章程规定的其他要求。

(3) 上市公司对外提供担保的，注意审查以下内容：上市公司提供担保必须经股东大会或董事会审议；上市公司一年内向他人提供担保的金额超过公司资产总额30%的，应当由股东会作出决议，并经出席会议的股东所持表决权的三分之二以上通过；上市公司对外担保事项的决议已经公开披露；上市公司的《公司章程》应当明确股东会、董事会审批对外担保的权限，其中，对于应由董事会审批的对外担保，必须经出席董事会的三分之二以上董事审议同意并作出决议；对于应由股东会审批的对外担保，必须经董事会审议通过后，提交股东会审批。

(4) 国有独资公司提供担保，注意审查以下内容：需根据公司章程的规定，由国有资产监督管理机构或者公司董事会决定，并出具国有资产监督管理机构的批复或者公司董事会决议；向关联方提供担保的，须经国有资产监督管理机构同意。

▶防控要点4：审查公司的控股股东、实际控制人、关联关系

注意审查和识别公司控股股东、实际控制人，同时注意是否遵守《公司法》关于公司为其股东、实际控制人提供担保的相关规定。建议对以下内容进行审查：公司设立的背景，公司的股东、控制人以及主要财务人员的情况，公司的主要经营业务以及公司与其他公司之间的交易情况，公司的纳税情况

以及具体债权人与公司签订合同时的背景情况和履行情况等因素。

▶防控要点5：审查借款人资本金或出资真实性、法律手续的完善性

（1）注意审查核实借款公司股东出资情况，避免因股东出资不到位、抽逃出资等出资瑕疵影响银行债权实现。现金出资的，建议审查股东是否出资到位，防范个别股东可能在验资、完成工商登记后便将现金转出；房屋、货物、股权、机器设备、知识产权、特许经营权等非货币性资产出资的，审查其是否进行资产评估及变更登记。

（2）如出现股东未出资到位、未进行变更登记或抽逃出资等情形，可要求其按照协议约定足额出资、进行变更登记。上述情形可作为借款合同生效或放款的前提条件。

【关键环节二】 贷款申请资料的审查

（一）法律风险点

借款人贷款申请资料虚假，银行未严格审查，或明知放任或参与指导编造虚假申请资料，保证人可能以"银行与借款人串通骗取保证"为由，请求不承担保证责任；银行及其工作人员可能涉嫌违法发放贷款罪；同时，银行可能因此受到监管处罚。

（二）防控要点

▶防控要点1：确保贷款申请材料齐全、真实，符合形式要求

尽到谨慎注意职责，严格审查借款人提供的贷款申请资料，确保材料齐全、真实，符合形式要求。

▶防控要点2：对贷款申请材料履行"特殊注意"审查义务

银行作为专业的金融机构，在材料审查上不能仅达到"一般注意"的标准，应负有特殊注意义务，确保申请材料不存在"特殊注意"能够发现的瑕疵。充分利用相关系统和数据对借款人提交的财务会计报表、银行流水等进行核查，若发现疑点信息，应结合现场调查综合判断信息的真实性。

▶防控要点3：杜绝"指导"借款人编造虚假材料

坚决杜绝"指导"借款人编造虚假材料。对不符合贷款条件的，可以要求借款人补充材料，决不允许以任何形式"授意""指导"借款人编造虚假

的贷款申请材料。

【关键环节三】 担保业务办理

(一) 法律风险点

1. 保证人属于法律禁止的,保证合同无效。

2. 保证合同约定保证期间不明确可能导致保证期间过短;银行未在保证期间内向全部保证人主张权利可能导致部分保证人不再承担保证责任。

3. 保证责任范围约定不明确、保证方式未约定或约定不明确,可能导致银行保证权利的行使存在争议。

4. 银行因接受法律禁止抵押、质押财产担保或权属存在争议的财产进行抵押、质押,导致抵押、质押无效。

5. 质押业务因押品未转移占有或登记等设立要件不符合法律规定,导致质押未能有效设立或不能对抗善意第三人。

(二) 防控要点

▶防控要点1:法律禁止提供保证的主体范围

根据《民法典》等法律和司法解释规定,以下主体不得作为保证人:

(1) 机关法人不得为保证人,但是经国务院批准为使用外国政府或者国际经济组织贷款进行转贷的除外(《民法典》第683条)。

(2) 居民委员会、村民委员会提供担保的,人民法院应当认定担保合同无效,但是依法代行村集体经济组织职能的村民委员会,依照《村民委员会组织法》规定的讨论决定程序对外提供担保的除外[《最高人民法院关于适用〈中华人民共和国民法典〉有关担保制度的解释》(以下简称《民法典担保制度司法解释》)第5条]。

(3) 以公益为目的的非营利性学校、幼儿园、医疗机构、养老机构等提供担保的,人民法院应当认定担保合同无效,但是有下列情形之一的除外:①在购入或者以融资租赁方式承租教育设施、医疗卫生设施、养老服务设施和其他公益设施时,出卖人、出租人为担保价款或者租金实现而在该公益设施上保留所有权;②以教育设施、医疗卫生设施、养老服务设施和其他公益设施以外的不动产、动产或者财产权利设立担保物权。登记为营利法人的学校、幼儿园、医疗机构、养老机构等提供担保,当事人以其不具有担保资格为由主张担保合同无效的,人民法院不予支持(《民法典担保制度司法解释》第6条)。

(4)地方各级政府不得以储备土地为任何单位和个人的债务以任何方式提供担保[《地方政府土地储备专项债券管理办法(试行)》第32条]。

(5)公司的分支机构未经公司股东(大)会或者董事会决议以自己的名义对外提供担保,相对人请求公司或者其分支机构承担担保责任的,人民法院不予支持,但是相对人不知道且不应当知道分支机构对外提供担保未经公司决议程序的除外(《民法典担保制度司法解释》第11条)。

(6)未成年人等非完全民事行为能力人(《民法典》第143条)。

(7)期货公司(《期货交易管理条例》第17条)。

(8)证券公司除依照规定为其客户提供融资融券外,不得为其股东或者股东的关联人提供融资或者担保(《证券法》第123条)。

(9)融资性担保公司不得为其母公司或子公司提供融资性担保(《融资性担保公司管理暂行办法》第30条)。

▶防控要点2:应明确约定保证期间

(1)保证合同应明确约定保证期间,避免使用"保证人承担保证责任直至主债务本息还清时为止"等保证期间约定不明的表述。

(2)同一债务有两个以上保证人的,建议明确约定每个保证人的保证范围;应在保证期间内向全部保证人行使权利,并注意留存证据。

(3)在保证合同签订时,建议明确约定保证方式为连带责任保证还是一般保证,如未约定或约定不明确,可能被认定为一般保证。

▶防控要点3:抵押业务办理法律风险防范

(1)法律规定不得抵押的财产类型。

根据《民法典》规定,以下财产不得抵押:

①土地所有权;

②宅基地、自留地、自留山等集体所有土地的使用权,但是法律规定可以抵押的除外;

③学校、幼儿园、医疗机构等为公益目的成立的非营利法人的教育设施、医疗卫生设施和其他公益设施;

④所有权、使用权不明或者有争议的财产;

⑤依法被查封、扣押、监管的财产；

⑥法律、行政法规规定不得抵押的其他财产。

（2）审查抵押物的权属是否清晰且抵押人是否有权处分，如对于财产无权处分，抵押人无权在其上设定抵押。

（3）审查抵押物上是否存在居住权、租赁权等权利限制，建议在信用风险评估时予以排除/减计。

（4）最高额抵押应准确填写最高债权限额、债权确定期间，最高额抵押权设立前已经存在的债权，经当事人同意，应明确约定转入最高额抵押担保的债权范围；因信贷业务需要变更已设定的最高额抵押，应签订补充合同并办理相应登记。

（5）在建工程抵押应注意：

①确认在建工程的权属是否清晰。在建工程占用范围内的土地，已经缴纳全部土地出让金，并取得国有土地使用权证、建设用地规划许可证、建设工程规划许可证、建设工程施工许可证等"四证"，对国家重大建设项目，应审查是否具有有权部门的批复，以及相关建设合同；

②在办理在建工程抵押贷款时，应把握在建工程及土地使用权整体作为抵押物的原则，在抵押登记时将整宗土地使用权纳入抵押登记范围；

③贷款用途仅限于借款人对该在建工程的后续建设；

④确定在建工程可抵押担保额度时，应将尚欠施工单位的工程款从抵押物价值中剔除；

⑤可要求工程施工单位对银行贷款提供担保或放弃工程款优先受偿权；

⑥密切关注在建工程的进度，及时追加新建部分的抵押登记，待在建工程建成后及时转房地产抵押。

（6）农村土地经营权抵押应注意：确保土地经营权的取得方式合法；履行必要的登记备案手续；落实土地承包经营权的剩余承包期限；审查了解土地经营权需缴纳相关税费情况；及时办理抵押登记。农村土地经营权抵押详见分论第五章。

（7）农村集体经营性建设用地使用权抵押应注意：注意审查并确保农村集体经营性建设用地的取得方式合法；注意审查农村集体经营性建设用地及其地上建筑物是否存在权利负担；慎重办理权属不清或存在争议、被司法机关查封、擅自改变土地用途的农村集体经营性建设用地使用权抵押；注意依法办理抵押登记。农村集体经营性建设用地使用权抵押详见分论第五章。

（8）林权抵押应注意：确保所抵押林权属于可以抵押的类型；确保抵押人所获得的林地使用权的方式和程序依法合规；审查了解林权流转中需缴纳的相关税费情况；林木所有权、使用权以及林木在地的林地使用权需一并抵押；依法办理林权抵押登记；关注林木采伐许可证的取得情况并对采伐收入进行控制。林权抵押详见分论第五章。

（9）海域使用权抵押应注意：注意审查海域使用权合法性，确保海域使用权具备合法的海域使用权证书；注意审查海域使用权之上不存在权利负担；注意审查海域使用权实际用途；及时办理抵押登记手续；注意关注海域抵押权处置问题；固定附属用海设施抵押。海域使用权抵押详见分论第五章。

（10）农业大棚抵押应注意：农业大棚的所有权明确且取得确权证书；土地使用权一并抵押；大棚符合区域规划；及时办理抵押登记。农业大棚抵押详见分论第五章。

（11）采矿权抵押应注意：

①采矿权的抵押人与借款人为同一主体，且矿山企业投入采矿生产满一年；

②查实采矿权的权属状况，确保权属清晰、无争议，抵押人具有合法、有效的采矿许可证明文件；

③注意采矿权的使用期限与贷款期限是否匹配；

④注意采矿权是否存在不得转让的情形，如已出租或被法定机关扣押、查封；

⑤查实权利所有人是否按照国家规定缴纳了采矿权使用费、采矿权价款、矿产资源补偿费和资源税；

⑥到采矿权的原发证机关办理采矿权抵押的审查批准和备案手续。

▶防控要点4：质押业务办理法律风险防范

（1）动产质押注意：确认质押动产是出质人合法拥有的动产；质押动产权属明晰、能够依法转让和可强制执行；注意动产交付环节，确保质押物已实际交付；严格履行对质押物的审查义务，确认交付质押物与质押合同约定一致；如果由第三方监管质押物，在监管协议中明确约定监管人的义务，确保质权有效设立。

（2）权利质押注意：审查质押权利是否属于可质押范围；权属是否清晰；

是否存在权利负担；以汇票、本票、支票、债券、存款单、仓单、提单出质的，质权自权利凭证交付质权人时设立；没有权利凭证的，质权自办理出质登记时设立。

（3）保证金质押注意：将保证金存入专门的保证金账户，而非一般存款账户；保证金应与所担保的债权建立一一对应的关系；保证金不得与其他性质的资金混同，不得支付与担保债权无关的支出。

（4）应收账款质押注意：设立质押的应收账款属于法律规定可质押的范畴；核查应收账款的真实性；核实应收账款不存在权利负担，无在先权利人，其转让和处分不受法律规定或当事人约定的禁止或限制，在性质上不属于不得转让的权利；签订书面质押合同并办理出质登记；及时通知次债务人（如应收账款债权本身有担保，除通知次债务人外，还需通知担保人，以保证质权的效力及于该担保人）。

（5）票据质押注意：以书面形式订立质押合同；在质押票据上背书记载"质押"字样；出质人应当在票据上签章；票据应交付质权人保管，没有权利凭证的，应到有关部门办理出质登记。

（6）股权质押应注意：加强对质押权的审查，审查股权质押是否违反股权转让的限制性规定，如质押人为公司发起人之一，应审查其股权设质时公司成立是否已满三年；关注股权质押目标公司的负债；签署书面的股权质押合同；严格按照法律规定进行质权登记：对于以证券登记结算机构登记的股权出质的，应当在证券登记结算机构办理出质登记，以其他股权出质的，应当在市场监督管理部门办理出质登记。

（7）知识产权质押注意：详见分论第三章、第六章、第七章。

【关键环节四】 合同签订

（一）法律风险点

1. 借款/担保合同印章不真实或自然人担保人非本人签署，可能导致合同无效。

2. 合同签字受托人转委托未经委托人书面同意，可能导致转委托行为无效。

3. 主、从合同债权人或债务人主体不一致，可能导致诉讼时无法准确确定诉讼当事人,也可能导致担保合同无效。

4. 合同的实际签章与合同约定生效条款不一致,可能导致合同不生效。

5. 主、从合同争议解决方式选择不一致,导致维权成本增加。

6. 银行未尽到《民法典》有关格式条款提示说明义务,可能导致合同部分内容对借款人/担保人无效。

(二) 防控要点

▶防控要点1:合同签订应注意落实面签

严格落实面签制度,核实法定代表人签章的真实性,核实公司的委托代理人、自然人担保人身份和签字的真实性;签署公司借款或担保合同的,建议到公司现场签署合同,并亲见其用印,避免因印章不真实导致合同无效。

▶防控要点2:转委托需取得书面同意

如果借款人法定代表人以书面方式明确同意被授权人可以转委托的,则被授权人可转委托第三人代签合同;否则,不得转委托,可由法定代表人本人签署或其直接委托第三人签署合同。原则上不接受这种转委托。

▶防控要点3:注意主、从合同签订主体的一致性

主合同与从合同中债权人、债务人主体保持一致,避免主合同与从合同分属于上下级机构签署或不同分支机构签署,导致诉讼主体确定出现争议。

▶防控要点4:注意落实合同生效条款

合同签章应注意与合同生效条款约定一致,避免实际签章未满足合同生效条款导致合同未生效。

▶防控要点5:借款、担保合同中增加借款人报告义务及加速到期条款

为防范借款人逃债,建议在业务合同中明确借款人发生合并、分立、大额交易或资产转让、变更股权或其他可能影响银行债权实现的情况时,应事先报告并取得债权人同意;建议设置加速到期条款,约定在债务人不履行上述报告义务时债权提前到期。

▶防控要点6:恰当选择争议解决条款

(1) 如争议解决方式选择诉讼程序,建议选择经营机构所在地人民法院管辖。

(2) 在签订主、从合同或者其他存在密切联系的多份合同时,建议各份合同中的争议解决方式保持一致。

（3）对于涉外合同的争议解决条款，优先选择中国法院或公信力强、专业水准高、具有国际影响力的中国仲裁机构作为争议解决机构。

▶防控要点7：格式条款提示说明义务

在签订合同时，对于格式条款，应按照法律规定和司法解释的要求予以标明，并采取合理方式提示对方注意，并按照对方的要求，对该条款予以说明，否则格式条款内容可能被法院认定为无效。

【关键环节五】 贷款发放与支用

（一）法律风险点

银行未按照贷款合同约定用途及方式发放贷款或未按照放款条件违规发放贷款，保证人可能不承担保证责任。

（二）防控要点

▶防控要点1：严格审查贷款支用材料的合规性

借款人申请支用贷款时，要按照相关规定认真审查借款人提交的贷款支用材料的合规性及手续的完备性。

▶防控要点2：严格审查放款条件是否具备且按照合同约定放款

贷款发放时应严格审查放款条件是否全部落实到位，并根据贷款合同约定安排放款。一方面，严格按照贷款合同约定时间履行放款义务；另一方面，要严格按照贷款合同约定的放款方式进行发放，例如，贷款合同约定受托支付，则不能直接向借款人账户发放贷款。

▶防控要点3：严格防范贷款资金被挪用

贷款支用后，无论是受托支付还是自主支付，都必须及时取得与合同约定用途相符的凭证，并核实确认其真实有效性，严防贷款资金被挪用。

【关键环节六】 债权保全

（一）法律风险点

1. 银行未搜集证据或无足够证据证明借款人/担保人违约，导致宣布贷款提前到期或追究借款人/担保人的违约责任不能得到法院支持。

2. 银行未按照合同约定扣划担保人存款或保证金，导致对方以侵权或违约为由提起诉讼。

3. 银行未按照合同约定行使抵销权或不恰当行使法定抵销权，导致借款人以侵权纠纷为由起诉银行。

4. 银行未在法定期间内主张权利，导致因诉讼时效期间届满丧失胜诉权或担保期间届满，担保人不再承担担保责任。

（二）防控要点

▶防控要点1：关注债务人资产、交易情况

重点关注债务人资产变动、交易是否异常等情况，及时行使撤销权、代位权等权利，保护债权安全，详见第四章第一节。

▶防控要点2：密切关注担保财产情况并及时搜集债务人违约证据

（1）密切监管担保财产情况，确保担保人不得擅自处分担保财产。一旦发现担保财产被处分，应及时采取相应的违约救济措施，包括要求提供新的担保、宣布贷款提前到期、向受让人主张优先受偿权等。

（2）搜集借款人/担保人违约的证据材料；加强逾期催收管理，并留存催收原始记录，作为对方违约的证据。

▶防控要点3：依法、依据合同约定扣划保证金、处置抵押物

（1）严格按照合同约定及法律规定扣划保证金、处置抵押物，避免因保全措施不当被担保人主张财产损害赔偿或不当得利返还。

（2）遵守《企业破产法》有关规定，避免被企业破产管理人以违反《企业破产法》为由起诉撤销偿债行为。

（3）核实扣划依据，避免超额扣划导致被诉索赔风险。

▶防控要点4：注意在法定期间内主张权利

（1）在债权诉讼时效期间内向债务人主张权利。

（2）在保证期间内向保证人主张权利，有多个保证人时，及时向全部保证人主张权利。

（3）在规定的主债权诉讼时效期间届满前行使担保物权。

（4）在执行期限内及时依据生效法律文书申请执行，以及被执行人违反执行和解约定应及时申请恢复执行。

【关键环节七】 贷款重组

（一）法律风险点

1. 办理再融资业务，银行未与担保人重新签订担保合同并办理抵/质押登记，可能导致原贷款的担保措施对新发放的贷款无效。

2. 办理变更借款人业务，银行未与原贷款业务中所有借款人、担保人签署债务转移协议，可能导致原担保人不再承担担保责任。

3. 办理贷款期限调整和贷款展期业务，因原担保物被查封且未补充新担保措施，可能导致担保权利无法实现。

4. 办理还款计划调整业务，银行未与原贷款业务中的所有借款人、担保人签署还款计划调整协议，可能导致原担保人不再承担担保责任。

（二）防控要点

▶防控要点1：办理再融资业务的法律风险防控措施

（1）重新签订借款合同和担保合同，并依法办理抵/质押登记手续。如原抵/质押物已经被查封的，可要求借款人另行提供其他担保。

（2）在借款申请书和借款合同的"贷款用途"项注明贷款的真实用途。

（3）如原担保合同为最高额担保合同，且需要继续使用该最高额担保作为新发放贷款的担保措施的，如该最高额担保合同中所确定的授信业务品种、最高债权限额、主合同签订期间（债权确定期间）均能有效覆盖新贷款的，可不再重新签署最高额担保合同。

（4）如原担保合同为最高额抵/质押合同，且存在下列情形之一的，不得再使用原最高额抵/质押作为新贷款的担保，应要求借款人重新提供担保，重新签署担保合同，并依法办理担保登记：最高额抵/质押合同约定的债权确定期间（主合同签订期间）届满；新的债权不可能发生；抵/质押财产被查封、扣押；债务人、抵/质押人被宣告破产或者被撰销；法律规定最高额抵/质押担保的债权确定的其他情形。

（5）对于股东提供的担保，建议人保和物保并重。除由股东进行连带责任保证外，建议要求股东以持有的借款人公司股权质押外，再以股东名下的特定财产进行抵/质押，且该特定财产的价值形态应与公司提供的抵押物、质押物和公司股权有所区别，避免其将同一核心资产转换法律形式进行重复担保。

▶防控要点2：办理变更借款人业务的法律风险防控措施

（1）签署借款债务转移协议（协议中列明的当事人均应当签署）。

（2）如继续使用原担保的，原担保人应当一并签署该债务转移协议。对于因抵/质押权担保事项发生变化，按照规定需要办理抵/质押权变更登记的，应及时办理相关变更登记。

（3）如使用新的担保的，应与新的担保人重新签署担保合同，依法办理抵/质押权登记手续。

（4）为控制借款人转移企业资产的行为，可以要求公司以其部分或者全部有效主营资产为银行信贷业务提供抵/质押担保。

（5）对于股东提供的担保，建议人保和物保并重。除由股东进行连带责任保证外，建议要求股东以持有的借款人公司股权质押外，再以股东名下的特定财产进行抵/质押，且该特定财产的价值形态应与公司提供的抵押物、质押物和公司股权有所区别，避免其将同一核心资产转换法律形式进行重复担保。

▶防控要点3：办理贷款期限调整业务的法律风险防控措施

（1）签署贷款期限调整协议。

（2）如继续使用原担保的，原担保人应当一并签署该贷款期限调整协议。对于因抵/质押权担保事项发生变化，按照规定需要办理抵/质押变更登记的，应及时办理相关变更登记。

（3）由于贷款期限调整是对贷款期限重新予以确定的行为，如继续使用原担保，且原抵/质押物已被查封，为保险起见，建议要求借款人另行提供其他担保措施。

（4）如需使用新的担保，应与新的担保人重新签署担保合同，依法办理抵/质押登记手续。

▶防控要点4：办理贷款展期应注意的法律风险防控措施

（1）签署贷款展期协议（协议中列明的当事人均应当签署）。

（2）如继续使用原担保的，原担保人应当一并签署该贷款展期协议。对于因抵/质押权担保事项发生变化，按照规定需要办理抵/质押变更登记的，应及时办理相关变更登记。

（3）由于贷款展期是对原贷款期限的延长，如继续使用原担保，且原抵/质押物已经被查封，为保险起见，建议要求借款人另行提供其他担保措施。

(4) 如需使用新的担保的，除与新担保人签署上述贷款期限调整协议外，还应与新的担保人重新签署担保合同，依法办理抵/质押登记手续。

▶防控要点 5：办理合同期限内还款计划调整业务的法律风险防控措施

(1) 与借款人、担保人（如有）签署书面补充协议。

(2) 如继续使用原担保的，原担保人应当一并签署该书面补充协议。对于因抵/质押权担保事项发生变化，按照规定需要办理抵/质押变更登记的，应及时办理相关变更登记。

(3) 如需使用新的担保，应与新的担保人重新签署担保合同，依法办理抵/质押登记手续。

【关键环节八】 债权转让

（一）法律风险点

1. 银行债权转让合同未约定买断条款或免责条款，导致债权转让后可能产生纠纷。

2. 银行选择拍卖机构不慎，因拍卖不合法合规导致承担连带赔偿责任。

3. 银行债权转让未通知债务人或担保人，导致债权转让行为不对其产生效力。

4. 银行债权转让后未及时变更诉讼当事人，导致仍需参加原诉讼程序或被案外人主张执行异议等。

（二）防控要点

▶防控要点 1：完善债权转让合同，明确免责条款和买断条款

首先，转让的债权要真实；其次，在债权转让合同中，建议明确银行免责条款以及不良资产转让后，受让人对银行不能行使任何形式的追索权以及银行在任何情况下均不具有回购义务等。

▶防控要点 2：审慎选择合作机构，据实披露拟转让债权的真实情况

审慎选取第三方拍卖、评估公司，并在合作协议中明确约定其义务和责任；向拍卖人披露拟转让债权的真实情况，同时督促拍卖人在相关招标协议中完全披露拍卖标的真实情况。

▶防控要点 3：书面通知债务人和担保人

转让债权的，应当通知债务人；有保证人的，应当通知保证人；债权转

让通知采取书面的形式，同时留存相关的书面通知材料。

▶防控要点4：注意主、从合同一并转让

转让债权的，如有担保物权，注意将主、从合同一并转让。

▶防控要点5：债权转让后及时变更诉讼主体及担保权利登记

债权转让后及时提醒受让方变更诉讼主体及担保登记权利，避免多次转让造成法律手续不延续或被动涉及受让人之间的法律纠纷。

第三节　个人信贷业务法律风险防控要点

个人信贷业务是商业银行重要的资产业务，是指银行向符合条件的自然人发放的满足其资金需求的贷款。从贷款用途看，可分为个人住房贷款、个人消费贷款、个人经营贷款等。除了虚假按揭、非本人签字等带来的法律风险外，随着互联网贷款的发展以及法律法规对消费者权益保护的日渐完善，个人信贷业务出现了一些新型法律风险。本节就个人信贷业务关键环节的法律风险点进行分析，并提出相应的防控措施。

【关键环节一】　贷前调查

（一）法律风险点

个人信贷业务在贷前调查环节存在的法律风险主要包括：

1. 未有效识别"假个贷"，即未有效识别出虚构购房背景套取信贷资金、名义借款人和实际用款人不一致的情况，后期名义借款人可能以借款合同无效为由主张其不承担还款责任。

2. 对押品真实性调查不到位，抵押房产的所有权归属、占有使用情况等与信贷材料中的信息不一致，导致抵押权未有效设立或丧失的风险。

3. 对借款人的婚姻状况、财产状况调查不到位，未审查借款人与配偶有无"婚姻财产"约定等。

4. 银行明知贷款申请资料虚假，或者参与指导编造虚假材料，保证人可以"银行与借款人串通骗取保证为由"请求不承担保证责任，银行及其工作人员可能涉嫌违法发放贷款罪，同时可能受到监管部门处罚。

（二）防控要点

▶防控要点1：严格客户身份及首付款核查，避免假按揭贷款

（1）严格客户身份核查，严格落实面签制度。重点关注开发商集中推荐借款申请人、多名借款人联系电话或地址相近或重复、借款申请人来自同一单位、家族或地区等情况，尤其应当关注开发商集中推荐的借款申请人。

（2）严格核验购房首付款，重点关注首付款是否由开发企业或第三方统一代缴情况。

▶防控要点2：严格审查房地产开发商相关资质和信用

严把按揭项目审批关，重点审查开发商的资质、资信等级、管理水平、资产负债及盈利水平；已开发项目建设情况、销售情况、履行保证责任的意愿及能力、是否卷入诉讼或纠纷等。

▶防控要点3：加强对合作项目的审查

重点审查项目开发及销售的合法性、资金到位情况、工程进度情况等，防止开发商套取、挪用个人住房贷款资金，造成项目风险。

▶防控要点4：严格审查抵押物的状况

做实抵押物的贷前调查，到相关主管部门查询，查清抵押物的权属以及法律状态，包括是否存在在先担保权利负担、是否存在租赁关系、是否存在居住权、是否为共有财产等。

▶防控要点5：严格审查借款人婚姻状况及财产权属情况

（1）通过与借款申请人当面交谈，了解借款人婚姻状况、财产权属情况、工作、收入情况等。

（2）审查"个人"与配偶有无"婚姻财产"约定，若已约定婚姻财产归各自所有，建议仅以其个人财产进行评估。

▶防控要点6：严格审查贷款申请资料

（1）尽到谨慎注意职责，严格审查借款人提供的身份证、收入证明、银行流水、婚姻关系证明、购房合同等材料，确保材料齐全、真实、符合形式要求，并通过身份证联网核查系统等外部系统查询，验证贷款申请资料的真实性。

（2）银行作为专业的金融机构，在材料审查上不能仅达到"一般注意"的标准，应确保申请材料不存在"特殊注意"能够发现的瑕疵。

（3）坚决杜绝"指导"借款人编造虚假材料。对不符合贷款条件的，可以要求借款人补充材料，决不允许以任何形式"授意""指导"借款人编造虚假的贷款申请材料。

【关键环节二】 合同签订

（一）法律风险点

合同签订环节可能存在的法律风险主要包括：

1. 未严格落实面签制度，借款人或担保人以借款合同、担保合同非本人签字为由主张不承担责任的风险。

2. 贷款合同条款不完善带来的法律风险，如线上贷款合同缺乏经办机构、电子签名等核心要素导致诉讼追索困难的风险。

3. 未履行格式条款提示说明义务，导致合同条款被认定不成立或无效的风险。

4. 贷款合同填写不准确，无法体现各方当事人真实意思表示的风险。

5. 合同只有夫妻一方签字，无法被认定为夫妻共同债务的风险。

（二）防控要点

▶防控要点1：落实面签制度，确保身份和签字真实性

注意落实合同面签，确保借款人身份真实性和签字真实性，避免因合同签字的真实性起诉主张合同无效。

▶防控要点2：合理拟定合同条款，确保条款公平、全面

拟定合同条款时，一是要遵循公平原则确定银行和借款人之间的权利义务内容，避免出现不合理地免除或减轻银行责任、加重借款人责任或限制借款人主要权利等情况。二是要确保合同关键要素齐全、准确，尤其是线上贷款合同，为便于日后通过诉讼途径进行追索，贷款合同中的贷款人应明确为银行具体经办机构，而非银行总行；合同签署阶段，建议增加人脸识别、手写签名等环节，使电子数据证据链更具完整性。

▶防控要点3：履行法定的格式条款提示、说明义务，注意保留证据

对于免除或减轻银行责任、排除或者限制借款人权利等与借款人有重大利害关系的条款，银行要根据《民法典》《消费者权益保护法》等法律规定，

在合同中采用足以引起对方注意的文字、符号、字体等明显标识，提示对方注意，并按照对方的要求，以书面或口头形式向对方进行解释说明，同时要注意保留证据证明已完成了提示和说明的法定义务。需要注意的是，对于线上贷款合同，仅采取设置勾选、弹窗等方式是不够的，仍要按照前述措施履行相应的提示、说明义务。

▶防控要点4：准确填写合同，确保合同条款内容一致

应准确填写合同空白信息，核对贷款申请表与贷款合同所有信息的一致性，避免因填写错误引发法律风险。

▶防控要点5：共债共签，担保取得夫妻另一方同意

在签订个人借款合同时，应注意夫妻共签；签订担保合同时，应注意取得夫妻另一方的书面同意。

【关键环节三】 贷款发放与支用

（一）法律风险点

1. 未按合同约定用途及方式支付贷款，或者未落实合同约定的放款条件违规发放贷款，保证人可能以此为由主张不承担保证责任。

2. 明知借款人申请支用贷款的用途与借款合同约定的用途不符，或者明知不符合放款条件而发放贷款，则银行及其工作人员可能涉嫌违法发放贷款罪，也可能因此受到行政处罚。

（二）防控要点

▶防控要点1：严格审查贷款申请支用材料

借款人申请支用贷款时，贷款人要按照规定认真审查支用材料的合规性及手续的完备性。对借款人提交的贷款用途证明材料要进行认真审核，必要时进行实地调查核实。

▶防控要点2：严格落实放款条件

贷款发放时应严格审查放款条件是否全部落实到位，并根据贷款合同约定安排放款。

▶防控要点3：及时取得与合同约定用途相符的凭证

贷款支用时，无论是受托支付还是自主支付，都必须及时取得与合同约

定用途相符的凭证，并核实确认其真实有效性，严防贷款资金被挪用。

【关键环节四】 贷后管理

（一）法律风险点

贷后管理环节常见的法律风险主要有：

1. 在符合办理正式抵押条件后未及时办理抵押登记，导致丧失优先受偿权的风险。

2. 预售资金监管义务履行不到位，借款人可能以此为由主张不偿还贷款。

3. 借款人因开发商延期交房或项目烂尾、质量问题等起诉解除买卖合同的同时要求解除借款合同的风险。

4. 因贷款结清后未及时注销抵押登记引发纠纷。

（二）防控要点

▶防控要点1：准确抵押预告登记，及时办理正式抵押

办理商品房预告抵押登记的，应确保抵押预告登记信息的准确性，预告登记的财产与办理建筑物所有权首次登记财产一致；加强贷后管理，在符合办理正式抵押条件后及时办理，取得抵押权证，避免影响银行优先受偿权的实现。

▶防控要点2：加强资金监管

（1）强化房屋预售资金监管及涉房贷款资金封闭管理，严格落实国家、地方预售资金监管规定，切实履行预售资金监管协议约定义务，严禁违规办理监管账户资金支用，防范预售资金挪用风险。

（2）强化项目贷款放款管理，严格落实监管规定，确保贷款支用进度与工程进度相匹配，杜绝超工程进度放款；做实重要节点贷款归还进度管理，保障银行资金安全。

▶防控要点3：持续跟踪合作项目进展

排查停工缓建、涉及停贷舆情楼盘情况，加强房地产类押品价值重估管理，视情况追加风险缓释措施。

▶防控要点4：及时办理抵押权注销登记手续

在抵押物所担保的全部债务清偿完毕后或依据生效法律文书债务人无责

任、无义务时,及时办理解押手续,并将所保管的抵押物权属证明及有关单证返还抵押人。

【关键环节五】 债权保全、催收

(一) 法律风险点

保全、催收环节常见的法律风险主要有:

1. 银行系统数据与双方合同约定或生效法律文书不一致引发的利息争议以及业务结清或征信方面的纠纷。

2. 催收不当引发的侵权纠纷。

3. 未在法定时效、期间内行使各种权利,导致丧失胜诉权的风险。

(二) 防控要点

▶防控要点1:密切关注借款人资产处分情况

密切关注借款人资产处分情况,及时行使撤销权、代位权等,保护债权安全。

▶防控要点2:严格核实贷款余额,准确录入系统

在办理个贷业务结清的环节,应注意严格核实申请结清金额与贷款余额,严格按照还款协议、和解协议实际约定或生效裁决确定的内容调整系统账务信息,避免出现贷款已实际结清的情况下银行系统自动计费引发被诉风险。

▶防控要点3:严格核实逾期信息,准确记录逾期情况

若借款人逾期还款需记录不良信用记录的,应做好不良信用记录录入前的核实工作。建议通过电话、短信等方式与借款人联系,核实信息的真伪,催缴逾期借款,说明不良征信记录产生的严重后果,避免因不良征信错误记录引发被诉风险。借款人主张借款已还清,不良征信记录有误的,应核实其是否已经履行了全部还款义务。

▶防控要点4:加强催收管理,做好客户信息保护工作

(1) 加强催收机构准入管理,加强对其资质调查工作,协议明确约定催收机构的权利范围、保密义务、保密信息的范围、合法的催收方式及违约责任等内容。

(2) 仅限于催收借款人本人及其担保人,不对无关第三人催收,不采取

不当催收行为。

（3）加强催收机构监督管理，加强对其监督与考核评价管理。

（4）向催收公司提供客户个人信息，应有合同依据，取得个人同意；要论证处理敏感个人信息的必要性，尽量避免提供客户敏感信息。

▶防控要点5：及时提起诉讼

对逾期贷款应在诉讼时效（3年）内及时提起诉讼。已超过诉讼时效的，可以采取与债务人重新达成还款协议等恢复诉讼时效的措施。

第四节　信用卡业务法律风险防控要点

信用卡作为消费金融产品中的重要组成部分，具有通用、灵活、便捷的特点。近年来，信用卡业务创新发展：如在实体信用卡基础上，推出了数字信用卡；对信用卡申请、办理、消费等流程进行优化；丰富了信用卡分期业务的产品种类。信用卡业务为银行拓展了大量的客群，贡献了较高的中间业务收入。信用卡业务在发展壮大的同时，也暴露出一些法律风险。有效地控制和防范这些法律风险，对于信用卡业务的健康稳步发展有重要作用。本节就信用卡业务关键环节的法律风险点进行分析并提出相应的防控措施。

【关键环节一】信用卡发卡阶段

（一）法律风险点

1. 信用卡非本人申请或签字的风险

银行业务受理人员未对信用卡申请人身份进行有效验证，导致他人以持卡人名义办理信用卡。

2. 信用卡申请人提供虚假证明材料

信用卡申请人为办理信用卡或得到更高的信用额度，使用虚假的收入、财产证明等资料办理信用卡。

3. 侵犯消费者合法权益的风险

基于大数据发送营销信息，基于刷卡记录过度电话营销信用卡分期等，容易滋扰消费者正常生活安宁，可能构成对消费者人格权的侵害。

4. 合作方准入风险

目前银行汽车分期业务大部分由汽车经销商作为中介，如果银行过度依赖经销商，而经销商办理流程不规范，信息审核不严，或持卡人与经销商相互串通套现，容易给银行带来风险损失。

（二）防控要点

▶防控要点1：严格落实"三亲见"制度

办理信用卡申请业务时，银行业务受理人员应严格执行"三亲见"要求，即"亲见本人、亲见申请资料原件、亲见签名"，严格核验申请人身份，防范冒用他人名义申领信用卡的风险。当客户通过智慧柜员机、手机银行、个人网银等渠道申请时，要确保客户本人操作，严禁代客操作。

▶防控要点2：严格审核申请人资料

银行应对信用卡申请资料的完整性、一致性、合规性进行严格审核，检查申请材料的逻辑性，通过电话核实等方式确保申请信息真实。

▶防控要点3：充分保护消费者合法权益

以电话、短信等方式进行营销活动前，应确保取得客户明示同意，且营销方式、业务范围与客户授权要保持一致。在进行短信、电话等营销时，应注意提升精准度，营销内容应当与业务场景、客户需求相匹配，营销频率及时间合理恰当，以免过度营销侵犯客户合法权益。

▶防控要点4：严格合作方准入

做好合作方准入风险的防范管理，审查合作供应商的资产状况、销售规模是否达到一定的条件，商业信誉是否良好。应加强对合作方的管理，严格审核合作方提交的征信查询过件率是否处于合理水平，防范合作方查询非合作领域客户征信报告的欺诈行为。

【关键环节二】 信用卡使用阶段

（一）法律风险点

1. 信用卡盗刷的风险

持卡人未能妥善保管好信用卡，导致卡片丢失，并且未能及时通知发卡行将信用卡挂失,可能导致一些免密信用卡被捡到后发生盗刷;不法分子通过POS机或者ATM机等实体介质复制卡片信息并盗取密码进行盗刷;持卡人使用信用卡绑定第三方支付平台,当连接不安全的无线网络,扫描不安全的二维码,或者点击不安全的链接时就有可能被盗刷。

2. 格式合同条款无效的风险

为了节省成本,发卡行一般会制作统一标准格式的纸质或电子版申领协议,将持卡人与发卡行间的权利义务关系采用合同的形式明确下来。对于格式条款,持卡人一般没有就内容进行修改及协商的权利,如商业银行又未履行充分提示说明义务,客户可能主张对该条款不知情、不理解,从而主张相关条款无效,致使商业银行丧失主张权利或进行抗辩的依据。

(二) 防控要点

▶防控要点1:做好关键环节提醒服务

寄卡、签收、激活、交易等关键环节,及时进行短信提醒服务。开卡行应使用系统预留电话来电或通过静动态密码验证,以防止他人冒用申请人信息开卡的行为;对于多次身份验证失败、同一号码多次来电等风险情况,应及时进行风险排查并回访客户。

▶防控要点2:强化信用卡安全保障措施

采用技术手段提升信用卡自身的信息防窃能力;加强对ATM机、POS机等设备的安全管理,防范犯罪分子通过读卡器窃取卡片信息。

▶防控要点3:充分尽到提示说明义务

应向信用卡申请人、持卡人充分说明卡片的主要功能、支付方式及关联的其他业务,否则,因持卡人不知晓相关功能而造成资金损失时,银行可能需承担相应责任。对合同中"与对方有重大利害关系的条款",特别是息费、违约金条款等直接关乎持卡人经济利益的条款应进行充分解释说明,并通过客户手工抄录,采取足以引起客户注意的字体、字号、颜色、符号、标识进行提示。

▶防控要点4:加强信用卡宣传,普及信用卡知识

通过信用卡领用协议、短信、手机银行、ATM屏显、网点公告等途径对持卡人作出风险提示,指导持卡人正确、安全地使用信用卡。通过宣传,引导广大消费者增强风险意识,合理选择金融商品和服务,提升消费者金融素

养和诚实守信意识。

【关键环节三】 信用卡贷后管理阶段

（一）法律风险点

1. 催收不当的法律风险

在银行或银行委托催收机构催收过程中，如果催收用语不当或催收方式欠妥，可能导致持卡人投诉或引发诉讼纠纷。比如，银行在未取得持卡人授权的情况下，在催收过程中向其家属等与债务无关的第三方透露信用卡逾期情况和逾期金额等信息，或者部分催收人员使用私人手机致电或发送短信给欠款人，并进行言语威胁等。

2. 证据缺失影响权利行使的风险

客户通过银行智慧柜员机线上申请信用卡时，虽然能够在线浏览信用卡合约，并签署风险同意书，但在持卡人逾期向银行发起诉讼时，无法导出信用卡电子合同，且无其他证据证明双方就信用卡利息、复利、费用、违约金以及管辖等关键条款达成了合意，则法院可能不予立案，或判定相关条款对持卡人不具有约束力。受理凭证无受理机构名称信息，申请受理机构名称约定不明，管辖法院难以确定，立案申请难以被法院受理。

3. 生效法律文书履行不当的风险

发生法律效力的判决、裁定或调解书，具有法律强制力和约束力，各方当事人均应履行生效法律文书确定的义务。在生效法律文书内容与银行系统计息规则计算出的债权不一致的情况下，且系统数据高于判决数据时，系统扣划客户资金，容易侵犯持卡人的财产权。

（二）防控要点

▶防控要点1：加强催收监督管理，严格催收机构准入

加强对员工催收管理、催收机构的监督与考核评价管理，确保依法合规催收，防止催收不当或不法催收行为引发侵犯客户"隐私权""名誉权"等权益。加强外部催收机构准入管理，加强对其资质调查工作，优先选取回收业绩好、服务品质高、内部管理规范的外部催收机构；《委托催收协议》中明确约定催收机构的权利范围、催收机构的保密义务、保密信息的范围、合法

的催收方式及违约责任等内容。

▶防控要点 2：做好个人信息保护和敏感信息处理工作

向催收公司提供客户个人信息，应取得个人单独同意，并有合同依据；要严格按照法律规定和合同约定处理个人敏感信息，尽量避免提供客户敏感信息。

▶防控要点 3：做好持卡人异议处理工作

如持卡人主张已还清，不良征信记录有误的，应充分核实其是否已经履行全部还款义务，如经调查核实确系银行过错导致借款人征信信息有误的，可协商和解，并做好后续账务处理、消除不良征信信息。

▶防控要点 4：完善电子证据

在通过线上签约时，应当留有申请人电子签名及银行受理机构名称。充分尽到提示说明义务，能够证明双方就信用卡利息、复利、费用、违约金以及管辖等关键条款达成了合意。在线上签约的营销场景中，可考虑利用第三方电子存证平台，运用区块链等技术，对电子签约过程中产生的所有电子数据进行存证，保证签约合同流程和内容可追溯，增强其在诉讼中的证据效力。

第五节　中间业务法律风险防控要点

商业银行中间业务广义上指不构成商业银行表内资产、表内负债，形成银行非利息收入的业务。本节所述中间业务主要是指金融服务类业务，即商业银行以代理人身份为客户办理的各种业务，主要包括支付结算、代理类、基金托管类和咨询顾问类业务等。本节对代销理财、支付结算、咨询顾问业务常见法律风险点进行分析，并提出针对性防控要点和建议。

一、代销理财业务

【关键环节一】　营销推介环节

（一）法律风险点

1. 银行因理财产品投资风险宣传、说明不到位，可能导致承担赔偿责任。

2. 银行未尽到投资者适当性管理义务，可能导致承担赔偿责任。

3. 银行在发放贷款时强制捆绑销售理财产品，如果理财产品出现亏损，可能导致承担赔偿责任。

（二）防控要点

▶防控要点1：充分说明投资风险

向客户提供的宣传资料、可能影响客户投资决策的材料、投资产品介绍、对客户投资情况的评估和分析等，都应包含相应的风险揭示内容；向客户推介投资产品或提出投资建议时，应当向客户说明投资风险，应使用通俗易懂的语言，配以必要的示例，并说明最不利的投资情形和投资结果。

▶防控要点2：了解客户情况，推介合适产品

全面调查了解客户的财务状况、投资经验、投资目的，以及对相关风险的认知和承受能力，并据此评估客户是否适合购买所推介的产品；出具书面评估意见，并交由客户签字确认。

▶防控要点3：客户自主选择、自主决定

任何产品都应由客户自主作出选择，不强行向客户推介或销售理财产品；客户是否购买、购买哪款理财产品，都应由客户自主作出决定。

▶防控要点4：不得强制捆绑销售或搭售理财产品

销售理财产品，应遵循客户真实意思表示，避免在办理贷款业务或其他金融服务时，以捆绑销售或搭售方式销售理财产品。

【关键环节二】 理财产品业务办理环节

（一）法律风险点

1. 银行销售理财产品未向客户进行风险提示，可能导致承担相应赔偿责任。

2. 银行销售理财产品未执行"双录"，可能因举证不能导致承担相应赔偿责任。

（二）防控要点

▶防控要点1：向客户充分进行风险提示

办理个人理财服务，要向客户进行风险提示。风险提示应设计客户确认栏和签字栏，并要求客户抄录确认内容后签名。

▶防控要点 2：严格执行"双录"

中国银保监会① 2017 年 8 月 23 日发布的《银行业金融机构销售专区录音录像管理暂行规定》明确要求，银行在销售理财产品时必须设立销售专区并在销售专区内装配电子系统，对自有理财产品及代销产品的销售过程进行同步录音录像（简称"双录"）。因此，银行销售理财产品应严格执行"双录"制度，并按照制度要求保存相关视频资料。

二、支付结算与代收代付业务

【关键环节一】 支付结算环节

（一）法律风险点

1. 银行未按照客户要求办理支付结算业务导致客户产生损失，可能导致承担赔偿责任。

2. 银行未能识别客户身份信息真实性，可能导致承担赔偿责任。

（二）防控要点

▶防控要点 1：严格按照客户指令办理

办理支付结算业务应认真核对客户填写的汇款、转账等相关信息，严格按照客户指令办理。

▶防控要点 2：严格审核客户经办人员身份真实性

注意审查客户经办人员身份信息的真实性，并按要求留存经办人身份信息。

▶防控要点 3：及时向客户核实确认

若发现客户填写的信息与银行系统记录的信息不符，应中止操作、询问客户，核实准确后办理。

【关键环节二】 代收代付环节

（一）法律风险点

1. 银行办理代收代付未取得客户明确授权，可能导致被客户以财产损害

---

① 2023 年 3 月，根据《党和国家机构改革方案》，组建国家金融监督管理局，不再保留中国银行保险监督管理委员会。

赔偿或名誉权侵权等为由起诉。

2. 银行未按照代收代付协议约定办理，可能导致承担违约责任或侵权赔偿责任。

（二）防控要点

▶防控要点1：办理代收代付应取得客户明确授权

事先与客户"一对一"签署线下或线上授权协议，取得客户书面授权，建议取得客户手写体签名。

▶防控要点2：严格按照代收代付协议约定办理业务

办理代收代付业务时，应严格按照协议约定办理，避免因金额或账户错误引发被诉风险。

▶防控要点3：及时履行通知义务

银行应及时向客户通知业务信息，通过微信银行、短信等方式，逐笔向客户推送代收代付业务信息。

三、咨询顾问类业务

（一）法律风险点

1. 收取服务费但未提供相应实质服务，被认定为只收费不服务，或"质价不符"。

2. 咨询顾问类业务被认定为变相增加利息，被判抵扣贷款本金。

（二）防控要点

▶防控要点1：遵循平等自愿，不强制客户接受服务

应在客户自愿基础上提供咨询顾问类服务，不强制或变相强制提供其他服务或收取费用；严格区分收息与收费业务，不以"息转费"形式虚增中间业务收入。

▶防控要点2：服务合同约定明确，避免与信贷业务合同的关联性

服务合同中明确约定银行提供的服务内容及收费标准，根据质价相符的原则，将收费对应到真实的、匹配的服务内容项下，相关服务细分为真实具体的内容；咨询顾问类服务内容应具有与所涉事项相关的针对性、实质性和

独创性；服务协议应避免与信贷业务合同的关联性。

▶防控要点3：严格按照服务合同提供服务，确保质价相符

严格履行服务合同约定的服务义务，服务的提供方式须具备与报酬金额相符的针对性、实质性和独创性；按时提供咨询顾问类服务报告，必要时，可要求服务对象提供《确认函》确认银行已按照协议约定提供服务。

▶防控要点4：妥善保管服务记录等相关凭证，做到有据可查

妥善保存服务合同原件，并确保相关协议填写内容完整；对双方就有关项目进行融资商讨的会议以照片或录音方式留存，妥善保存往来邮件、与服务相关的聊天记录等，以及能反映服务成果的其他证明资料。

第六节　保函业务法律风险防控要点

保函是银行单方向受益人出具的，承诺在被保证人不履行义务时，由银行向受益人支付相应款项的法律性文件。仅从保函来看，涉及的当事人是银行和受益人，并不涉及其他人，但是在出具保函过程中，其实涉及多种法律关系，包括保函申请人和受益人之间的基础交易关系、保函申请人和银行之间的委托代理关系、银行和受益人之间的担保关系、银行和反担保人之间的反担保关系。银行保函业务的法律风险防范，要在全面认识上述四种法律关系的基础上展开。

【关键环节一】 开立环节

（一）法律风险点

1. 保函、出具保函协议、反担保合同三者关于同一问题（如保函金额、受益人、被保证人、保函出具银行等）约定不一致的风险。
2. 保函性质界定不清晰的风险。
3. 保函文本不完善导致的法律风险。

（二）防控要点

▶防控要点1：保函、出具保函协议、反担保合同三者须协调一致

一是银行保函的内容要与保函申请人和银行签订的委托合同（出具保函

申请书、出具保函协议书）中有关保函性质、保函有效期、金额等内容要完全一致，以防范银行付款后遭到保函申请人拒付的风险；二是反担保合同与保函内容要协调一致，以防范银行付款后无法行使反担保权的风险。

▶防控要点2：准确界定保函性质

根据保函与基础合同的关系，保函可以分为从属性保函与独立保函，两种保函的风险不一样，所以出具条件和要求也不一样。如果银行本意要出具的是从属性保函，则要在保函文本中明确银行承担的是连带责任保证，且保函文本中要避免出现以下表述：（1）保函载明见索即付；（2）保函载明适用国际商会《见索即付保函统一规则》（URDG758）等独立保函交易示范规则；（3）根据保函文本内容，开立人的付款义务独立于基础交易关系及保函申请法律关系，其仅承担相符交单的付款责任。

▶防控要点3：保函文本具体条款中法律风险的防范

（1）附生效条件条款。附生效条件使保函不是自开立之日起生效，而是在先决条件满足后才能生效。存在的问题是有时较难判断先决条件是否已经满足，容易导致银行、受益人和申请人在这一点上产生分歧。解决的方法：一是让申请人声明或提交某些单据来证明先决条件已经满足；二是在委托协议、反担保协议中规定银行审查先决条件是否满足的责任只限于尽到合理的注意。

（2）生效条款和失效条款。如果保函中无约定，那么保函自开立之日起生效。因此，银行保函应明确规定生效日期和生效条件，以避免可能的风险。如在预付款保函和借款保函中，可以规定保函自申请人收到预付款或取得借款之日起生效；或规定保函自开立之日起×天后生效，或者保函开立之日起×天不得对保函提出索赔要求。保函的失效有三种规定方式：一是规定具体的日期；二是与基础合同联系起来，如将投标保函的失效期规定为投标的期限加上×天或×月；三是将前两种方法结合起来，如规定保函在主合同履行完后×天或×月终止，但最迟不迟于某一具体的日期。

（3）延期条款。有些保函规定受益人有延长担保期限的权利，即经受益人要求，保函的有效期可以延长。如果受益人经过请求可以使保函无数次地延长，那么保函将变成无期限的，从而增加申请人和银行的风险。因此，应对保函中的"延期条款"加以注意，尽量不规定延期条款或限制延期的期限和次数。同时对反担保也要规定如果保函延期，反担保也相应地延期。

（4）保函金额及支付条款。保函中必须明确规定担保的最大数额和币种。有时还要规定计算支付金额的方式、利率、银行延迟支付的利率、银行支付的金额是否为扣除各种税费后的净额等。因此，保函中关于银行承担的付款责任一定要明确，以免引起不必要的纠纷。

（5）注意保函金额递减条款。保函金额递减条款规定，随着主合同的逐步履行或担保行的付款，担保的最高额也随之减少。这一条款是保函中的重要内容之一，不能忽视。

（6）关于转让条款。这里的转让仅指担保权利的转让，即受益人提出索赔权利的转让。从受益人的利益来讲，转让的范围越广，形式越多越好。但对申请人来讲，担保权利的转让增加了对担保人提出索赔要求的风险。因此，对担保权利的转让应予以充分关注。一是尽量不要规定转让条款。因为只有规定担保是可转让的，受益人才能转让其索赔权利。二是即使允许受益人可以转让其索赔权利，也要规定转让的方式和次数。

（7）管辖权与法律适用条款。如果是涉外保函，司法管辖和法律适用条款是一项非常重要的内容。通常约定开立保函的银行所在国的法院有管辖权，保函适用法院地的国内法。一般情形下，不能开立"受受益人所在国法律支配并在该国仲裁或诉讼"这样的法律适用条款。实践中，如果受益人不同意适用担保银行所在地法律，可以考虑适用国际惯例如《见索即付保函统一规则》（URDG758）或者比较完善的第三国法律。

【关键环节二】 审单环节

（一）法律风险点

当受益人提出索赔、银行在判断索赔要求与保函的条款是否相符时，容易引起以下争议：如果银行认为索赔条件没有得到满足而拒绝付款，则受益人要起诉；如果申请人认为银行付款不当，也会对银行拒付或进行诉讼。

（二）防控要点

▶防控要点1：根据相符原则进行审查

当受益人请求银行付款时，银行审查其请求时依据的是"相符原则"。相符原则包含三层含义：首先，索赔要求必须与保函中的所有条款和条件相符合，并且要严格相符；其次，确认索赔要求与保函相符只需是表面相符；最后，索赔要求与其他单据之间必须一致。银行审查受益人的索赔请求时，一定要遵守严格相符原则，尽到合理谨慎之义务，防止发生因付款不当而得不到申请人补偿的风险。

▶防控要点2：合理期限内进行反馈

银行对索赔要求进行审查的时间应根据保函的约定来确定。如果没有明确的审查时限，银行应在合理的时间内审查完毕。经过审查，如果银行认为索赔要求及所附单据符合保函规定的条款和条件时，就应立即支付。如果认为索赔要求与担保的规定不符，就应该毫不迟延地通知受益人，并说明在哪些方面不符。

【关键环节三】 赔付环节

（一）法律风险点

1. 赔付环节面临的法律风险主要是受益人欺诈索赔的风险。在保函欺诈的情况下，银行具有拒绝付款义务，但是正确运用"欺诈例外"原则是比较困难的，尽管《最高人民法院关于审理独立保函纠纷案件若干问题的规定》（以下简称《独立保函纠纷规定》）第12条[①]规定了可以认定为保函欺诈的五种情形，但是具体的证据标准尚无统一界定。如果银行作出的"欺诈"结论事后被证明是错误的，则银行要承担相应的责任。同样的，银行对于明显的欺诈索赔请求予以付款，也要承担不能从申请人处得到补偿的风险。所以，银行时常处于两难境地。

2. 银行收到法院中止支付保函项下款项的裁定，因执行裁定书拒付，可能引起保函受益人提起保函纠纷之诉。

（二）防控要点

▶防控要点1：收到索赔时，及时通知保函申请人

收到受益人的索赔请求时，银行应根据保函约定的时间及时将受益人的

[①] 《独立保函纠纷规定》第12条规定："具有下列情形之一的，人民法院应当认定构成独立保函欺诈：（一）受益人与保函申请人或其他人串通，虚构基础交易的；（二）受益人提交的第三方单据系伪造或内容虚假的；（三）法院判决或仲裁裁决认定基础交易债务人没有付款或赔偿责任的；（四）受益人确认基础交易债务已得到完全履行或者确认独立保函载明的付款到期事件并未发生的；（五）受益人明知其没有付款请求权仍滥用该权利的其他情形。"

索赔要求通知保函申请人，如果保函申请人认为是欺诈，就应到法院申请止付令，以法院的止付令阻止银行向受益人支付。银行收到止付令后，要及时通知受益人。如果保函申请人在合理时间内没有取得法院的止付令，银行就要付款。这样做，既可以让保函申请人采取措施来阻止欺诈的行为，又可以让银行有机会判断欺诈是否是明显的，保护其中立的地位。但是由于止付行为可能会给银行声誉带来不利影响，需要严格谨慎处理。

▶防控要点2：收到法院止付裁定时，立即函告保函受益人

收到法院要求银行中止支付的裁定时，银行应立即将因执行法院裁定而拒付的情况函告保函受益人。

第三章 法律纠纷处置化解

第一节 坚持系统观念,提升法治思维能力,做好商业银行法律维权工作

坚持系统观念,是习近平新时代中国特色社会主义思想世界观和方法论的重要内容,是以习近平同志为核心的党中央自觉运用辩证唯物主义和历史唯物主义,从新的实际出发在思想和工作方法上作出的新概括、新提升。党的二十大报告提出"必须坚持系统观念""不断提高战略思维、历史思维、辩证思维、系统思维、创新思维、法治思维、底线思维能力,为前瞻性思考、全局性谋划、整体性推进党和国家各项事业提供科学思想方法"。在商业银行法律维权工作中,要贯彻落实系统观念,运用法治思维,统筹运用民事程序与刑事程序、诉讼法与实体法、法律规定与理论、国内法与国际法,提升法治思维能力,做好商业银行法律维权工作。

一、提升法治思维能力,做到四个"统筹运用"

(一)民事程序与刑事程序统筹运用

刑民交叉案件一般采用"刑事程序吸收民事程序""刑民并行""先刑后民"三种审理方式。在处理"刑民交叉"纠纷时,要结合诉讼地位、纠纷具体情况,统筹运用刑事程序与民事程序。

1. 银行诉讼地位为原告,积极主张"刑民并行""民先推进"策略

(1)积极主张"刑民分开、分别审理"。银行在刑民交叉案件中作为原告时,应全面搜集证据,充分证明不适用刑事程序吸收民事程序而应适用

"刑民并行",向法院主张"刑民分开、分别审理"。

（2）积极主张"民先推进"。在处理原告类刑民交叉案件时，即使债务人或其法定代表人、实际控制人因涉嫌骗取贷款等犯罪被立案侦查，银行也应积极主张"刑民分开"，尽快推进民事诉讼进程，争取纠纷处置的主动权，提升债权维权效率。

2. 银行诉讼地位为被告，积极推进"先刑后民"策略

（1）全面分析，慎重决定是否启动"刑事程序"。刑事侦查对于查明相关民事诉讼事实真相至关重要，因此，在民事纠纷的主要事实不清、关键证据不明的情况下，要善用刑事侦查程序。涉及银行员工违法违规的被诉案件中，银行应根据案件具体情况，充分进行法律分析和论证，评估刑事立案对证据收集、银行权益、声誉等各方面的影响，适时推进刑事立案，通过侦查机关的介入，查清纠纷事实。

（2）深入分析，把握刑事程序关键问题。首先，全面分析刑事犯罪可能涉及的罪名。要密切关注侦查机关对于涉及员工犯罪的刑事案件立案追诉的罪名，积极主张员工行为系个人犯罪行为而非职务行为。其次，重点关注与民事纠纷审理相关的事实。刑事程序中对于涉案人员的作案经过、行为性质、法律关系等的认定对民事诉讼中的事实认定具有重要影响，因此，在刑事侦查阶段，要重点关注与民事纠纷相关的事实，查找对民事纠纷有利的证据。最后，充分运用刑事手段挽回损失，减免民事赔偿责任。一方面，可以通过办案机关进行刑事追赃，摸清涉案资金的流向和用途，减少损失金额；另一方面，刑事程序的威慑性可以一定程度降低民事相对方的心理预期，银行可在评估自身责任范围的基础上通过多元方式化解所涉民事纠纷，实现自身权益最大化。

（二）实体法与程序法统筹运用

程序法是准确适用实体法的重要保障，对于"查明案件基本事实，准确适用法律"是必不可少的。因此，要高度重视程序法的运用。

1. 银行诉讼地位为原告，注意各种诉讼程序的运用

在原告类债权纠纷中，可以根据业务类型和纠纷具体情况，选择可以适用的诉讼或非诉讼程序，包括简易程序、小额诉讼程序、实现担保物权程序、督促程序、第三人撤销之诉等，实现纠纷又好又快处置。同时，对于多笔借

款的纠纷，结合具体情况单笔诉讼或合并诉讼，实现合适级别法院管辖之目的。

2. 银行诉讼地位为被告，注意各种诉讼权利的运用

（1）及时提出管辖权异议。如果原告违反级别管辖、地域管辖、专属管辖规定，应在收到起诉状后15日内，及时提出管辖权异议，一方面选择合适的管辖法院，另一方面可为纠纷处置化解争取时间。

（2）适时提出各项诉讼申请。在被诉纠纷处置中，根据纠纷的具体情况，依据程序法的有关规定向法院提出各项诉讼申请以查清案件事实。例如，若遗漏当事人，可申请追加被告或第三人；若原告提交材料，可申请司法鉴定；若不能自行收集证据，可申请法院调查收集；若表面证据对银行明显不利的刑民交叉纠纷，可申请中止审理；若对方提出新证据、重新鉴定、新证人到庭等，可申请延期审理，如请求权基础相同，可提起反诉以抵消本诉请求。

（三）法律规定与法学理论、案例的统筹运用

法律规定与法学理论是密不可分的，法律规定大多来源自法学理论，运用法学理论能够帮助准确理解法律规定。

首先，对法律规定进行解析，包括比较法律规定的变化，了解把握其内涵、适用条件等。法律规定往往包含着复杂的条款和术语，需要通过解析来揭示其真正的含义。

其次，了解相关法学理论观点，包括主流观点和非主流观点。法学理论的观点对于理解法律规定至关重要。主流观点往往代表学界的共识，而非主流观点则提供不同的思考角度，有时有助于更好地理解和掌握法律规定。

最后，查阅最高人民法院相关案例，掌握司法实践对相关法律规定的适用。在处理重大复杂纠纷时，应及时进行类案检索，尤其是最高人民法院相关指导性案例或典型案例，将关于银行的相关案例提交审理法院，主张类案同判，维护银行合法权益。

（四）国内法与国际法惯例的统筹运用

涉外法律纠纷主要涉及适用法、管辖权两个方面，涉外法律纠纷中"择地诉讼"大行其道，正确确定管辖权和适用法成为解决纠纷的关键。

1. 管辖权的确立

在管辖权不明确的情况下，英美法院通常适用"无事不管"原则，即所

谓的"长臂管辖"原则。因此，在涉外业务合同中，应注意管辖权约定明确，避免或减少"择地诉讼"。

2. 适用法的确定

适用法的确定对于涉外法律纠纷的解决具有重要作用。在涉外法律纠纷中，涉及多个国家的法律体系，需要明确适用哪个国家的法律。一般首先适用国内法；其次适用国际惯例，如国际商事惯例或国际法院的裁决。

二、运用法治思维，全面掌握法律事实

"以事实为依据"，事实是由证据证明呈现出的法律事实。法律维权工作必须牢记"用证据说话"，要用全面系统、普遍联系的观念和法治思维收集、分析、运用证据，才能全面了解掌握纠纷事实情况。

（一）准确把握搜集证据的基本要求

搜集证据应按照全面、客观、合法的原则，根据各类证据的特点进行收集。

1. 全面搜集

"横向到边，纵向到底"，全面客观搜集证据是以法治思维和法治方式处理法律纠纷最基本的要求，一切可能与纠纷有关的证据材料都要搜集。跳出"纠纷"打"纠纷"，不能局限于诉状所述的"纠纷"事实，收集证据要向纠纷的"前端"和"后端"延伸，形成完整的证据链条。形成证据链，呈现纠纷的事实全貌。

2. 重点搜集

在全面收集证据的前提下，对有利证据、不利证据的反驳证据材料，都要全面重点搜集。

3. 合法搜集

搜集证据时，一定要按照法律规定，根据各类证据的特点进行，确保证据的合法性。

（二）充分运用关键证据与证据链规则

关键证据与证据链是辩证统一的。既要抓住关键证据，特别是证明法律

关系的主要证据；同时又要注意各证据之间的联系，形成能够证明法律事实的完整证据链；以证据证明力大小和待证事项的重要性划分，对证据进行排序、运用；运用时既要突出主要关键证据，也不能忽视次要证据。

(三) 充分运用关联性规则

分析运用证据时，除关注证据的真实性、合法性外，还要缜密分析搜集到的每一项证据与案件事实、当事人、法律行为的关联性。这是法律上因果联系规则的要求，同时，这也是"否定或对冲"对方证据的有效方法。

(四) "瑕疵证据"推定

对于对方提供的证据，先作"瑕疵证据"推定，对该证据的合法性、真实性、关联性进行严格审查；与其他证据进行比对论证，去伪存真，避免先入为主；同时也不轻易否认"铁证"。

三、运用法治思维，准确适用法律

(一) 法律关系分析

在法律事实清楚的基础上，先进行法律关系分析，是正确适用法律的前提。

1. 充分运用法律关系思维导图

根据查清的事实，用图示列明所有当事人、法律事实及法律关系，清楚地显示当事人之间的权利义务关系。若当事人较多，思维导图可以当事人为主线，也可以事实发生的时间轴为线。

2. 统筹运用法律规定与法学理论

通过统筹运用法律规定与法学理论，可以更好地理解法律规定，并深入分析法律关系，准确理解各方的权益和责任，为处置纠纷奠定基础。

3. 综合运用穿透式分析与全面分析

在全面分析的基础上，运用穿透式分析，透过现象看本质，穿透"表面含义"，穿透"表面证据"，准确把握当事人的真实意思，认定真实法律关系。

(二) 法律适用

法律适用是指根据查明的事实，适用相关的法律规定，得出相应的法律结论。

1. 准确掌握法律适用方法

认定某特定事实是否适用于某法律规定，通常的法律逻辑为：首先，法律规定为大前提。准确理解把握法律规定，仔细研读相关的法律条文，理解其含义和适用范围。其次，特定的事实是否符合该法律规范的要件，需要对事实进行全面客观的调查，在对事实有清晰认识的基础上，判断是否符合法律规定的要求。最后，依据法律规定得出相应的法律结果。将法律规定与法律事实进行对应和匹配，确保法律适用的准确性和合理性。

2. 注意法律规范与法律事实的符合性

在进行法律适用时，一方面是依据事实去寻找法律规定，另一方面是依据法律规范适用于该事实。要注意法律规范与法律事实之间的双向论证、相互阐明的思考分析。据此认定法律规范与法律事实的符合性、一致性，避免"张冠李戴"。

四、总结

做好商业银行法律维权工作要牢固树立法治思维，避免"碎片思维"，充分做到"五要，五不要"。

（一）要"普遍联系"，不要"只见树木，不见森林"

对于纠纷事实和法律问题，需要普遍联系，不仅关注单独的事实、证据和法律规定，还需要将多项事实联系起来，洞察彼此之间的关联性，从而更好把握整个法律纠纷的实质。

（二）要"追根溯源"，不要"刻舟求剑"

在处置化解法律纠纷时，不能只看"纠纷表面事实"，需要向前和向后延伸，追根溯源，查明事情来龙去脉，方能查清全部事实，为法律适用打好坚实的基础。

（三）要"穿透表象"，不要"走马观花"

在事实认定和法律适用时，不能被表象所迷惑，要穿透表面证据、表面含义，做好"纵向穿透"，准确把握事实真相和法律关系。

（四）要"因果联系"，不要"因果错配"

在进行法律适用时，要注重法律因果关系规则的运用，深入分析有无法律因果关系、主要原因还是次要原因等，避免凭空臆断和主观判断因果关系，造成因果错配。

（五）要"证据说话"，不要"先入为主"

在处置化解法律纠纷时，任何法律事实都要有证据支持，而非凭主观想象或推断，先入为主。

第二节 信贷业务起诉类纠纷精细化管理要点

商业银行起诉类纠纷，主要集中在信贷业务纠纷，包括金融借款合同纠纷、担保纠纷等，这类纠纷的处置化解，对于维护银行的资产质量具有至关重要的作用。

一、诉前阶段管理

诉前阶段管理流程包括：申请起诉报告、调查搜集证据、审查梳理证据和确定纠纷处置方式。

【环节一】 申请起诉报告

凡是业务部门或分支机构认为需要提起诉讼的法律纠纷，应当向法律事务部门提出申请起诉报告，说明本部门或本机构的意见和理由，同时将相关纠纷资料和起诉报告报送法律事务部门。法律事务部门对于起诉的事实、理由和证据进行审查，按照确定的权限和程序进行审批。

【环节二】 调查搜集证据——应坚持全面、客观、合法收集证据的原则

▶管理要点一：把握各类证据的特点

《民事诉讼法》明确规定了当事人陈述、书证、物证、视听资料、电子数据、证人证言、鉴定意见、勘验笔录等证据种类。

（1）当事人陈述不能单独作为认定事实的依据，调查搜集此类证据须与其他证据相结合；（2）书证具有可靠性、不易变性，重点把握书证的真伪、来源；（3）物证具有较强的客观性、真实性，独立的证明性，重点把握物证的真伪、来源；（4）视听资料和电子数据具有客观性、科技性、多样性、脆弱性、易篡改性、易破坏性等，重点把握此类证据的提取、收集方法以及是否为原始载体；（5）证人证言的真实性、可靠性受到多种因素影响，搜集此类证据以全面、客观为把握重点，注意与其他证据的结合印证；（6）鉴定意见须注意鉴定机构和鉴定人是否具有合法资质、鉴定人回避与否、鉴定程序与方法是否符合法律规定；（7）勘验笔录须注意内容是否客观真实、文字用语是否确切肯定、笔录是否在勘验中完成。

▶管理要点二：把握收集电子数据的方法

1. 及时固定、全面掌控电子数据。银行自行收集或律师配合收集，注意全面、及时、合法，收集电子数据时一并收集保证或提高电子数据证明力的辅助证据。

2. 及时固定电子数据可采用权威公证（公证文书）、司法鉴定、证据保全、区块链+存证等方法。

3. 遵守"提交原件"规则。当事人以电子数据作为证据的，应当提供原件。电子数据的制作者制作的与原件一致的副本，或者直接源于电子数据的打印件或其他可以显示、识别的输出介质，视为电子数据的原件。

▶管理要点三：全面收集证据

1. 全面收集证据，用证据证明法律事实。收集证据要全面，切勿先入为主和选择性收集；要形成完整的证据链，使各个证据之间能够相互印证。

2. 详细梳理对方当事人、行为、时间、地点等多个要素，客观全面地还原事实真相；当对方当事人为多人时，除上述基本要素之外，须收集各个对手方之间关联关系的证据材料。在调查本案之外，了解对手方其他涉诉信息。

▶管理要点四：金融纠纷案件收集证据的要点

1. 证明主债务人、担保人主体资格。主债务人、担保人为自然人时，则需要提供其身份证复印件；主债务人、担保人为法人或其他经济组织时，则应提供其经工商登记管理部门或主管部门核准登记并经年检的营业执照，或是工商登记管理部门出具的该主债务人、担保人的工商登记证明。

2. 证明主债务存在的相关合同和其他资料。主要包括借款合同、借款借据及相关会计凭证等。

3. 证明担保关系存在的相关合同和其他资料。主要包括保证合同、最高额保证合同、抵押合同、最高额抵押合同、动产质押合同、权利质押合同等。

4. 抵押物、质押物情况的资料。主要包括土地使用权抵押他项权证、房地产抵押他项权证、土地使用权证书、房地产权证等。

5. 主债务、保证、担保没有丧失诉讼时效的资料。主要包括能引起诉讼时效中止、中断的证据,包括催收贷款通知书、催促履行担保责任的通知书、主债务人还款的进账单等。

6. 债务变更的资料。主要包括债权转让协议、债务转移协议、贷款展期协议等。

7. 经办人有授权的资料。主要包括对于办理借(贷)款合同、抵押合同、抵押登记、催收贷款等业务,经办人有授权的证明。

8. 银行方已尽到谨慎、注意义务的说明。主要包括各项银行业务的操作规定、格式文本中应提示注意的内容、银行内部流程等。

9. 对于保理合同,应注意应收账款的真实性,主要包括对方与其债务人之间的合同的真实性(如购销合同、工程承揽合同、买卖合同等)、向对方债务人出具的应收账款转让通知书及债务人确认回执、合同签字盖章是否为真。

【环节三】 审查梳理证据

在全面调查、收集证据材料后,应有针对性地审查梳理相关证据材料,并对瑕疵部分及时采取补救措施,以更好地支撑整个诉讼过程。

(一)梳理证据——应坚持全面、客观分析证据的原则

证据收集后应对证据进行全面分析,以确定证据的真伪和可靠程度;确认所收集的证据与案件事实的客观联系,明确该证据能够证实的事实及其是否是证明案情和案件中的事实。

▶管理要点:梳理证据的方法

1. 甄别。对收集到的证据一一审查,判断其真伪,确定其证明力的强弱。主要是对收集到的证据的合法性、客观性、关联性进行判断。

2. 分析。对收集到的若干间接证据联系起来进行分析，以判断与其他的客观事实之间是否存在必然的内在联系，是否形成牢不可破的证据链。同时，应对收集的所有证据进行科学整理，并且通过纵观全案、综合分析，判断现有证据能否构成无懈可击的证据链，能否产生确定的证明力。

（二）主合同的审查

▶管理要点：

1. 合法有效性的审查，可按如下顺序进行

（1）审查合同是否具有《民法典》第 144 条、第 146 条、第 153 条、第 154 条规定的法定无效情形，包括无民事行为能力人实施的民事法律行为；以虚假意思表示实施的民事法律行为；违反法律、行政法规的强制性规定以及违背公序良俗的民事法律行为；恶意串通的民事法律行为等。

（2）审查合同是否存在《民法典》第 147 条至第 151 条规定的可撤销情形，包括基于重大误解实施的、以欺诈手段实施的、以胁迫手段实施的民事法律行为以及显失公平的民事法律行为等。

（3）审查合同是否具有《民法典》第 145 条、第 171 条规定的效力待定情形，包括限制民事行为能力人实施的民事法律行为、无权代理等。

（4）审查合同是否具有《民法典》第 158 条至第 160 条规定的附条件、附期限生效情形。

（5）对于某些特定类型的合同，还应注意审查是否满足《民法典》第 502 条要求的审批、登记等特殊要求。

2. 合同的履行情况，需重点关注

（1）合同当事人是否按照法律规定和合同约定，全面适当地履行包括主给付义务、从给付义务、附随义务在内的合同义务，尤其应当关注履行方式、履约时间等细节是否与合同约定内容一致。

（2）相关履约凭证是否齐全完备，包括但不限于真实放款凭证、转存凭证、资金拨付证明、还款协议、履约通知书、贷款催收通知书等，并重点审查相关凭证、印章、签字的真实性。

（三）担保合同的审查

担保合同，应着重关注以下情形：

▶管理要点一：是否存在骗取担保人担保的情形

审查时应排除不存在《民法典》第 148 条、第 149 条规定的欺诈情形，在管理过程中至少还应做到以下几点：

1. 担保人是由借款人推荐，担保人提供担保前知道、了解借款人的真实经营状况和财务状况。

2. 签订担保合同时银行不存在误导、诱导、欺瞒行为，提供担保为担保人的真实意思表示。

3. 银行对借款人向担保人提供虚假材料、作虚假陈述等行为不知情。

▶管理要点二：主从合同匹配性的审查

主从合同的匹配性应重点关注三方面：

1. 担保合同所担保的债权应当与主合同债权相匹配，且担保内容清晰明确。若担保合同中欠缺被担保主债权条款，则与担保合同的从属性原则相违背，可能直接导致担保合同不成立。

2. 担保合同当事人与主合同当事人应当具有一致性。特殊情况下，如上级银行签订借款合同但授权下级银行履行付款义务，若实际放款银行有证据证明其与上级银行存在委托关系，或者双方存在债权转让事实的，担保人不得拒绝承担担保责任。

3. 银行与同一借款人签订有多笔贷款合同，在存在多个保证人的情形下，为确保主从合同匹配性，比较稳妥的方式是由每个保证人与银行单独签订保证合同，保证合同应与贷款合同一一对应，即在每份保证合同中列明保证人所担保的是具体哪一笔贷款。

▶管理要点三：抵押担保重点审查是否办理抵押物登记

办理抵押物登记的部门因抵押物的不同而不同，银行需根据法律法规要求，到相关权属登记机关核查各类抵押物的权属证书，并审查登记机关留存协议与现持有抵押合同协议内容是否一致。

▶管理要点四：质押担保重点关注是否交付或登记

1. 动产质押重点审查质物是否有效完成交付，即是否转移占有，使得质押物处于质权人的控制与支配之下。其中，应重点关注向第三方交付质押物的情形，做到：（1）银行与出质人、监管人签署质押物监管协议时，委托方明确约定为银行；（2）监管费用由银行支付；（3）有效控制质押物。同时要加强对第三方履约情况的跟踪检查，定期到仓储现场进行盘库验货。

2. 权利质押重点审查是否依法登记。应根据法律法规要求，到相关登记机关核查各类质押物的权属证书。以他行存单质押时，还应注意进行核押，即向存单开出行确认存单的真实性。

3. 知识产权质押的管理要点，详见分论第三章、第六章、第七章。

▶管理要点五：抵/质押物为共有财产的审查

对于抵/质押财产为共有财产的，应审查是否已就抵/质押事项取得所有共有人的书面同意。如不能取得前述书面同意材料，应收集证据证明银行接受抵质押时是善意的，进而主张担保物权的善意取得。

▶管理要点六：公司对外担保重点审查程序合法性

商业银行接受公司提供担保时，需重点审查担保是否经董事会或者股东会、股东大会决议，决议的形式要件是否完备，以及决议机构、决策程序、表决方式、担保金额等是否符合法律规定及公司章程规定，如《公司法》第15条规定，公司为公司股东或者实际控制人提供担保的，应经股东会决议；该项表决由出席会议的其他股东所持表决权的过半数通过。

公司为上市公司的，根据《民法典担保制度司法解释》，除了审查股东大会或董事会决议外，还应审查其上市公告，确定其已公开披露关于担保事项已经董事会或者股东大会决议通过的信息。

▶管理要点七：保证人"同意"的审查

主合同有关要素的变动，如借新还旧、贷款展期等，须征得保证人同意。应注意审查，担保合同中关于知情方式有无约定、是否取得保证人同意的证据资料、保证人同意是否明确具体等内容。

▶管理要点八：审查是否存在优于担保物权的法定权利

根据现行法律规定，优先于担保物权的法定权利主要有以下9种：

1. 特定情形下的税收优先权（《税收征收管理法》第45条），即纳税人欠缴的税款发生在纳税人以其财产设定抵押或者质押之前的，税收才能先于抵押权、质权执行。

2. 划拨土地使用权出让金优先权（《民法典担保制度司法解释》第50条），即抵押人以划拨建设用地上的建筑物抵押，或以划拨方式取得的建设用地使用权抵押，抵押权依法实现时，拍卖、变卖抵押物所得的价款，应当优先用于补缴建设用地使用权出让金。

3. 特定情形下未清偿的职工债权（《企业破产法》第132条），即破产企业在 2006 年 8 月 27 日之前所欠职工的工资和医疗、伤残补助、抚恤费用，所欠的应当划入职工个人账户的基本养老保险、基本医疗保险费用，以及法律、行政法规规定应当支付给职工的补偿金，依照《企业破产法》第 113 条的规定清偿后不足以清偿的部分，以破产企业已经设定担保的特定财产优先于对该特定财产享有担保权利的人受偿。

4. 建设工程款优先受偿权（《民法典》第 807 条），即发包人未按照约定向承包人支付价款的，承包人的建设工程的价款可以就该工程折价或者拍卖的价款优先受偿。

5. 船舶、航空器的优先权（《海商法》第 25 条、《民用航空法》第 18 条），即符合《海商法》《民用航空法》规定的特定情形下的债权人，对产生该请求的船舶或者民用航空器具有优先受偿的权利，该权利优先于抵押权。

6. 留置权优先于银行抵、质押权（《民法典》第 456 条），即同一动产上已经设立抵押权或者质权，该动产又被留置的，留置权人优先受偿。

7. 特定情形下承租人的租赁权（《民法典》第 405 条），即抵押权设立前，抵押财产已经出租并转移占有的，租赁关系不受该抵押权的影响。

8. 公民及其所扶养家属的生活必需费用和物品优先权（《民事诉讼法》第 254 条、第 255 条），即法院进行执行时，应当保留被执行人及其所扶养家属的生活必需费用和生活必需品。

9. 居住权。根据《民法典》的相关规定，设立并登记在先的居住权不受抵押权、质押权的影响。

（四）诉讼时效的审查

主合同适用 3 年诉讼时效规定，应注意审查是否超过诉讼时效。有保证人的案件，还需关注保证期间。

▶管理要点：超过诉讼时效的补救措施

已超过诉讼时效的纠纷，应及时采取补救措施以重新恢复诉讼时效：

1. 继续设法让债务人在催收到（逾）期贷款通知书上签字或盖章。

2. 与债务人重新达成还款协议。

3. 获取债务人同意履行债务的相关材料。如债务人向银行出具的表示愿意偿债、要求调整债务、提出还款计划的书面说明，以及银行和债务人就还款问题进行协商的会谈纪要等文字材料。

4. 贷款合同的更新。即签订一个全新的合同来取代旧合同，如借新还旧。

【环节四】 确定纠纷处置方式

准确选择纠纷处置方式有助于快速、有效地化解纠纷，提高纠纷处置效率。诉讼程序中的小额诉讼程序、简易程序、申请支付令等，将在其他章节予以介绍，本节主要介绍以下处置程序和方式。

▶管理要点一：直接适用普通诉讼程序

在合理运用多元化法律措施的同时，应充分发挥普通诉讼程序的主体性作用。对于大多数案件，应直接适用普通诉讼程序，以达到全面、有效实现债权的目的。

▶管理要点二：适用担保物权实现程序

担保物权实现程序作为一种特别程序，具有时效快、成本低、无须开庭审理、经审查符合条件可以直接申请法院拍卖或变卖担保物等优点，为债权人快速实现担保物权提供了一条便捷、有效的非讼途径。实务中，经审查发现案件事实清晰无实质争议，且担保物价值足以覆盖全部债权时，应当优先适用担保物权实现程序，以快速实现债权。注意担保物权人应在主债权诉讼时效期间行使担保物权，未行使的，不再受法院保护。

▶管理要点三：适用强制执行公证

公证债权文书强制执行赋予债权人可不通过诉讼程序而直接向法院申请执行的权利，相较于传统诉讼模式，具有节省时间、提高效率等明显优势，但适用该程序需要债务人配合，且费用成本并不低。因此对于存在公证债权文书的案件，如下情形可以考虑适用该程序：

债务人多方涉诉，其财产可能被多方执行时，债权人要及时申请原公证机关出具执行证书，进而凭借公证书及执行证书申请法院强制执行，以取得执行先机。

对于既存在担保物权又有公证债权文书的案件，且担保物价值可能不足以覆盖全部债权时，鉴于公证债权文书强制执行的财产范围大于担保物权实现程序，应优先适用强制执行公证。

▶管理要点四：选择仲裁程序

相较于诉讼程序，仲裁程序能充分体现当事人的意思自治，更具灵活性，且因实行一裁终局制而更加快捷。但仲裁程序现实中存在无救济手段、执行难、执行慢等问题，因而只在极少数情况下适用。实务中，对于需要快速定案且双方当事人协商一致的案件，可以选择仲裁程序以更快地解决纠纷。

▶管理要点五：必要时申请诉前财产保全

在提起诉讼或者申请仲裁前，如果情况紧急，不立即申请保全将会使银行合法权益受到难以弥补的损害，可以向被保全财产所在地、被申请人住所地或者对案件有管辖权的人民法院申请采取诉前保全措施。同时要注意在法定期间内（人民法院采取保全措施后30日内）提起诉讼或申请仲裁，避免法院依法解除保全措施。

二、诉中阶段管理

诉中阶段管理流程包括：制订诉讼方案、选择管辖法院、起诉书上报审核、财产保全、类案检索、各类申请的提出、举证、质证、法庭辩论。

【环节一】 制订诉讼方案

▶管理要点：科学的诉讼方案是实现诉讼价值最大化的基础

制订诉讼方案时，重点应当把握以下几点：一是详细了解案件整体，明确诉讼目的；对证据进行梳理和研究，全面分析我行的优势和劣势。二是充分考虑被告可能采取的抗辩理由，从诉讼要素和诉讼评估①两方面出发，提出有效的应对方案。三是重点关注管辖法院的选择。四是选择适合的诉讼程序。通过分析案件事实，选择科学、合理的诉讼程序。五是了解对方的财产情况。尤其是在给付之诉中，要充分了解对手方的财务状况和清偿能力。六是及时申请诉前保全。在情况紧急时，特别是债务人不配合的情况下，及时对借款人和保证人的财产申请诉前保全。

---

① 诉讼要素包括诉讼主体、诉讼标的、诉讼类型、诉讼请求等方面；诉讼评估包括诉讼可行性、诉讼必要性、诉讼策略性等因素。

【环节二】 选择管辖法院

选择管辖法院时，需先确定该案件不属于专属管辖，在此基础上应重点关注：

▶管理要点一：适用协议管辖

审查主合同及相关合同，若存在管辖法院的约定，该约定符合法律限定范围（包括被告住所地、合同履行地、合同签订地、原告住所地、标的物所在地等与争议有实际联系的地点的人民法院）且不违反级别管辖，则应按协议选择管辖法院。

▶管理要点二：关注级别管辖

考虑到诉讼费用、执行效率等因素，可以考虑合并诉讼请求向上一级人民法院起诉。如果是与同一债务人的多笔借款纠纷，原则上不要拆分，应合并诉讼请求同时提起诉讼。

【环节三】 起诉书上报申核

▶管理要点：

1. 诉讼请求明确具体。诉讼请求应明确具体，尤其注意不能遗漏从权利、利息、费用等。如要求被告偿还本息时，应写明本金的具体金额、利息计算的标准、利息计算的起始日和截止日等，应注意主张到实际履行之日止的利息；如要求法院裁定银行对抵押物具有优先受偿权时，应明确抵押物（包括地址、产权证号）及优先受偿金额等。

2. 事实理由得当。事实与理由部分，宜以时间先后为序，客观陈述事实，并注意详略得当，重点突出。对于交易时间、交易主体、金额以及特别约定事项等应当详细，对于不涉及主线的一般琐碎事实宜略；对于能支持诉请的事实或信息，应当重点突出，且意思表达要准确。

3. 被告适格。被告必须是与案件有直接利害关系的人。对于案涉多名被告，应当将当事人列齐全，尤其注意不能遗漏保证人。在不能主张连带责任的情况下，还应列明各被告的责任份额。

【环节四】 财产保全

在诉讼的整个过程中都应随时关注债务人及其担保人的行为动向、财产状况，并充分利用财产保全措施，避免胜诉后无财产可供执行的处境。

▶管理要点一：申请财产保全的情形

一旦发现有下列情况，可以申请财产保全：

1. 债务人或保证人有转移、变卖、隐匿、损毁财产等逃债行为；

2. 债务人或担保人擅自处置抵押物的；

3. 因某种客观原因，财产有可能发生损毁、灭失等其他紧急状况，可能使银行权益遭受难以弥补的损害的。

▶管理要点二：全面追索有效财产线索

申请法院查封、扣押、冻结债务人财产时，需向法院提供财产线索。查找债务人、保证人财产的措施，除详见第四章第一节外，此时还应注意：

1. 优先查封容易变现、便于处置、价值判断清楚的财产，如上市公司股权。

2. 查找财产线索时要思路开阔，不拘泥于存款、房产、地产等有形财产，也应将知识产权、虚拟账号等无形财产纳入追索范围。

3. 可以针对债务人、保证人在内所有人的所有财产形式采取保全措施，即使已被查封、冻结的财产，也应做轮候查封、轮候冻结。

▶管理要点三：对保证人采取财产保全措施

在关注债务人的同时，不忘关注保证人，尤其是有多个保证人或混合担保的案件中，莫因遗漏保证人造成不必要的损失。

▶管理要点四：及时提起诉讼或申请仲裁

在人民法院采取诉前财产保全措施后，应在30日内起诉或申请仲裁，否则人民法院将解除财产保全。

【环节五】 类案检索

最高人民法院通过制定司法解释、发布指导性案例的方式指导各级法院对案件的裁判，高级人民法院通过会议纪要、发布参考性案例等方式指引本辖区各级法院裁判案件。

实务中，必须对同类案件的最高人民法院裁判文书进行收集，知悉该类纠纷法律问题的主流裁判意见，充分预判裁判结果，有针对性地开展诉讼工作，制定应诉策略、答辩意见时参考收集的司法裁判观点，并将有利于己方的指导性案例整理成类案检索报告提交至法院，为法官提供裁判参考。

【环节六】 各类申请的提出

▶管理要点一：各类申请的提出

一是申请追加当事人（被告、第三人）；二是申请调取证据材料；三是申请鉴定；四是申请证人出庭作证等。在开庭前或者庭审过程中，若发现对方的抗辩事由中合同主体、合同印章等存在问题，要向法院申请追加当事人（被告、第三人），申请司法鉴定等。

▶管理要点二：申请提出的时间

各类申请应当在开庭前、开庭审理中提出，提出的时间不得晚于法庭调查结束前。

【环节七】 举证、质证

▶管理要点一：举证的基本要求

举证要求将能够证明同一待证事实的证据归为一组，保证证据与待证事实之间相互对应，证据能足够支撑我方观点。

▶管理要点二：精准定位——不同审理阶段的举证

一审中，审理的重点是全面查清案件事实。举证应全面、完整：凡是能够支持己方诉讼主张的证据，都应入册提交；凡是提交的证据，都应尽量保持完整。二审或再审中，举证应"以新为主"且"重点突出"。如出现新证据，须强调新证据对本案一审判决认定事实和法律判断的影响。

▶管理要点三：突出重点——以证据证明力大小为核心进行梯度排列、运用

1. 进行证据区分。将证据分为有利证据和不利证据，有利证据留待进一步整理，不利证据用来帮助全面了解案情、洞悉对手策略，进而准备应对方案。

2. 进行证据编组。确定提交的证据后，须根据证据证明事项的不同进行

编组，证明同一待证事项的归为一组。独立成组的证据必须能够达到证明待证事实的标准；各组待证事项应满足叙述一个值得信服的事实的所有要素。

3. 完成证据排序。总体上，按照待证事实的重要性划分、排序多组证据。对同一组内的不同证据，应将具有最高证明力的证据作为核心证据，首先进行举证运用，其他的作为辅助证据位列其后。

▶管理要点四：质证的基本要求

1. 紧紧围绕证据的客观性、关联性和合法性展开质证。证据必须同时具有客观性、关联性、合法性三个属性。

2. 将质证焦点集中于证据间的疑点、矛盾之处。对对方提出的各类证据应迅速作出准确判断，将焦点对准对方证据自相矛盾或值得怀疑的地方，并结合己方的相关证据发表看法，以达到降低对方证据证明力或否定对方证据的目的。

3. 灵活运用证据规则进行质证。若证明案件事实的证据都是间接证据，则这些证据必须形成一个完整的证明体系；逐一查明证人、鉴定人、勘验人与案件有无利害关系，以确定其证言、鉴定结论、勘验笔录真实可信的程度以及是否具有回避事由。

4. 切勿发表虚假陈述和轻率否认"铁证"。如果当事人发表虚假陈述，则可能影响已提交的其他证据的可信度；避免轻率否认"铁证"，对于对方提出的形式合法、内容完备的证据，己方若轻率地发表对证据合法性、真实性无法确认或否定的意见，则可能影响己方陈述的可信度。

5. 慎重自认。当事人、委托诉讼代理人、共同诉讼人均可以进行自认。一方当事人对于另一方当事人提出的于己不利的事实既不承认也不否认，经审判人员说明询问后其仍然不表示肯定或否定的，视为对该事实的承认。自认一经作出，另一方当事人无须对该事实举证证明，对当事人和法院均产生拘束力，因此必须严格控制自认。

▶管理要点五：注重质证技巧

进行证据质证，须关注以下方面：（1）就证据来源形成是否合法、与诉求的关系、有无完全质证、是否可用推定等方面发表综合意见；（2）提供的证据为原件或复印件；（3）证据的来源是否合法；（4）证据是否存在瑕疵、伪造的痕迹；（5）证据本身内容上是否矛盾；（6）证据与本案是否存在关联性；（7）证据是否能达到对方所说的证明目的；（8）证据是否与无须举证的事实相违背。

▶管理要点六：关于对几类证据资料质证的特别提示

1. 公证书。公证具有地域性，超出地域管辖的公证书效力存疑；公证只能证明签字行为的真实性，不能证明行为的真实意思表示和待证行为的合法性，公证书中如证明待证事实合法有效或是双方的真实意思表示等内容，应当及时提出疑问。

2. 鉴定报告。鉴定机构及人员是否具有鉴定资质；鉴定人员是否具有回避事由；鉴定机构是否有委托人员的委托书；鉴定的依据是否正当；样本是否有明确来源且具备鉴定条件；鉴定意见与证明对象是否关联；鉴定的程序、方法是否合法等。对鉴定书内容有异议的，应当在人民法院指定期间内以书面方式提出；如发现存在鉴定人无相应资格、鉴定程序严重违法、鉴定意见明显依据不足或鉴定意见不能作为证据使用的其他情形，应当及时申请重新鉴定。

3. 补强证据。补强证据规则规定因某一证据的证明力较弱，不能将其单独作为认定案件事实的依据，须其他证据加以佐证，对其证明力给予补充、加强的情况下，法院才能将该证据作为认定案件事实的依据。因此，收集证据时应全面、深入、细致，对于证明力较弱的证据材料，应提交其他证据予以佐证，积极争取法院对证据的认定。

4. 免证事实。下列事实，当事人无须举证证明：（1）自然规律以及定理、定律；（2）众所周知的事实；（3）根据法律规定推定的事实；（4）根据已知的事实和日常生活经验法则推定出的另一事实；（5）已为人民法院发生法律效力的裁判所确认的事实；（6）已为仲裁机构生效裁决所确认的事实；（7）已为有效公证文书所证明的事实。上述第（2）~（4）项事实，当事人有相反证据足以反驳的除外；第（5）~（7）项事实，当事人有相反证据足以推翻的除外。

【环节八】 法庭辩论

在法庭辩论中，对抗的双方当事人及其代理人针对争议的焦点，论述己方主张、驳斥对方主张。法庭辩论注意以运用事实、依托证据、援引法律作为其中心内容。在这一环节，己方的任务是根据法庭调查的事实和证据，提出维护银行合法利益的基本看法和法律意见；充分论证己方诉讼请求的正确性、合法性，反驳对方当事人不正确的意见和主张；通过对有争议的问题进行辩论，使法官充分听取己方意见，以说服其作出有利于己方的裁判。

在这一环节，应注意以下要求：坚持"以事实为依据，以法律为准绳"的基本原则，以事实说话，援引法律，以法律来服人，用法律来维护己方的合法权益；在第一个辩论阶段发言时应注意充分运用证据，避免有证不用，正确运用证据，避免有证滥用；在互相辩论阶段应注意重点突出、观点明确、灵活应对。

三、诉后阶段管理

诉后阶段管理流程主要包括：生效法律文书的执行和撰写纠纷结案总结。

【环节一】 生效法律文书的执行

银行应持续跟踪法律文书的履行情况，对于债务人不按时自动履行的，应及时申请强制执行。

▶管理要点一：申请强制执行前的准备工作

1. 审查据以申请强制执行的法律文书是否已经生效。

2. 了解义务人的履行情况，审查法律文书确定的履行期限是否已经届满而义务人仍未履行。对于义务人已经部分履行义务的，则可采取一些必要措施，尽量督促义务人自动履行义务。

3. 调查被执行人的财产状况，向法院提供被执行人的财产线索，并准备好相关资料。

4. 在法定申请执行期限内（申请执行的期间为2年），及时向有管辖权的法院申请执行。

▶管理要点二：执行阶段跟踪管理

对于强制执行阶段的情况，应全流程跟踪管理。重点关注以下方面：

1. 及时提出执行异议

对执行过程中执行行为有异议的，应及时向执行法院提出书面异议；异议被裁定驳回的，可自裁定送达之日起10日内向上一级人民法院申请复议。

2. 执行和解应注意的问题

执行过程中，银行如果想与被执行人和解，应注意以下问题：

（1）应在执行法院主持下与债务人、担保人就和解事项签订书面协议，由执行员将协议内容记入笔录或将协议在笔录后附卷，由当事人在笔录上签名或盖章。此后，银行可向法院申请中止执行。

（2）执行过程中，银行与债务人协商同意延长还款期限，此时担保人也应作为和解协议的一方当事人，在协议中明确担保人对延长还款期限后的债务承担担保责任。

（3）银行因受欺诈、胁迫而与被执行人达成执行和解协议的，可以向执行法院申请恢复执行。

（4）达成执行和解后，被执行人不履行执行和解协议或出现其他危及银行债权的情形，银行可向执行法院申请恢复执行。

3. 变更、追加被执行人

执行过程中，被执行人死亡或发生合并、分立、注销等情况，或者作为被执行人的非法人组织无能力履行生效法律文书确定的义务时，银行可以申请变更、追加被执行人。具体情形及实务操作要点，详见第四章第四节。

4. 及时申请续封

根据《最高人民法院关于适用〈中华人民共和国民事诉讼法〉的解释》（以下简称《民诉法解释》）规定，人民法院冻结被执行人的银行存款的期限不得超过1年，查封、扣押动产的期限不得超过2年，查封不动产、冻结其他财产权的期限不得超过3年。在上述期限届满前，银行应及时向执行法院申请继续实施强制执行措施。

5. 利用申请参与分配程序实现银行债权

（1）债务人、担保人为公民、其他组织，已被其他债权人申请执行，但其财产不足以清偿所有债权时，银行可通过诉讼、实现担保物权、债权文书公证送达等程序取得执行依据，以此向执行法院申请参与分配。

（2）银行享有优先权、担保物权的财产被查封、扣押、冻结的，银行在执行终结前，可向执行法院申请直接参与分配，主张优先受偿权。

6. "唯一住房"的执行

执行标的为被执行人的"唯一住房"时，银行应查明对被执行人有扶养义务的人（如夫妻、子女等）名下有无其他能够维持生活必需的居住房屋；查明在执行依据生效后，被执行人是否有为逃债而转让其他房屋的行为。若存在上述行为，可申请执行法院执行该房产。若无上述行为，银行同意按照当地廉租住房保障面积标准为被执行人及其所扶养家属提供居住房屋，或参照当地房屋租赁市场平均租金标准从房屋变价款中扣除5~8年租金的，可申请执行法院执行该房产。

7. 申请采取限制高消费、列入失信被执行人名单等措施

对于恶意逃废债的被执行人，银行可以向法院申请对其采取司法强制措施、列入失信被执行人名单、限制出境、限制高消费等措施，以督促债务人归还债务。

8. 以物抵债

以物抵债，建议通过法院裁定抵债方式，原则上不接受双方协议抵债方式。实践中建议加强对评估价值的判断。具体而言，一是对于有公开市场价格的抵、质押品（土地、房产等），应于拍卖前申请人民法院不再重复评估，避免出现估值增高情形；二是对法院裁定确需重新确定评估机构进行评估的，银行若认为评估价值过高，应在收到法院送达的评估报告10日内，及时以书面形式向法院提出异议，避免评估价值过高带来的抵债资产处置困难。

【环节二】 撰写纠纷结案总结

▶管理要点一：客观表述，突出重点

在撰写纠纷总结时，一是应逻辑严密，表述准确。注意对办案过程中的成绩和不足作客观辩证的评价。在肯定成绩的同时，应注意存在的问题和不足之处；二是应当从实际案情出发，抓住纠纷的特点，有所侧重，做到抓住中心，突出重点。

▶管理要点二：落实风险提示制度

法律纠纷结案后，要认真进行检视，分析存在的法律风险，针对纠纷反映出来的法律风险事项，及时出具法律风险提示书。

第三节　被诉类纠纷精细化管理要点

【环节一】 收集证据材料应坚持全面、客观、合法的原则

▶管理要点一：围绕原告起诉状分析，全面、独立收集证据

1. 根据起诉状的诉讼事实与理由，分析原告的诉讼请求是否合理，是否具有法律和事实依据。

2. 收集证据不局限于对方提出的诉讼理由和诉讼请求，要寻找突破口，形成不被对方牵制的独立的收集证据思路。重点收集：关于主体适格的证据材料；收集纠纷本身的证据材料；收集原告提供的各类证据材料来源、形式是否存在重大瑕疵的证据；收集与原告起诉内容和争议焦点相关的证据。

▶管理要点二：围绕不利证据，全面收集证据材料反驳

1. 围绕不利证据，收集相关证据材料，达到降低或否定原告证据可信度的目的；收集有利的证据材料，反驳原告提出的不利证据。

2. 对于提出不利证据的证人，可收集其与原告、银行或其他被告存在利害关系的证据，降低其证言的证明力；收集原告的其他诉讼行为，由此分析原告的诉讼目的、诉讼策略。

【环节二】 阅卷

1. 重点查阅对方证据情况，包括卷宗资料中包含的证据与提供的证据是否相同，是否存在原审法院依职权调取的证据或未经质证的证据等。

2. 重点关注对方代理意见、质证意见等能集中展现对方整体诉讼策略和具体事实、法律依据的诉讼材料。

3. 重点查阅原审庭审笔录，其中诉讼当事人对案件事实的陈述应格外注意。

【环节三】 管辖权异议

▶管理要点一：提出管辖权异议的情形

出现以下情况时，建议提出管辖权异议：认为受理法院违反级别管辖、地域管辖规定；提交答辩状期间届满后，原告增加诉讼请求金额致使案件标的额超过受诉法院级别管辖标准。

▶管理要点二：提出管辖权异议的时限要求

对管辖权有异议的，应当在提交答辩状期间提出。

▶管理要点三：关注几类特殊纠纷的管辖规定

1. 侵权纠纷由侵权行为地或者被告住所地人民法院管辖。

2. 同一诉讼的几个被告住所地、经常居住地在两个以上人民法院辖区的，各该人民法院都有管辖权。

3. 因票据权利纠纷提起的诉讼，依法由票据支付地或者被告住所地人民法院管辖。

4. 证券虚假陈述侵权民事赔偿案件，由发行人住所地的省、自治区、直辖市人民政府所在的市、计划单列市和经济特区中级人民法院或者专门人民法院管辖。《最高人民法院关于证券纠纷代表人诉讼若干问题的规定》等对管辖另有规定的，从其规定。

【环节四】 类案检索

被诉纠纷处理中，应当对同类案件的最高人民法院裁判文书进行收集，知悉该类纠纷关键法律问题的主流裁判意见，充分预判裁判结果，有针对性地开展应诉工作。制定应诉策略、答辩意见时参考收集的司法裁判观点，并将有利于银行的指导性案例整理成类案检索报告提交至法院，为法院提供裁判参考。

【环节五】 制订应诉方案

▶管理要点一：知己知彼

在庭审准备中要充分了解原告及其他诉讼参加人的信息，全面掌握纠纷情况，这是制订科学的应诉方案的前提，要了解对方的社会关系，掌握对方的涉诉情况，梳理多个诉讼参加人之间的关联关系。

▶管理要点二：化被动为主动，全力争取诉讼主动权

1. 适时提出管辖权异议、追加被告或第三人、申请司法鉴定等，通过诉讼程序维护合法权益。

2. 根据纠纷情况，可以通过提起反诉，改变被动应诉的不利状况，掌握主动权。

【环节六】 撰写答辩意见

▶管理要点一：以事实为依据，以法律为准绳

深入研究分析案情，全面梳理对银行有利的事实和不利的事实，"扬长避短"，抓准"事实"和法律依据，逻辑严密，有理有据。

▶管理要点二：答辩意见要把握重点

1. 针对事实存在的问题，特别是对银行不利的事实，组织收集充分的证据，提出有力抗辩。

2. 针对法律适用问题，讲明法律关系，陈述应当适用的有关法律规定、司法裁判观点等。

3. 答辩意见要围绕争议焦点展开，列明纠纷涉及的法律关系和法律适用问题，简明扼要地陈述关键事实与理由，并提供有效证据进行论证。

4. 答辩意见结论部分要简明精准。从双方争议法律关系的要件事实和法律适用角度简述观点，对起诉状中不实的事实，予以点明和回击。

▶管理要点三："去伪存真"，全面查清事实

1. 追根溯源，查清全部事实。围绕原告起诉内容和争议焦点，迅速查清整个事件的来龙去脉，以做到"有的放矢"。

2. 运用系统思维，跳出"纠纷"打"纠纷"。不能仅局限于诉状所述的纠纷，要全面、系统分析纠纷事实，善于"去伪存真"，用完整的证据链呈现涉诉事件全貌，抓住事件整个环节中有利的事实和证据，解决不利的问题。

【环节七】 各类申请的提出

▶管理要点一：申请追加当事人

在纠纷审理过程中，如发现原告遗漏了应该参加诉讼的被告或者第三人，

可以向法院申请追加该被告或者第三人参加诉讼。

▶管理要点二：申请司法鉴定

对于对方向法院提交的印章、字迹、手印等，可以在举证期限内或法庭调查结束前申请司法鉴定。

▶管理要点三：申请调取证据和证据保全

因客观原因不能自行收集的证据，应当在举证期限届满前书面申请人民法院调查收集。包括：（1）证据由国家有关部门保存，当事人及其诉讼代理人无权查阅调取的；（2）涉及国家秘密、商业秘密或者个人隐私的；（3）当事人及其诉讼代理人因客观原因不能自行收集的其他证据。

在证据可能灭失或者以后难以取得的情况下，当事人可以在诉讼过程中向人民法院申请保全证据，人民法院也可以主动采取保全措施。当事人申请保全证据的，不得迟于举证期限届满前7日，且人民法院可以要求其提供相应的担保。

▶管理要点四：申请中止审理

涉及刑民交叉的被诉纠纷，表面证据对银行明显不利的情况下，可以申请中止审理，经过刑事侦查阶段查明事实真相，调取搜集对民事诉讼有利的证据，最大限度维护自身合法权益。

▶管理要点五：向法院申请延期审理

遇有下列情形，可以向法院申请延长举证期限并延后开庭审理。包括：（1）必须到庭的当事人和其他诉讼参加人有正当理由没有到庭的；（2）当事人临时提出回避申请的；（3）需要通知新的证人到庭，调取新的证据，重新鉴定、勘验，或者需要补充调查的；（4）其他应当延期的情形。

【环节八】 举证、质证

▶管理要点一：举证的基本要求

举证要求将能够证明同一待证事实的证据归为一组，保证证据与待证事实之间相互对应，证据能足够支撑己方观点。

▶管理要点二：精准定位——不同审理阶段的举证

一审中，审理的重点是全面查清案件事实。举证应全面、完整：凡是能够支持己方诉讼主张的证据，都应入册提交；凡是提交的证据，都应尽量保持完整。二审或再审中，举证应"以新为主"且"重点突出"，如出现新证据，须强调新证据对本案一审判决认定事实和法律判断的影响。

▶管理要点三：突出重点——以证据证明力大小为核心进行梯度排列、运用

1. 进行证据区分。将证据分为有利证据和不利证据，有利证据留待进一步整理；不利证据用来帮助全面了解案情、洞悉对手策略，进而准备应对方案。

2. 进行证据编组。确定提交的证据后，须根据证据证明事项的不同进行编组，独立成组的证据必须能够达到证明待证事实的标准。

3. 完成证据排序。按照待证事实的重要性划分、排序多组证据，应将具有最高证明力的证据作为核心证据，首先进行举证运用，其他的作为辅助证据位列其后。

▶管理要点四：质证的基本要求

1. 在质证环节，要紧紧围绕对方证据的客观性、关联性和合法性展开质证。

2. 将质证焦点集中于证据间的疑点、矛盾之处，并结合己方相关证据发表看法，以达到降低对方证据证明力或否定对方证据的目的。

3. 灵活运用证据规则进行质证。若证明纠纷事实的证据都是间接证据，则这些证据必须形成一个完整的证明体系，所得出的结论必须确定并且是唯一的、排除其他一切可能性的；查明证人、鉴定人、勘验人与案件有无利害关系及是否具有回避事由，以确定其证言、鉴定结论、勘验笔录的真实可信程度。

4. 切勿发表虚假陈述和轻率否认"铁证"。如果当事人发表虚假陈述，则可能影响其提交的其他证据的可信度；避免轻率否认"铁证"，对于对方提出的形式合法、内容完备的证据，若轻率地发表对证据合法性、真实性无法确认或否定的意见，则可能影响陈述己方意见的可信度。

5. 慎重自认。自认一经作出，具有免除对方当事人举证责任的效力，并且对于当事人自认的实体事实法院将直接作为判决的根据，无法定情形不能作出与自认的实体事实相反的认定，因此应严格慎重自认。

▶管理要点五：注重质证技巧

进行证据质证须关注以下方面：（1）就证据来源形成是否合法、与诉求的关系、有无完全质证、是否可用推定等方面发表综合意见；（2）提供的证据为原件或复印件；（3）证据的来源是否合法；（4）证据是否存在瑕疵、伪

造的痕迹；(5) 证据本身内容上是否矛盾；(6) 证据与本案是否存在关联性；(7) 证据是否能达到对方所说的证明目的；(8) 证据是否与无须举证的事实相违背。

▶管理要点六：关于对几类证据资料质证的特别提示

1. 公证书。公证具有地域性，超出地域管辖的公证书效力存疑；公证只能证明签字行为的真实性，不能证明行为的真实意思表示和待证行为的合法性，公证书中如证明待证事实合法有效或是双方的真实意思表示等内容，应当及时提出疑问。

2. 鉴定报告。鉴定机构及人员是否具有鉴定资质；鉴定人员是否具有回避事由；鉴定机构是否具有委托人员的委托书；鉴定的依据是否正当；样本是否有明确来源且具备鉴定条件；鉴定意见与证明对象是否关联；鉴定的程序、方法是否合法等。对鉴定书内容有异议的，应当在人民法院指定期间内以书面方式提出；如发现存在鉴定人无相应资格、鉴定程序严重违法、鉴定意见明显依据不足或鉴定意见不能作为证据使用的其他情形，应当及时申请重新鉴定。

3. 补强证据。补强证据规则规定因某一证据的证明力较弱，不能将其单独作为认定案件事实的依据，须在其他证据加以佐证，对其证明力给予补充、加强的情况下，法院才能将该证据作为认定案件事实的依据。因此，搜集证据时应全面、深入、细致，对于证明力较弱的证据材料，应提交其他证据予以佐证，积极争取法院对证据的认定。

4. 免证事实。下列事实，当事人无须举证证明：(1) 自然规律以及定理、定律；(2) 众所周知的事实；(3) 根据法律规定推定的事实；(4) 根据已知的事实和日常生活经验法则推定出的另一事实；(5) 已为人民法院发生法律效力的裁判所确认的事实；(6) 已为仲裁机构生效裁决所确认的事实；(7) 已为有效公证文书所证明的事实。上述第 (2) ~ (4) 项事实，当事人有相反证据足以反驳的除外；第 (5) ~ (7) 项事实，当事人有相反证据足以推翻的除外。

【环节九】 法庭辩论

法庭辩论要以运用事实、依托证据、援引法律作为其中心内容。在这一环节，应注意：一是坚持"以事实为依据，以法律为准绳"的基本原则，以事实说话，援引法律，以法律来服人，用法律来维护己方的合法权益；二是在第一个辩论阶段发言时应注意充分运用证据，避免有证不用，正确运用证据，避免有证滥用；三是在互相辩论阶段应注意重点突出、观点明确、灵活应对。

【环节十】 撰写纠纷结案总结

▶管理要点一：突出重点，总结经验教训

在撰写纠纷总结时，应注意以下内容：一是应当从实际案情出发，抓住纠纷的特点，有所侧重，做到抓住中心，突出重点；二是应逻辑严密，注意对纠纷处置化解过程中的成绩和不足作客观辩证的评价。

▶管理要点二：建立风险提示制度

被诉法律纠纷结案后，要认真进行检视，分析存在的法律风险，针对纠纷反映出来的法律风险事项，及时出具法律风险提示书，提出管理建议，促进依法合规经营管理水平提升。

第四节 个贷、信用卡纠纷精细化管理要点

一、主诉纠纷

鉴于个贷、信用卡纠纷的特点，除可以适用本章第二节有关管理要点之外，还应注意以下管理要点。

(一) 准确选用法律程序

个贷、信用卡主诉类纠纷通常属于债权债务关系明确的案件，具有诉讼标的金额较小、证据较为充分、案件数量多的特点。近年来，为妥善化解各类纠纷，人民法院大力推广纠纷多元化解决机制。因此，为更加便捷、高效处理好个贷、信用卡主诉类纠纷，建议根据个案的不同情况结合不同程序的特点，"一户一策"，合理运用督促程序、简易程序、小额诉讼程序、调解程序、实现担保物权程序等法律程序，妥善解决纠纷，提升诉讼效率和效果。

在进行诉讼准备时，要注意借款合同、保证合同是否办理赋予强制执行效力的公证，如已办理，可申请公证机关出具执行证书并依据赋予债权文书强制执行效力公证书、执行证书等材料，向法院申请执行。如未进行强制执行公证，则应根据合同约定向有管辖权的法院起诉或申请仲裁。应注意，如赋强公证只针对部分借款人和保证人，则对其他当事人仍应同时采取约定的争议解决方式处理。

（二）防范"送达难"

1. 与各方当事人约定送达地址。在合同、领用协议或单独签署约定送达条款中明确约定送达地址，表明该地址可用于接受诉讼案件材料和法律文书，法院将向该地址送达诉讼材料和法律文书。注意如业务涉及多方，勿遗漏任何一方当事人。

2. 约定电子送达条款。在合同中增加选择电子送达的条款，且银行应做好解释说明，让当事人能接受诉讼材料及法律文书的电子送达约定。

3. 履行解释说明告知义务。在签署约定送达地址条款时，银行应明确告知送达地址的适用范围、送达地址变更后的告知义务、送达地址不准确的法律责任以及电子送达与线下送达具有同等法律效力等。采用线上方式签署合同的，银行应通过设置合理的强制阅读时间、页面停留时间、增加系统提示等管控措施，履行释明和告知义务并保留提示证据。

4. 多方位查找失联人员。建议通过多种途径，如查询其纳税、工商、缴费等信息，多维度查找锁定失联人员，以便解决后续"送达难""执行难"问题。

（三）防范诉讼时效风险

1. 对于工作地址、住宅地址明确，在诉讼时效期间，银行工作人员可向其直接送达催收通知书，并要求其本人、同住的具有完全行为能力的亲属或者被授权主体签收。

2. 扣划银行账户资金。在诉讼时效有效期内，银行依据借款、担保合同或领用协议约定，从借款人、担保人账户上扣划资金，可起到中断诉讼时效的效果。

3. 与债务人重新达成还款协议或债务人向银行出具的还款承诺等。

4. 根据具体情况还可以采取邮寄送达、公证送达、起诉、申请支付令、申请仲裁、申请执行证书、申请实现担保物权等方式及时中断诉讼时效。

（四）全面搜集证据防范举证不能风险

1. 个贷纠纷证据材料包括但不限于：借款人身份信息、借款合同、担保合同、放款凭证、转存凭证、抵押物权属证明、还款明细、催收记录等。

2. 信用卡纠纷证据材料包括但不限于：持卡人身份信息、信用卡领用协议、信用卡账单、抵押物权属证明、催收记录等。

3. 对于线上贷款，应积极运用电子存证系统，将相关证据导出。如相关证据不完善，可线下催收时要求客户签署催收通知、还款计划等，以及留存录音录像等形式，完善证据链。

4. 完善夫妻共同债务证据。部分客户办理个贷、信用卡业务用于家庭生活使用，但往往相关合同或协议仅本人签署，证明拖欠债务为夫妻共同债务存在难度。建议可在催收过程中联系客户配偶对相关债务进行追认，或者搜集有关证据证明所借资金用于夫妻共同生活，以此来要求双方共同清偿。

（五）完善信用卡息费证据，争取法院支持

1. 对息费、违约金等条款进行充分解释说明并保存相关证据。根据《银行卡民事纠纷若干规定》第2条第1款"发卡行在与持卡人订立银行卡合同时，对收取利息、复利、费用、违约金等格式条款未履行提示或者说明义务，致使持卡人没有注意或者理解该条款，持卡人主张该条款不成为合同的内容、对其不具有约束力的，人民法院应予支持"。因此，对于息费、违约金条款等直接关乎持卡人利益的条款应进行充分解释说明，并通过客户手工抄录、采取足以引起客户注意的字体、字号、颜色、符号、标识进行提示，并保存相关证据。

2. 积极抗辩，避免信用卡息费总额被调减。根据《银行卡民事纠纷若干规定》第2条第2款"发卡行请求持卡人按照信用卡合同的约定给付透支利息、复利、违约金等，或者给付分期付款手续费、利息、违约金等，持卡人以发卡行主张的总额过高为由请求予以适当减少的，人民法院应当综合考虑国家有关金融监管规定、未还款的数额及期限、当事人过错程度、发卡行的实际损失等因素，根据公平原则和诚信原则予以衡量，并作出裁决"。故持卡人在诉讼中提出息费总额过高时，银行可向法院提供银行信用卡息费符合金融监管规定，持卡人存在恶意拖欠的事实，发卡行为追索贷款付出的成本等方面提供有关证据进行抗辩。

（六）主张抵押财产优先受偿

1. 查询抵押财产情况。在起诉前应通过产权登记部门对抵押财产进行查询，了解该财产权属、抵押、查封情况，如该财产已被查封，应了解案件进度，及时向首封法院申请优先受偿。

2. 完善预告登记主张优先受偿。根据《民法典担保制度司法解释》第52条，承认在已办理建筑物所有权首次登记、预告登记的财产与办理建筑物所有权首次登记时的财产一致、抵押预告登记未失效的情况下，抵押预告登记权利人可具有优先受偿权。故银行应及时办理抵押权预告登记，避免预告登记失效，在起诉时可主张就抵押预告登记财产优先受偿。

二、被诉纠纷

从个贷、信用卡业务被诉纠纷诉由来看，引起纠纷的原因主要有以下几方面：借款人在解除房屋买卖合同纠纷中要求解除借款合同；借款人、持卡人主张借款合同、信用卡申请表非本人签字；信用卡盗刷；不良征信信息记录不准确等。除适用本章第三节的有关管理要点外，还要根据个贷、信用卡业务被诉纠纷的特点，注意把握以下管理要点。

（一）借款人在解除房屋买卖合同纠纷中要求解除借款合同纠纷

房屋买卖合同纠纷中，往往涉及购房者、开发商、银行三方当事人。购房者与开发商签订房屋买卖合同，同时与银行签订借款合同。因此，在开发商出现违约行为，无法交房或延迟交房的情况下，购房者会将开发商与贷款银行一并诉至法院，要求解除房屋买卖合同，同时解除借款合同。

根据《最高人民法院关于审理商品房买卖合同纠纷案件适用法律若干问题的解释》（以下简称《商品房买卖合同纠纷解释》）第20条"因商品房买卖合同被确认无效或者被撤销、解除，致使商品房担保贷款合同的目的无法实现，当事人请求解除商品房担保贷款合同的，应予支持"的规定，在因开发商违约行为导致房屋买卖合同解除的情况下，借款合同也将随买卖合同一并解除。此时，开发商应当将收受的购房贷款和购房款的本金及利息分别返还给银行和购房者。

▶纠纷处置要点

1. 主张独立个案，并非共同诉讼。开发商违约问题容易引发连锁反应，极易出现购房者集体维权的情况。接到诉状后，如发现为多位购房者在同一诉状中主张权利，应第一时间向法院主张诉讼主体、标的等基本事实不同，每个借款人的纠纷是独立的案件，不属于必要共同诉讼，争取单独立案受理，以便查清案件事实。

2. 积极提出抗辩。《商品房买卖合同纠纷解释》中规定了商品房买卖合同被确认无效或者被撤销、解除的情形，银行可搜集有关证据，积极提出商品房买卖合同不属于无效、被撤销或者解除的情形。

3. 主张抵押权有效成立。在反诉中或答辩意见中，主张银行的抵押权有效成立，就抵押或预抵押的房屋优先受偿。

（二）借款人、持卡人主张个贷、信用卡业务非本人办理纠纷

主要包括两种情况：一是借款人、持卡人主张借款合同、信用卡申请表非本人签字，本人对该笔业务毫不知情；二是借款合同、信用卡申请表虽为本人签字，但本人主张非借款、信用卡的实际使用人。

▶纠纷处置要点

1. 借款人、持卡人主张借款合同、信用卡申请表非本人签字，本人对该笔业务毫不知情

（1）对签字进行笔迹鉴定。借款人主张借款合同、转存凭证等非本人签字，持卡人主张信用卡申请表等非本人签字的，原则上要经过鉴定机构确认。

（2）追加当事人。如鉴定结果确非本人签字，应充分调查、核实，找出实际用款人或用卡人，并追加其为共同被告。

（3）多元化解决纠纷。实际用款人或用卡人同意承担还款责任的，可通过和解解决纠纷，由实际用款人或用卡人承担还款责任。

（4）及时进行账务、征信处理。给借款人或持卡人造成的损失（如行使抵销权扣款）应及时退回扣款并更改系统扣款设置避免再行扣款。对于征信不良应尽快予以消除。

2. 借款合同、信用卡申请表虽为本人签字，但本人主张非借款、信用卡的实际使用人

（1）查明业务办理具体情况，还原事实。

（2）追加当事人。如果存在借款人与开发商串通骗取银行贷款，持卡人与实际用卡人合谋骗取银行信用卡额度，或持卡人单纯违法出借信用卡的情

况，应当要求借款人与开发商、持卡人与实际用卡人共同承担还款责任。

（3）多元化解决纠纷。梳理业务办理流程，如果银行确实存在明显过错，如个贷业务贷前审查未尽到必要的注意义务，存在房屋高评、贷款申请资料明显虚假，信用卡申请人不符合准入门槛依然审核发卡，知道或应当知道有实际用款人、用卡人等情况，可调解结案，最终由实际用款人、用卡人承担还款责任。

（4）民刑交叉时，仍可要求承担民事责任。如果法院移案至公安机关，借款人与开发商，持卡人与实际用卡人或涉嫌构成共同犯罪的，借款人、持卡人仍不能免除民事还款责任。

（三）信用卡盗刷纠纷

主要包括客户在正常保管、使用信用卡的情况下被"异地"盗刷和自行点击非法链接被盗刷两种类型，该类纠纷取证难度较大，司法实践中判决银行承担责任的可能性较大。

根据《银行卡民事纠纷若干规定》，法院认定盗刷事实时，会全面审查盗刷纠纷当事人提交的证据，结合银行卡交易行为地与真卡所在地距离、持卡人是否进行了基础交易、交易时间和报警时间、持卡人用卡习惯、银行卡被盗刷的次数及频率、交易系统、技术和设备是否具有安全性等事实，综合判断是否存在盗刷交易。

▶纠纷处置要点

1. 充分搜集有利证据。搜集如信用卡账单、交易单据、监控录像等，从交易时间、交易地点、交易对手等方面证据证明争议交易非盗刷交易。

2. 采取多元化手段化解盗刷纠纷。在持卡人有充分证据证明确为伪卡盗刷或者网络盗刷的情况下，应与持卡人、收单银行、特约商户协商，妥善化解纠纷。

3. 告知、协助持卡人及时向公安机关报案。

4. 及时进行账务处理。对伪卡盗刷交易或网络盗刷交易中持卡人不承担责任的本金、利息、复利、费用、违约金，以及法院判决不支持的本金、利息、违约金等账务，应及时从持卡人账户中移除，防止继续产生不良征信记录，同时应注意避免系统自动扣划持卡人其他账户资金行使抵销权。

（四）不良征信信息记录不准确纠纷

借款人、持卡人因银行记录不良征信而提起名誉权纠纷。

▶纠纷处置要点

1. 查清案件事实。借款人、持卡人主张借款或信用卡已还清，不良征信记录有误的，应充分核实其是否已经履行了全部还款义务。

2. 进行笔迹鉴定。借款人、持卡人主张个贷、信用卡业务非本人办理，不良征信记录有误的，应充分核实业务办理流程，进行笔迹鉴定。

3. 多元化处理纠纷。如经充分调查核实，确系银行过错或第三人冒名办理业务导致借款人、持卡人征信信息有误的，应协商和解，并及时进行后续账务处理、消除不良征信信息。

第四章　坚持系统观念，实施全方位法律追索

当前，有的债务人采取各种方式、各种手段逃废银行债务，而且手法日益隐蔽、翻新，不易识别。仅仅对债务人采取法律诉讼措施，往往是赢了官司、执行不到资产，银行损失巨大。因此，为强化银行债权保护，需要采取有力措施全方位查找债务人资产，围绕两条主线对债务人进行法律追索：一是围绕债务人的"资产"与"经营交易"进行追索，重点关注"资产"的变动情况、交易是否异常等；另一条是围绕债务人的关联公司（人）追索，包括母公司、子公司、实际控制人、其他关联公司等。充分运用法律赋予债权人的各种权利，对债务人采取全方位、全流程的法律追索，从而制止其逃债行为，切实维护银行债权安全。

第一节　全方位查找债务人资产

全方位查找债务人资产是银行债权能否获得清偿的关键所在。"全方位"包括两层含义：一是资产"全类型"，既要查找有形资产，也要查找无形资产。可以查找的资产范围包括但不限于存款、不动产、动产、债权、股权、知识产权等。二是资产"全时间段、全流程"，要注意查找从贷款合同签订之日起至查找之日债务人资产的变化情况，根据情况可向前追溯；通过变化情况梳理出债务人不当转移资产的行为，通过法律措施追回相关资产。具体来说，可通过以下途径、方法进行查找。

一、通过登记、注册等主管部门进行查找

银行可以通过政府主管部门或法院公开的数据信息查找债务人资产，如

数据不公开、无法自行查询时，可以申请法院向登记、注册等主管部门进行查询或申请由法院向相关主管部门进行查询。

（一）查找债务人的银行账户

1. 通过市场监督管理部门可查询单位登记的银行账户账号。
2. 通过税务部门可以查询单位的缴税银行账户账号。
3. 通过人民银行账户管理中心查询债务人开立的所有账户。
4. 通过发票抬头信息、招投标信息、上市公司公告、交易往来文件等查找债务人的银行账户。

（二）查找债务人的不动产

1. 土地使用权。通过县级以上政府土地行政主管部门可查询单位或个人的国有土地使用权的登记情况。部分土地主管部门的网站已开通土地使用权登记查询功能。对全部或部分缴纳土地使用权出让金但未办理登记的土地使用权，可通过土地使用权中标情况进行查询。

2. 房屋所有权。通过不动产登记中心可以查询债务人名下所有的房屋，包括共有房屋、预购房屋及作为受让人正在办理过户手续的房屋。

3. 采矿权。通过地质矿产主管部门可以查询采矿权登记情况。通过自然资源厅部及其门户网站，根据采矿权人的名称可以检索其名下是否有登记的采矿权。

4. 林权。通过县级以上林业主管部门可查询单位或个人的林权登记情况。部分林业主管部门的网站已开通林权登记查询功能。

5. 农村土地承包权。通过债务人所在地县级农业、林业行政主管部门或乡镇政府查询土地承包权登记册，或通过其所在村委会、村民小组查询承包合同，了解相关情况。

（三）查找债务人的动产

1. 通过市场监督管理部门可以查询单位的机器设备、货物等登记情况。
2. 通过人民银行的"动产融资统一登记公示系统"可以查询债务人的生产设备、原材料、半成品、产品抵押；融资租赁；所有权保留等信息。
3. 通过车辆管理所可以查询债务人的车辆所有情况。
4. 通过国家海事局公布的船舶登记海事管理机构可以查询债务人的船舶

所有情况。通过检索海事机关网站发布的相关信息，可以查询债务人的部分船舶所有情况。

5. 通过中国民用航空局可以查询债务、保证人民用航空器所有情况。

（四）查找债务人的债权

1. 通过法院查询系统可以查询债务人的涉诉债权情况。详见"（八）查找债务人涉诉情况"。

2. 通过人民银行的"动产融资统一登记公示系统"可以查询债务人的应收账款质押、转让信息。

3. 通过公示的中标文件可以查询债务人中标工程、项目信息，通过此条线索可以查找债务人应收工程、项目款项及次债务人。

4. 通过市场监督管理部门可以查询单位的资产负债表，进而掌握债务人的债权总体情况。

（五）查找债务人的知识产权

1. 专利权。国家知识产权局网站"中国专利查询系统"可以通过专利权人的名称查询债务人的专利权情况。

2. 商标权。国家知识产权局商标局"中国商标网"网上查询系统可以通过商标申请人名称查询债务人的商标权情况。

3. 著作权中的财产权。通过网络、省市图书馆查询系统查询债务人、担保人已出版的著作。

（六）查找债务人的股权

1. 通过市场监督管理部门可以查询债务人持有的未上市股权情况。

2. 通过证券交易所发布的公开披露信息等查找债务人持有的上市公司股权情况。

3. 登录中国证券登记结算公司的"证券质押供需信息发布平台"可以查询上市公司股权质押情况。

（七）查找债务人的其他财产信息

1. 仓单、存货。通过期货公司或人民银行的"动产融资统一登记公示系统"可以查询被质押仓单、存货的情况。

2. 租赁权。通过房产管理部门查询房产租赁备案情况，或者通过人民银行的"动产融资统一登记公示系统"查询动产租赁情况。

3. 个人公积金、养老金账户。通过个人身份信息就可以在主管部门查询账户情况。

4. 股票、基金账户。通过沪、深、北三市交易所可查询债务人持有股票情况。通过中国证券登记结算公司可以查询债务人基金账户情况。

（八）查找债务人涉诉情况

通过涉诉情况可以查找债务人的交易情况、应收账款等信息。要注意既要查找债务人作为原告的情况，也要查找债务人作为被告的情况。

1. 通过"中国裁判文书网""人民法院案例库"查询生效法律文书，可以了解债务人、担保人涉诉民事案件、刑事案件、行政案件、赔偿案件、执行案件的相关情况（涉及国家秘密、个人隐私、未成年人犯罪、调解结案的案件除外）。

2. 通过"中国知识产权裁判文书网"查询生效法律文书，可以了解债务人、担保人涉诉知识产权案件、不正当竞争案件、垄断案件的相关情况。

3. 通过"中国涉外商事海事审判网"查询生效法律文书，可以了解债务人、担保人涉诉商事案件、海事案件的相关情况。

4. 通过"中国执行信息公开网"查询被执行人的名称，可以了解债务人、担保人执行案件的相关情况。

5. 通过"人民法院公告网"查询法院公告信息，可以了解债务人、担保人涉诉案件的相关情况。

6. 通过"中国审判流程信息公开网"，可以查询案件进展情况。但需要当事人提供立案时获取的密码。

二、通过债务人构成形态的变动进行查找

银行可以通过梳理债务人构成形态变动过程中的异常情况，查找债务人的财产线索，防止债务人通过破产、改制、重组等途径转移资产。

（一）通过企业破产中的异常情况进行查找

1. "金蝉脱壳""先分立、后破产"。先通过各种方式转移资产，将原企

业的有效资产划转到其他企业或者新的企业，将债务留在原企业，然后对原企业实施破产。

2. 搞假破产。人为加大破产费用，压低破产财产评估价格，再由其他企业以极低的价格接收后，更换一个名称后又利用原来的厂房和设备重新组织生产经营。

3. 在破产以前，利用关联交易，高价购入、低价卖出，非法转移资产，再破产。

4. 违反法律规定，将金融机构的抵押、质押等担保认定无效或者人为设定其他优先于担保物权受偿的权利。

（二）通过企业改制中的异常情况进行查找

1. 企业在进行股份制改造过程中的异常情况

主要表现形式：（1）原企业将优良资产分离出去与他人发起成立股份公司，股份公司不承担或少承担原企业债务，主要债务仍记在资产已剥离出去的原企业名下；（2）企业通过增资扩股方式改制为股份公司，新的股东以未被告知原企业有债务为由否认债务的存在等。

2. 企业在分立过程中的异常情况

包括但不限于：（1）原企业分离出一个新企业后形成两个企业，两个企业中只有一个承担原企业债务，或两个企业不根据所分得财产的比例来分割原企业债务，更不愿对原企业债务承担连带责任；（2）一个企业分立成两个企业后原企业注销，两个企业都是新注册而成立，都不承担原企业债务等。

3. 企业在出售过程中的异常情况

包括但不限于：（1）企业将资产出售给他人，原企业虽然已成空壳，但仍然存续，资产购买人由于与原企业之间没有产权关系而不承担债务，虽然购买资产的资金通常并不交付；（2）企业整体出售时，出售人对购买人隐瞒企业真实的负债状况，购买人不承认被隐瞒的债务，而出售人将企业卖出后已无力偿债，造成债权无法行使；买受人购得企业后，将企业资产作价另行成立新企业，原被买的企业注销，此时，债权人只能向出售人或买受人主张债权，但此时，无论出售人或买受人手中均不持有原企业财产，因而无力偿债；（3）企业出售时，出售公告要求债权人申报债权，债权人因不关注公告而未申报，出售行为完成时，债权人再主张债权时只能针对出售人而为，但此时出售人已无财产。

4. 企业在兼并与被兼并过程中的异常情况

主要表现形式：（1）企业采用吸收合并方式进行兼并的，债权人在兼并过程中未申报债权，兼并完成后，只能向被兼并企业的股东追偿债务，而股东根本无力承担债务；（2）企业兼并另一企业后，以其中的劣质资产新设企业，优良资产留在本企业中，债权人在行使债权时只能向新设企业主张，而此新企业无法偿债等。

三、通过债务人资产运用的变动进行查找

（一）以物抵债中的异常情况

包括但不限于：（1）抵债物低值高估。对于这种行为，债权人本着"有比没有好"的想法，通常不会对债务人斤斤计较，从而给债务人以可乘之机，甚至存在债务人专门购买资产然后用以还债的现象；（2）抵偿假债权；（3）将财产抵押给第三人，从而达到逃避特定债务的目的；（4）将财产高值低抵。债务人为了逃债，将巨额财产低价抵给亲近的债权人，使其他债权人无法得到清偿，债务人同时会在事后从亲近债权人那里获得相应补偿。

（二）以物易物中的异常情况

查看双方用于互易的财产价值是否存在明显不对等的情况，如债务人将自己的明显更有价值的财产与第三人价值较低的财产进行互换。

（三）租赁中的异常情况

典型情形是债务人以远低于市场价的价格向第三方出租其财产或以远高于市场价的价格从第三方处承租财产。

四、通过债务人交易情况进行查找

通过债务人在贷款申请、贷款发放、贷后检查等环节提交的交易合同资料，以及可以从公开渠道获得的招投标信息、上市公司披露文件、企业网站信息、企业宣传材料等文件，结合债务人资金往来情况，分析债务人的交易

情况，重点从以下两类异常情况中查找财产线索：

1. 交易对手的异常情况

要对交易对手进行全面查找，既要看上游交易对手，也要看下游交易对手；既要看国内交易对手，也要看国外交易对手。看债务人与其交易对手之间是否存在可能导致资产转移的隐性关联关系，重点关注债务人与交易对手具有共同的股东或两者的股东之间存在亲属关系、债务人与交易对手共同投资或控制一家企业，以及同一自然人、亲属或其他密切关系人在不同企业交叉任职等情况。

2. 交易价格的异常情况

要与交易时的市场价格进行对比，关注债务人进行的交易价格、条件、形式等明显异常或显失公平的交易，如以明显不合理的低价转让财产、以明显不合理的高价受让财产、无偿转让财产等情况。

五、通过债务人财务报表进行查找

通过企业申请授信时以及贷后过程中定期提供的财务报表进行查找：

1. 分析资产、负债的变动情况

资产负债表可以反映企业某一时点的资产、负债和所有者权益情况。通过对债务人不同时期的资产负债表进行比对分析，可以找出企业的固定资产、无形资产、应收账款、应付账款等指标的变动情况，分析是否存在异常变化，结合企业的交易情况，进一步查找资产线索。

2. 将资产负债表、利润表、现金流量表结合起来分析

利润表可以反映企业一定时期内的收入、成本和利润等多方面的信息，现金流量表可以反映企业一定时期内的现金增减变动情况。对财务报表进行分析时，可以将资产负债表、利润表、现金流量表结合起来进行整体分析，从而更容易发现企业资产、应收账款等指标的异常情况。

六、通过债务人关联关系查找

1. 通过债务人的股东、实际控制人、高管查找

一是查找股东的出资情况，分析其是否存在瑕疵出资、抽逃出资等异常

情况；二是查找股东、实际控制人、高管是否存在无偿使用公司资产、用公司资产偿还自身债务，将公司资产转入个人名下等情况。

2. 通过债务人的关联公司（人）查找

重点查找债务人与其母公司或子公司之间或其控制的多个公司之间，以及其亲属或亲属的公司之间，是否存在通过低价转让、虚假交易、财产混同、相互走账等形式转移资产的异常情况。

七、通过贷后现场实地走访、检查进行查找

1. 到债务人生产经营场所进行现场查看，查找债务人不动产的占有、使用情况，以及机器设备、原材料、产品等动产的持有情况。

2. 与债务人的员工或其交易对手进行沟通交流，查找债务人的重大交易、重大投资、重大财产变动情况等，包括应收账款、预付款项等情况。

第二节　围绕债务人的"资产"与"经营交易"进行法律追索

围绕债务人的"资产"与"经营交易"进行法律追索，主要行使以下几种权利之诉。

一、代位权之诉

代位权之诉是指因债务人怠于行使其债权或者与该债权有关的从权利，影响债权人到期债权实现的，债权人可以向人民法院请求以自己的名义代位行使债务人对相对人的权利，由债务人的相对人直接向债权人履行义务。

（一）代位权之诉的行使要件及行使效果

根据《民法典》第535条及《最高人民法院关于适用〈中华人民共和国民法典〉合同编通则若干问题的解释》（以下简称《民法典合同编通则司法解释》）第33条规定，债权人行使代位权应当符合以下条件：

1. 债务人享有对外的债权，但债务人怠于行使其债权或者与该债权有关

的从权利。(1)"怠于行使"是指债务人应当行使其权利且能够行使而不行使,其判断标准为债务人是否曾通过诉讼或仲裁方式向相对人主张过权利,只有采取诉讼或仲裁方式主张权利才能成为债务人对抗债权人行使代位权的法定事由。(2)对于专属于债务人自身的权利,如抚养费、赡养费、扶养费、人身损害赔偿、劳动报酬等的请求权,债权人不能代位行使。

2. 债务人怠于行使自己的权利,已影响债权人的到期债权实现。如果债务人怠于行使某一债权,但债务人的其他资产充足,足以清偿对债权人所负的债务,则债权人不能行使代位权。如果债权人对债务人的债权尚未到期,债权人也不能行使代位权。

符合上述条件时,债权人可以作为原告,以债务人的相对人为被告,以债务人为第三人,向法院提起代位权诉讼。人民法院认定代位权成立的,由债务人的相对人向债权人履行义务,债权人接受履行后,债权人与债务人、债务人与相对人之间相应的权利义务终止。(如图1)

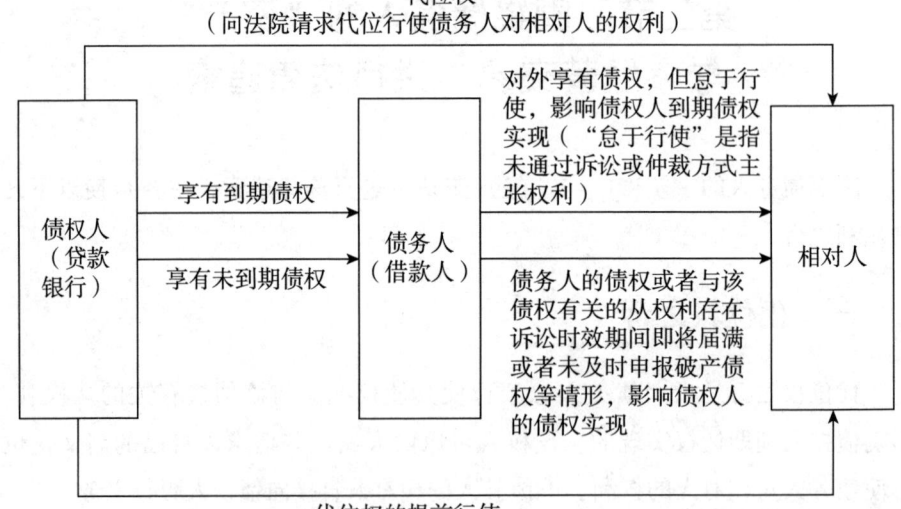

图1 代位权要件示意图

(二) 债权人代位权的提前行使

根据《民法典》第 536 条规定，在债权人的债权未到期的情况下，如果债务人的债权或者与该债权有关的从权利存在诉讼时效期间即将届满或者未及时申报破产债权等情形，影响债权人的债权实现的，债权人可以代位向债务人的相对人请求其向债务人履行、向破产管理人申报或者作出其他必要的行为。

(三) 代位权之诉的实务操作要点

1. 掌握债务人的债权情况

商业银行在贷前调查和贷后管理过程中，要注意掌握债务人的债权情况，并收集保留相关证据材料，为行使代位权打下法律基础。

(1) 掌握应收账款情况。要定期收集债务人的财务报表，分析财务报表中的应收账款情况，如存在大额应收账款时，应要求债务人提供应收账款的具体情况。

(2) 掌握债务人的交易情况。要关注债务人的对外业务开展情况，留存其对外经营合同，掌握债务人的交易对象、资金往来等情况。

2. 运用"加速到期条款"，达成代位权行使条件

在借款企业怠于行使自身债权可能影响银行债权实现时，银行可根据合同约定的"加速到期条款"，宣布贷款立即到期，从而满足代位权的行使条件，通过提起代位权诉讼，实现银行债权。

3. 同时提起对债务人的诉讼（本诉）与对债务人的相对人的代位权诉讼

《民法典合同编通则司法解释》第 38 条规定："债权人向人民法院起诉债务人后，又向同一人民法院对债务人的相对人提起代位权诉讼，属于该人民法院管辖，可以合并审理。"据此规定，在符合法院管辖规则的情况下，银行可以同时提起对债务人的诉讼（本诉）与对债务人的相对人的代位权诉讼，由法院合并审理，从而提高诉讼效率。

二、撤销权之诉

撤销权之诉，是指如果债务人通过无偿处分财产、以明显不合理的价格

处分财产等不当行为损害债权人利益的，债权人可以向法院提起诉讼，请求撤销该不当行为。

（一）撤销权之诉的适用情形

《民法典》第538条、第539条及《民法典合同编通则司法解释》第43条对债权人行使撤销权的情形作出了规定。

1. 撤销债务人无偿行为

债务人以放弃其债权、放弃债权担保、无偿转让财产等方式无偿处分财产权益，或者恶意延长其到期债权的履行期限，影响债权人的债权实现的，债权人可以请求人民法院予以撤销。

2. 撤销债务人有偿行为

债务人以明显不合理的低价转让财产、以明显不合理的高价受让他人财产或者为他人的债务提供担保，影响债权人的债权实现，债务人的相对人知道或者应当知道该情形的，债权人可以请求人民法院予以撤销。

3. 撤销互易财产、以物抵债、出租或者承租财产、知识产权许可使用等行为

债务人以明显不合理的价格，实施互易财产、以物抵债、出租或者承租财产、知识产权许可使用等行为，影响债权人的债权实现，债权人也可以提起撤销权诉讼。

是否属于"明显不合理"的价格，由人民法院按照交易当地一般经营者的判断，并参考交易时交易地的市场交易价或者物价部门指导价予以认定。一般来说，转让价格未达到交易时交易地的市场交易价或者指导价70%的，或者受让价格高于交易时交易地的市场交易价或者指导价30%的，可以认定为"明显不合理"的价格，但是如果债务人与相对人存在亲属关系、关联关系的，则不受前述比例限制。（见图2）

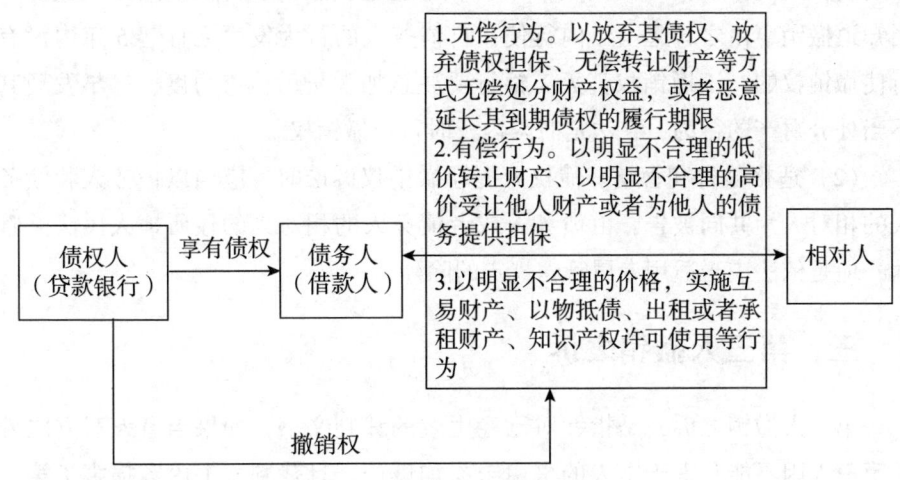

图 2　撤销权之诉适用情形图

(二) 撤销权之诉的实务操作要点

1. 掌握债务人不当处分财产的行为

银行要密切关注债务人是否存在不当处分财产、影响银行债权实现的行为，通过提起撤销权诉讼，撤销其不当行为，从而维护银行权益。

(1) 通过以下方式分析债务人是否存在放弃其债权、放弃债权担保、无偿转让财产等方式无偿处分财产权益，或者恶意延长其到期债权的履行期限的行为：

一是定期收集债务人的财务报表，比较应收账款前后变化情况，结合财务报表中的其他数据情况进行分析。

二是掌握债务人的交易情况，包括其交易对象、合同协议、资金往来等情况。

(2) 掌握债务人的财务状况，包括其固定资产情况、知识产权等无形资产情况、应付账款以及或有负债情况，通过分析其财务状况变化，判断其是否存在以明显不合理的低价转让财产、以明显不合理的高价受让他人财产或者为他人的债务提供担保等行为。

2. 诉讼注意事项

(1) 注意在法定时限内及时行使撤销权。撤销权为形成权，其行使受除斥期间的限制。根据《民法典》第 541 条规定，撤销权自债权人知道或者应当知道撤销事由之日起 1 年内行使；自债务人的行为发生之日起 5 年内没有行使撤销权的，该撤销权消灭。银行要注意加大贷后检查力度，尽早发现其不当处分财产的行为，在法定时限内及时行使撤销权。

（2）适格被告和管辖。债权人提起撤销权诉讼时，应当以债务人和债务人的相对人为共同被告，由债务人或者债务人的相对人的住所地人民法院管辖，但是依法应当适用专属管辖规定的除外。

三、第三人撤销之诉

第三人撤销之诉，是指针对已经生效的裁判文书，如果当事人双方之外的第三人因不能归责于本人的事由未参加诉讼，且裁判文书内容损害了第三人民事权益的，第三人可以向法院提起诉讼，请求法院撤销或改变已经生效的裁判文书。

（一）第三人撤销之诉的适用情形

第三人撤销之诉可以有效应对债务人通过虚假诉讼方式逃废银行债务的行为。在商业银行债权追索过程中，常见的虚假诉讼有以下几种类型：

1. 虚假民间借贷诉讼。通常表现为，债务人虚构借款关系，与虚构的债权人合谋提起诉讼，进而将自己的财产转移给虚假的债权人，导致银行债权无法获得清偿或只能获得部分清偿。

2. 虚假租赁合同诉讼。该类虚假诉讼通常针对银行的抵押物而提起，债务人与第三人合谋通过诉讼程序确认双方之间虚构的租赁关系，且虚构的租赁合同签订时间一般都在银行抵押前，企图阻止银行处置抵押物或者恶意贬损抵押物的处置价值。

3. 虚假资产转让诉讼。此类虚假诉讼通常表现为债务人为了逃避银行债务，在签订虚假资产转让合同的基础上通过虚假诉讼方式来转移自身资产。

4. 虚假工资诉讼。通常表现为债务人与企业员工串通，虚增工资金额，或者与第三人串通捏造劳动合同关系，然后以劳动者名义起诉企业要求支付劳动报酬，以减少企业可供清偿银行债务的财产。

5. 虚假离婚财产分割诉讼。此类虚假诉讼常见于对个人不良贷款的清收之中，通常表现为夫妻中的一方欠有银行债务，为了逃避偿债，夫妻双方通过虚假离婚诉讼，请求法院解除婚姻关系，并判决或调解确认夫妻共同财产全部或主要归另一方所有，从而使银行的债权落空。

(二) 第三人撤销之诉的实务操作要点

1. 关注债务人涉诉情况，及时发现虚假诉讼并维权

贷后管理过程中应加强对债务人涉诉情况的关注，了解案件具体情况，如发现可能影响银行债权实现的虚假诉讼，要及时提起第三人撤销之诉。《最高人民法院关于防范和制裁虚假诉讼的指导意见》对虚假诉讼的典型特征进行了梳理，实践中，要特别注意以下情形：（1）当事人为夫妻、朋友等亲近关系或者关联企业等共同利益关系；（2）原告诉请司法保护的标的额与其自身经济状况严重不符；（3）原告起诉所依据的事实和理由明显不符合常理；（4）当事人双方无实质性民事权益争议；（5）案件证据不足，但双方仍然主动迅速达成调解协议，并请求人民法院出具调解书。

2. 提起第三人撤销之诉的前提条件

提起第三人撤销之诉的前提条件之一是"因不能归责于本人的事由未参加诉讼"，包括：（1）不知道诉讼而未参加的；（2）申请参加未获准许的；（3）知道诉讼，但因客观原因无法参加的；（4）因其他不能归责于本人的事由未参加诉讼的。如果知道诉讼且能够参加而未参加的第三人，则不能提出撤销之诉。

3. 提起第三人撤销之诉的法定期限

提起第三人撤销之诉的法定期限是"自知道或者应当知道其民事权益受到损害之日起六个月内"。一旦发现可能存在虚假诉讼的情况，要在6个月内及时提起第三人撤销之诉。

四、执行异议之诉

执行异议之诉，是指在执行过程中案外人对被执行财产主张权利，要求法院停止执行，在法院作出裁定后，对法院裁定不服的一方可以提起执行异议之诉。

（一）执行异议之诉的适用情形

1. 案外人提起执行异议之诉

执行过程中，案外人对执行标的提出书面异议，但未获得法院支持时，案外人有权就此提起案外人执行异议之诉，诉请阻却执行。

2. 申请执行人提起执行异议之诉

执行过程中，案外人对执行标的提出书面异议并获得法院支持时，申请执行人有权就此提出申请执行人执行异议之诉，诉请继续执行。

实践中，银行涉及的执行异议之诉主要为以下情形：银行作为申请执行人的执行标的，被案外人提出执行异议，案外人或银行对执行异议结果不服，进而引发执行异议之诉，如银行作为抵押权人申请执行享有优先受偿权的房屋时，案外人以房屋买受人的身份提出执行异议。如果法院支持了案外人提出的执行异议，银行应结合案外人提供的证据材料，从程序、实体两个方面进行研判，审慎论证并制订合理的诉讼方案，充分利用执行异议之诉维护自身权益。

（二）执行异议之诉的法律依据

执行异议之诉的法律依据主要是《民事诉讼法》第238条，其规定："执行过程中，案外人对执行标的提出书面异议的，人民法院应当自收到书面异议之日起十五日内审查，理由成立的，裁定中止对该标的的执行；理由不成立的，裁定驳回。案外人、当事人对裁定不服，认为原判决、裁定错误的，依照审判监督程序办理；与原判决、裁定无关的，可以自裁定送达之日起十五日内向人民法院提起诉讼。"

除此之外，《民诉法解释》《最高人民法院关于人民法院民事执行中查封、扣押、冻结财产的规定》《最高人民法院关于人民法院办理执行异议和复议案件若干问题的规定》（以下简称《执行异议和复议规定》）以及《全国法院民商事审判工作会议纪要》（以下简称《九民纪要》）对案外人提出执行异议、执行异议之诉进行了更加明确的规定。

（三）执行异议之诉的实务操作要点

1. 执行异议之诉的起诉条件

根据《民诉法解释》第303条规定，案外人提起执行异议之诉，除符合

《民事诉讼法》第122条规定外,还应具备三个条件:(1)案外人的执行异议申请已经被人民法院裁定驳回;(2)有明确的排除对执行标的执行的诉讼请求且诉讼请求与原判决、裁定无关;(3)自执行异议裁定送达之日起15日内提起。其中,第二个条件是法院审查的重点。

2. 执行异议之诉的管辖法院

案外人提出执行异议之诉,原则上应由异议标的查封、扣押或冻结的法院管辖。执行案件被指定执行、提级执行、委托执行后,案外人对原执行法院查封、扣押或冻结的执行标的提出异议的,由提出异议时的执行法院管辖。受指定或者受委托的法院是原执行法院的下级法院的,由该上级法院管辖。

3. 执行异议之诉的举证责任

案外人对执行标的提出执行异议的,应当就其对执行标的享有足以排除强制执行的民事权益承担举证责任,包括但不限于执行标的的转让或受让的相关合同的订立与履行情况、资金往来情况以及其他与执行标的相关的基础性法律关系的证据等。被执行人承认案外人的权利主张的,不能免除案外人的举证责任。

4. 权利人的判断标准

执行异议之诉纠纷多发生于名义权利人与实际权利人不一致的情况。对此问题,《执行异议和复议规定》第25条明确规定:"对案外人的异议,人民法院应当按照下列标准判断其是否系权利人:(一)已登记的不动产,按照不动产登记簿判断;未登记的建筑物、构筑物及其附属设施,按照土地使用权登记簿、建设工程规划许可、施工许可等相关证据判断;(二)已登记的机动车、船舶、航空器等特定动产,按照相关管理部门的登记判断;未登记的特定动产和其他动产,按照实际占有情况判断;(三)银行存款和存管在金融机构的有价证券,按照金融机构和登记结算机构登记的账户名称判断;有价证券由具备合法经营资质的托管机构名义持有的,按照该机构登记的实际投资人账户名称判断;(四)股权按照工商行政管理机关的登记和企业信用信息公示系统公示的信息判断;(五)其他财产和权利,有登记的,按照登记机构的登记判断;无登记的,按照合同等证明财产权属或者权利人的证据判断。案外人依据另案生效法律文书提出排除执行异议,该法律文书认定的执行标的权利人与依照前款规定得出的判断不一致的,依照本规定第二十六条规定处理。"

5. 不动产类执行异议案件的应对建议

当事人提出的排除银行债权执行案件的执行标的种类繁多，但绝大部分都与不动产相关，涉及的民事权益类型主要包括商品房消费者权益、一般房屋买受人权益。对此类执行异议案件，《执行异议和复议规定》第 28 条、第 29 条进行了规定。第 28 条规定："金钱债权执行中，买受人对登记在被执行人名下的不动产提出异议，符合下列情形且其权利能够排除执行的，人民法院应予支持：（一）在人民法院查封之前已签订合法有效的书面买卖合同；（二）在人民法院查封之前已合法占有该不动产；（三）已支付全部价款，或者已按照合同约定支付部分价款且将剩余价款按照人民法院的要求交付执行；（四）非因买受人自身原因未办理过户登记。"第 29 条规定："金钱债权执行中，买受人对登记在被执行的房地产开发企业名下的商品房提出异议，符合下列情形且其权利能够排除执行的，人民法院应予支持：（一）在人民法院查封之前已签订合法有效的书面买卖合同；（二）所购商品房系用于居住且买受人名下无其他用于居住的房屋；（三）已支付的价款超过合同约定总价款的百分之五十。"

根据上述规定，在金钱债权执行中，如果买受人对执行中的不动产提出异议，银行应当着重就案外人签订书面买卖合同的时间、是否实际占有、价款支付情况以及未办理过户登记原因进行调查，并就买受人不符合《执行异议和复议规定》第 28 条、第 29 条规定的条件予以抗辩。

第三节　围绕债务人的关联公司（人）进行追索

围绕债务人的关联公司（人）进行追索，主要行使好以下权利之诉。

一、追究股东或实际控制人或高管责任之诉

（一）出资瑕疵责任之诉

股东出资瑕疵是指股东缴付的现物存在品质上或权利上瑕疵的情形，包括法律瑕疵和自然瑕疵，如所交付的标的物不符合章程约定或国家规定的品

质标准,不具有相应的功能或效用,或者所交付的标的物存在第三人的合法权利,影响公司对标的物的占有、使用和处分。① 股东出资瑕疵一般表现为:完全未出资,即股东从未履行出资义务,包括拒绝出资、出资不能、抽逃出资或虚假出资等表现形式;不适当出资,即股东虽履行了部分出资义务,但出资的数额、时间、形式或程序不符合法律规定及当事人约定,包括未完全出资、迟延履行、出资物瑕疵等表现形式。根据新修订的《公司法》及司法解释规定,债权人可对债务人的股东或董事、监事、高管等提起股东出资瑕疵诉讼,以维护债权人的合法权益。

1. 法律依据

(1) 虚假出资。

虚假出资,是指股东认购出资而未实际出资,并取得公司股权的情形。例如,以无实际现金流通的虚假银行进账单、对账单骗取验资报告;以虚假的实物出资手续骗取验资报告;以实物、知识产权、土地使用权出资,但未办理产权转移手续等。

《公司法》第49条规定,股东应当按期足额缴纳公司章程规定的各自所认缴的出资额。股东未按期足额缴纳出资的,除应当向公司足额缴纳外,还应当对给公司造成的损失承担赔偿责任。《最高人民法院关于适用〈中华人民共和国公司法〉若干问题的规定(三)》(以下简称《公司法司法解释三》)第13条明确赋予了债权人提起股东出资瑕疵诉讼的权利。

(2) 出资不到位。

出资不到位,是指在约定期限内,股东仅履行了部分出资义务或者未能补足出资,或股东没有按期缴足出资的情形。例如,货币出资只履行了部分出资义务;作为出资的实物、知识产权、土地使用权的实际价额显著低于公司章程所定的价额。

新修订的《公司法》明确规定了股东出资不到位的5种情形和权利人的追偿方式。一是未按期足额缴纳出资的赔偿责任;二是设立股东/发起人之间就出资义务承担连带责任;三是董事会催缴出资的责任;四是股东出资加速到期;五是转让股东对受让股东未按期缴资的连带责任。

---

① 参见郑曙光:《股东违反出资义务违法形态与民事责任探究》,载《法学》2003年第6期。

《公司法司法解释三》规定了股东以不享有处分权的财产出资,以违法犯罪所得的货币出资,以划拨土地使用权出资,或者以设定权利负担的土地使用权出资,以非货币财产出资且未依法评估作价,以房屋、土地使用权或者知识产权等财产出资但未办理权属变更手续的情形处理规定,同时规定了股东未履行或者未全面履行出资义务即转让股权时受让人的责任承担。

(3) 抽逃出资。

抽逃出资,是指股东在公司成立后违法将出资收回的情形。常见的抽逃出资情形包括虚假债务、关联交易、股东借款挂账等。股东抽逃出资的实质是股东滥用股权和股东有限责任的行为,即利用股东特有的资格侵害公司财产权益的行为。

《公司法司法解释三》列举了股东抽逃出资的常见情形:一是制作虚假财务会计报表虚增利润进行分配;二是通过虚构债权债务关系将其出资转出;三是利用关联交易将出资转出;四是其他未经法定程序将出资抽回的行为。新修订的《公司法》及《公司法司法解释三》规定,股东抽逃出资的,应当返还抽逃的出资。债权人可以请求抽逃出资的股东在抽逃出资本息范围内对公司债务不能清偿的部分承担补充赔偿责任,协助抽逃出资的其他股东、董事、高级管理人员或者实际控制人对此承担连带责任。

2. 实务操作要点

(1) 贷前调查环节,建议对公司股东出资情况和能力进行尽职调查。可到市场主体登记部门或通过查阅公司账务等方式查证股东是否存在虚假出资、出资不到位、抽逃出资等情况,若存在,可要求公司债务人督促其及时履行出资义务。

(2) 贷后调查环节,建议注意公司债务人股权变动情况。注意前期出资不到位的股东是否履行出资义务;定期查阅公司债务人股权交易情况、权利登记情况;查看公司股东是否出现抽逃出资的情况等,同时搜集上述证据并进行证据取证和固定。

(3) 债权人可使用股东出资加速到期规定要求股东出资。对于公司不能清偿到期债务的,已到期债权的债权人有权要求已认缴出资但未届出资期限的股东提前缴纳出资。

(4) 债权人对于公司债务人股东出资瑕疵的权利救济路径主要包括:一是债权人以公司债务人违反其合同约定义务为由单独起诉公司债务人。在执行程序中可追加未缴纳或未足额缴纳出资股东、抽逃出资股东、老股东（转让前）、负有责任的董事为被执行人。二是债权人可起诉出资瑕疵的相关义务人。包括：起诉股东要求其在未出资本息或抽逃出资本息范围内承担补充赔偿责任；起诉发起人，要求其对股东出资不足部分承担连带责任；起诉董事、监事、高管或事实董事的责任，要求其对股东瑕疵出资部分承担相应赔偿责任；起诉协助抽逃出资的董事、监事、高级管理人员应当与该股东承担连带赔偿责任。三是债权人可单独起诉股东。若债权人已取得对公司债务的生效判决并已申请强制执行，公司已无财产可执行的情况下，债权人可将虚假出资、出资不到位、抽逃出资的股东列为被告，提起股东损害公司债权人利益责任纠纷之诉。

（二）清算责任之诉

解散清算制度是助力市场主体有序退出的重要方式之一，但实践中，部分公司清算义务人未及时履行清算义务、怠于履行清算义务或恶意处置公司财产等行为，严重损害了债权人利益，对此，债权人可提起清算义务主体的清算责任之诉。

1. 法律依据

《公司法》、《最高人民法院关于适用〈中华人民共和国公司法〉若干问题的规定（二）》（以下简称《公司法司法解释二》）、《民法典》等对公司清算责任进行了明确规定。

（1）清算义务人未及时履行清算义务的赔偿责任。《公司法》规定，董事为公司清算义务人；《公司法司法解释二》规定，有限责任公司的股东、股份有限公司的董事和控股股东为清算义务人，债权人主张其在造成损失范围内对公司债务承担赔偿责任；《民法典》第70条规定，法人的董事、理事等执行机构或者决策机构的成员为清算义务人。清算义务人未及时履行清算义务，造成损害的，应当承担民事责任。

（2）清算义务人怠于履行清算职责或恶意处置公司财产的赔偿责任。《公司法》规定，清算组成员履行清算职责，负有忠实义务和勤勉义务，因怠于履行清算职责给公司造成损失的，应当承担赔偿责任，债权人可主张怠于履行责任的股东、董事和控股股东、实际控制人承担连带责任；因故意或者重大过失给债权人造成损失的，应当承担赔偿责任。

(3) 公司未经清算即办理注销登记的责任承担。公司未经清算即办理注销登记，导致公司无法进行清算，债权人可主张股东、董事和控股股东、实际控制人对公司债务承担清偿责任；公司未经依法清算即办理注销登记，股东或者第三人在公司登记机关办理注销登记时承诺对公司债务承担责任，债权人可主张其对公司债务承担相应民事责任。

(4) 清算组成员对公司或债权人造成损失的责任承担。清算组成员从事清算事务时，违反法律、行政法规或者公司章程给公司或者债权人造成损失，公司或者债权人可主张其承担赔偿责任。

2. **实务操作要点**

(1) 债权人应密切关注公司债务人的经营状态，在公司出现解散事由逾期不成立清算组的情况下，债权人可及时申请法院指定清算组进行强制清算；在公司成立清算组的情况下，债权人应按期如实申报债权。

(2) 如清算义务人未在法定期限内成立清算组导致公司财产贬值、流失、毁损或者灭失的，债权人可请求清算义务人在致公司财产损失数额内对公司债务承担赔偿责任。

(3) 如清算义务人因怠于履行义务，导致公司主要财产、账册、重要文件等灭失，无法进行清算的，债权人可请求清算组成员对公司债务承担连带清偿责任。

(4) 清算义务人恶意处置公司财产给债权人造成损失，或者未经依法清算，以虚假的清算报告骗取公司登记机关办理法人注销登记，债权人可提起公司清算责任诉讼，请求被告对公司债务承担补充赔偿责任。

(5) 公司未经清算即办理注销登记，导致公司无法进行清算的，债权人可以清算义务人为被告，请求其对公司债务承担清偿责任。

(6) 清算组成员从事清算事务时，违反法律、行政法规或者公司章程规定侵犯公司合法权益，或者公司已经清算完毕注销，给公司或者债权人造成损失的，债权人可以清算组成员为被告，提起公司清算责任纠纷之诉，请求被告按照损失额对公司债务承担补充赔偿责任。

（三）勤勉尽职责任之诉

此次《公司法》修订的一大突破是明确了忠实勤勉义务的具体内涵，并在类型化层面作出了补充完善。勤勉义务是指董事、监事、高管等执行职务应当为公司的最大利益尽到管理者通常应有的合理注意,如违反勤勉义务,则债权人可提起勤勉尽职责任之诉。

1. 法律依据

新《公司法》关于董事、监事、高管勤勉义务的规定见于《公司法》的各个部分。主要包括:(1) 利用关联关系损害公司利益的赔偿责任(第22条);(2) 董事会催缴出资的责任(第51条);(3) 关于股东抽逃出资的责任义务(第53条);(4) 董事对董事会决议承担责任(第125条);(5) 违法进行财务资助的赔偿责任(第163条);(6) 违反忠实义务时所得收入的归入责任(第186条);(7) 违法或违规执行职务时对公司的赔偿责任(第188条);(8) 董事、监事、高管执行职务造成他人损害的赔偿责任(第191条);(9) 依法分配利润的义务(第211条);(10) 关于违法减资的责任义务(第226条);(11) 董事未及时履行清算义务、怠于履行清算职责的赔偿责任(第232条、第238条)。

2. 实务操作要点

(1) 债权人可对公司提起合同违约责任诉讼,并要求董事、监事、高管承担相应的赔偿责任。对于以下情形,可在起诉公司债务人时要求董事、监事、高管承担连带赔偿责任:股东在增资时未全面履行出资义务的,且董事、高级管理人员存在过错;董事、高级管理人员协助股东抽逃出资的;作为清算义务人的董事违反清算义务的;负有配合清算义务的人员或者负有破产申请义务的人员,未履行配合清算义务或破产申请义务,导致无法清算、造成损失的。

(2) 债权人可直接对董事、监事、高管提起违反勤勉义务之诉。根据最高人民法院《民事案件案由规定》,董事、监事、高管违反勤勉义务引发的纠纷被归类为损害公司利益责任纠纷,属于侵权纠纷。在金融业务中,对于借款公司的董事、监事、高管违反勤勉义务给债权人债权造成损害的,债权人可直接对其提起侵权之诉,并将该公司列为第三人参加诉讼。

(3) 债权人可在执行程序中追加违反清算义务的董事为被执行人。作为被执行人的公司,未经清算即办理注销登记,导致公司无法进行清算,债权人可申请变更、追加有限责任公司的股东、股份有限公司的董事和控股股东为被执行人，主张其对公司债务承担连带清偿责任。

二、公司法人人格否认之诉

公司人格独立和股东有限责任是现代公司制度的基石。实践中，存在公司股东滥用法人独立地位和股东有限责任而逃避债务，严重损害债权人合法权益的情形。为防止有限责任公司股东滥用公司法人独立地位，2005年《公司法》设立了公司独立人格否认制度。然而，随着市场经济发展，滥用公司独立人格的情形呈现出复杂化、多样化、隐蔽化的特点，各个关联公司之间资金拆借、提供担保的情形较为常见，尤其是同一区域内不同项目公司之间的高级管理人员、业务人员、办公场所可能存在高度重合的现象。针对以上情况，2023年《公司法》新增关联公司横向人格否认制度的规定。结合《民法典》和《九民纪要》关于法人人格否认制度的规定，穿透公司的有限责任制保护外壳，要求滥用公司法人独立地位和股东有限责任的股东对公司债务承担连带责任，更好保护债权人利益。

（一）相关法律规定

1. 公司纵向人格否认

（1）《公司法》第23条第1款：公司股东滥用公司法人独立地位和股东有限责任，逃避债务，严重损害公司债权人利益的，应当对公司债务承担连带责任。

（2）《民法典》第83条第2款：营利法人的出资人不得滥用法人独立地位和出资人有限责任损害法人债权人的利益；滥用法人独立地位和出资人有限责任，逃避债务，严重损害法人债权人的利益的，应当对法人债务承担连带责任。

2. 公司横向人格否认

（1）《公司法》第23条第2款：股东利用其控制的两个以上公司实施前款规定行为的，各公司应当对任一公司的债务承担连带责任。

（2）《九民纪要》第11条第2款：控制股东或实际控制人控制多个子公司或者关联公司，滥用控制权使多个子公司或者关联公司财产边界不清、财务混同，利益相互输送，丧失人格独立性，沦为控制股东逃避债务、非法经

营，甚至违法犯罪工具的，可以综合案件事实，否认子公司或者关联公司法人人格，判令承担连带责任。(见图3)

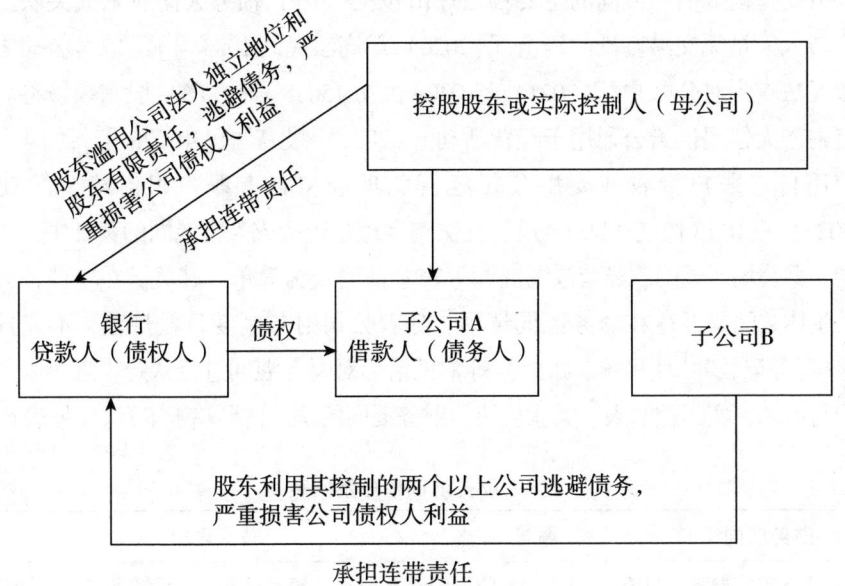

图3 公司人格否认示意图

(二) 法律解读

《九民纪要》规定了滥用公司独立地位的三种典型情形为公司人格混同及过度支配与控制、资本显著不足。同时，结合司法裁判典型案例，对公司法人人格否认制度的适用进行分析。

1. 公司人格混同

《九民纪要》第10条规定："【人格混同】认定公司人格与股东人格是否存在混同，最根本的判断标准是公司是否具有独立意思和独立财产，最主要的表现是公司的财产与股东的财产是否混同且无法区分。在认定是否构成人格混同时，应当综合考虑以下因素：(1) 股东无偿使用公司资金或者财产，不作财务记载的；(2) 股东用公司的资金偿还股东的债务，或者将公司的资金供关联公司无偿使用，不作财务记载的；(3) 公司账簿与股东账簿不分，致使公司财产与股东财产无法区分的；(4) 股东自身收益与公司盈利不加区分，致使双方利益不清的；(5) 公司的财产记载于股东名下，由股东占有、使用的;(6)人格混同的其他情形。……"

通过对相关案例的分析,在出现人格混同的情况下,司法案例中法院支持或部分支持构成财产混同的主要裁判理由包括:(1)债务人向股东或关联公司账户转入大量无交易基础的资金[(2020)最高法民终1084号];(2)公司未开立或无法查到对公账户[(2021)粤0309民初15635号];(3)股东频繁将名下自有财产无偿提供给公司用于经营活动[(2021)最高法民申228号];(4)股东使用自有账户接收或支出公司经营款项或将自有账户租借给公司使用[(2022)京0113民初13221号]。在法院审理是否构成人格混同的案件中,人员混同、办公场所混同、经营范围混同等表象证明较为简单,其关键在于债务人与相关主体之间是否存在财务混同情形。随着公司财务制度日益规范,不能仅以"不作财务记载""使用统一账簿"等常见情形对财务混同进行认定,近年来关于公司与股东、实际控制人、关联公司的财务混同的认定情形趋于丰富。(见表6)

表6 财务混同情形案例表

财务混同情形	案号	裁判理由
公司对公账户与股东自有账户之间发生无合理解释的频繁大额往来交易	(2020)最高法民终1084号	因百某公司、银某公司之间存在没有合同依据的利益输送,导致两家公司财产边界不清、财务混同
公司未开立或未查找到对公账户	(2021)粤0309民初15635号	彭某当庭自认其有一张个人银行卡用于公司对公账户使用,亦认可公司账户与其个人账户之间有资金往来,并述称公司尚欠其个人欠款且部分未出具借款凭证;虽其主张公司资金转入其个人账户有作财务记载,但拒绝提供公司账簿等相关材料供法院核对,应当认定其个人财产与公司财产构成混同且无法区分,构成人格混同这一滥用公司法人独立地位和股东有限责任的情形
股东频繁将名下自有财产无偿提供给公司用于经营活动	(2021)最高法民申228号	2008年2月15日,陈某实际控制的神某国际公司仅以一纸内部文件即可将绿某公司生产线迁移至安某达公司处无偿使用,并未作任何财务账册的记载,亦构成两公司之间财产混同
股东使用自有账户接收或支出公司经营款项或将自有账户租借公司使用	(2022)京0113民初13221号	因睿某公司财务管理不规范,均有股东私户公用情形,造成睿缔公司财产与股东个人财产无法区分的后果

2. 过度支配和控制

《九民纪要》第 11 条规定："……实践中常见的情形包括：（1）母子公司之间或者子公司之间进行利益输送的；（2）母子公司或者子公司之间进行交易，收益归一方，损失却由另一方承担的；（3）先从原公司抽走资金，然后再成立经营目的相同或者类似的公司，逃避原公司债务的；（4）先解散公司，再以原公司场所、设备、人员及相同或者相似的经营目的另设公司，逃避原公司债务的；（5）过度支配与控制的其他情形。……"

通过对相关案例的分析，司法实践中，认定过度支配与控制的情形主要包括：（1）"股东利用其控制权调减债务人资产，致使其偿债能力下降的，损害债权人利益"；（2）"控股股东对公司进行过度支配与控制，未经公司正常决议或决策程序，即转让公司重要资产"；（3）"先从原公司抽走资金，然后再成立经营目的相同或者类似的公司，低价受让债务人有效资产，逃避原公司债务的" 等。

3. 资本显著不足

《九民纪要》第 12 条规定："【资本显著不足】资本显著不足指的是，公司设立后在经营过程中，股东实际投入公司的资本数额与公司经营所隐含的风险相比明显不匹配。股东利用较少资本从事力所不及的经营，表明其没有从事公司经营的诚意，实质是恶意利用公司独立人格和股东有限责任把投资风险转嫁给债权人。……"

通过对相关案例的分析，司法实践中认定资本显著不足的主要裁判理由包括股东实际投入资本与经营业务所需资金相比显著过低、空壳公司等。但此次新《公司法》实施后，注册资本缴纳要求五年内必须实缴，一方面防止公司通过完全认缴制逃避资本显著不足的认定，另一方面有利于对这一要件的综合判断，以防止法人人格否认制度在司法实践中被滥用。

（三）实务操作要点

1. 提高对客户及其关联关系的识别能力

银行对具有隐形关联关系的客户难以识别，导致无法行使有关的法律权利。因此，银行应采取多种措施，提高对客户关联关系的识别能力。一是高度重视集团关系树的建立和完善。认真核实企业法人代表、实际控制人及成员企业之间的关联关系。二是借助外部系统和监管数据，对信息分析整合，准确识别客户关联关系。三是在合同协议中增加关联关系信息披露条款。明确约定客户关于关联关系的信息披露责任、义务、违约责任等内容。

2. 加强公司的控股股东、实际控制人、关联关系审查

在办理信贷业务时，应注意审查和识别公司设立的背景，公司的股东、控制人及关联公司审查；关注该公司的主要经营业务以及公司与其他关联公司之间的交易情况、公司高管及主要财务人员情况等。

3. 及时、全面搜集证据

银行作为债权人，在业务办理中应当充分关注债务人及其股东、关联公司之间交易情况、资金往来、资产、财务情况，是否存在不正常交易、抽逃资金、转让财产、业务经营混同、人员混同等情形，重点关注高管信息公示、会计凭证、收款及发票开具信息、共用资产、混用收款账户或渠道、合同模板共用及审批流程等在内的混同信息，应及时搜集留存取证。

4. 充分利用诉讼权利维护银行债权

新《公司法》对"横向法人人格否认"的增加，为银行债权人新增了一条维权路径。面对公司股东滥用法人独立地位和股东有限责任而逃避债务的情况，银行要充分利用诉讼权利维护债权。银行要从"纵横"两条线既对母公司又对关联子公司进行法律追索，要求其对借款人的债务承担连带责任。

三、重组、改制后新公司的责任追索

（一）合并

公司合并是指两个或两个以上的公司按照《公司法》有关法律、法规的规定，由合并各方签订合并协议，并编制资产负债表及财产清单，变为一个公司的法律行为。公司合并可以采取吸收合并或者新设合并两种方式。实践中，个别公司债务人利用先合并后破产、公司合并不通知债权人等方式侵害债权人的利益，对此，债权人可采取要求合并后的公司承担债务，对股东提起侵权之诉，追加新设立的公司为被执行人等应对措施。

1. 法律依据

（1）公司合并应通知债权人。公司合并，应当由合并各方签订合并协议，

并编制资产负债表及财产清单。新《公司法》规定，公司应当自作出合并决议之日起10日内通知债权人，并于30日内在报纸上或者国家企业信用信息公示系统公告。债权人自接到通知之日起30日内，未接到通知的自公告之日起45日内，可以要求公司清偿债务或者提供相应的担保。

（2）合并后存续或新设的公司承担原公司债务。《民法典》及《公司法》规定，公司合并时，合并各方的债权、债务，应当由合并后存续的公司或者新设的公司承继。

2. 实务操作要点

（1）建议在业务合同中明确公司合并等重大事项应事先经过债权人书面同意，否则债权人有权随时宣布债权到期并要求债务人履行债务。

（2）加强贷后管理，防范债务人合并风险。加强对债务人公司形态的掌握，若收到其公司合并的通知时，可根据情况要求债务人直接清偿债务或提供相应的担保；若发现债务人发生公司合并未通知债权人，可宣布债权到期，提起诉讼。

（3）防范债务人公司利用公司合并逃废银行债务。实践中，有个别公司采用先合并、后破产的公司终止方式，损害原资产状况较好公司的债权人权益。债权人即可以要求合并后的新公司承担还款责任。作出该合并决定的股东系侵权人，债权人也可提起侵权之诉，要求股东承担相应的赔偿责任。

（4）在执行程序中，作为被执行人的法人因合并而终止，债权人可申请变更合并后存续或新设的法人为被执行人。

（二）分立

公司分立是指一个公司因生产经营需要或其他原因而分开设立为两个以上的公司。公司分立一般分为两种情形，一种是公司将其部分财产或业务分离出去另设一个或数个新公司，原公司继续存在；另一种是公司将其全部财产分别归入两个或两个以上的新设公司中，原公司解散。实践中，有个别公司将分立原公司作为逃避公司债务的手段，对此，债权人可采取追加新设的公司为被告、被执行人等应对措施。

1. 法律依据

（1）公司分立应作财产分割。《公司法》规定，公司分立，其财产作相应的分割。公司分立，应当编制资产负债表及财产清单。

（2）公司分立应通知公司的债权人。公司应当自作出分立决议之日起10日内通知债权人，并于30日内在报纸上或者国家企业信用信息公示系统公告。

（3）分立后的公司对原公司债务承担连带责任。公司分立前的债务由分立后的公司承担连带责任。但是，公司在分立前与债权人就债务清偿达成的书面协议另有约定的除外。

2. 实务操作要点

（1）业务合同中建议明确公司分立等重大事项应事先经过债权人书面同意，告知债权人公司分立协议的详细内容、制作分立报告书、清偿债务能力说明书等，否则债权人有权随时宣布债权到期并要求债务人履行债务；债权人可与债务人就公司分立后的债务承担进行事前约定。

（2）对于公司债务人进行分立的，债权人要求分立后的公司承担连带责任，并完善相关法律协议等。

（3）及时提起诉讼，防范债务人利用公司分立逃避债务。个别公司通过利用公司分立实现其逃避债务的不法目的，如公司分立出一个新公司后形成两个公司，两个公司中只有一个承担原公司债务，或两个公司不根据所分得财产的比例来分割原公司债务；个别公司分立成两个公司后将原公司注销，两个新设公司都是新注册而成立，都不承担原公司债务。出现上述情况，应及时提起诉讼，将分立后的公司均列为被告，要求其承担原公司债务。

（4）在执行程序中，作为被执行人的公司分立，债权人可申请变更、追加分立后新设的公司为被执行人，要求其对生效法律文书确定的债务承担连带责任。

四、破产及破产临界期的法律追索

（一）破产临界期前的措施

1. 相关法律规定

破产申请受理前的法定期间内，债务人可能实施无偿转让、非正常交易、偏颇性清偿等影响其责任财产的行为，虽然此时债务人尚未进入破产程序，但是该行为实质上已经损害了全体债权人的利益，破坏了公平清偿原则。因此，《企业破产法》第 31 条、第 32 条专门规定了破产撤销权制度。第 31 条规定："人民法院受理破产申请前一年内，涉及债务人财产的下列行为，管理人有权请求人民法院予以撤销：（一）无偿转让财产的；（二）以明显不合理的价格进行交易的；（三）对没有财产担保的债务提供财产担保的；（四）对未到期的债务提前清偿的；（五）放弃债权的。"第 32 条规定："人民法院受理破产申请前六个月内，债务人有本法第二条第一款规定的情形，仍对个别债权人进行清偿的，管理人有权请求人民法院予以撤销。但是，个别清偿使债务人财产受益的除外。"

另外，为了平衡公平清偿和交易自由之间的关系，《最高人民法院关于适用〈中华人民共和国企业破产法〉若干问题的规定（二）》［以下简称《破产法司法解释（二）》］第 12 条、第 14~16 条规定了管理人行使破产撤销权人民法院不予支持的几种例外情形，包括：提前清偿的未到期债务，在破产申请受理前已经到期；债务人对以自有财产设定担保物权的债权进行的个别清偿；债务人经诉讼、仲裁、执行程序对债权人进行的个别清偿等。

2. 实务操作要点

对于银行来说，一方面要充分利用破产撤销权制度，对于已经进入破产程序的债务人，可以自行申请或通知管理人申请撤销债务人无偿转让财产、以明显不合理的价格转让财产、放弃债权、提前清偿、个别清偿等可能影响债务人责任财产的不当行为；另一方面还要注意防范破产撤销权制度可能对银行带来的不利影响，对于可能进入破产程序的债务人，要注意防范银行已经获得清偿的债权被撤销的风险，具体防范措施如下：

（1）原则上通过诉讼、执行程序实现个别清偿，特别是在贷款"未到期""宣布提前到期"等情况下。

根据《破产法司法解释（二）》第 15 条规定，在债务人与债权人并非恶意串通损害其他债权人利益的前提下，债务人通过诉讼、仲裁、执行程序对债权人进行个别清偿是可以免于被撤销的。金融机构债权人可以通过诉讼或仲裁程序取得具有给付内容的生效裁判文书，在取得生效裁判文书后通过债务人主动履行生效裁判文书或者申请法院对债务人进行强制执行来实现债权清偿。尽量避免"协商还款"方式，特别是在贷款"未到期""宣布提前到期"等情况下，否则还款行为有可能被撤销。与"协商还款"方式相比，通过诉讼、仲裁、执行程序实现债权清偿的效力稳定性较有保障。

(2)"宣布贷款立即到期"时应保留相关证据,并履行通知义务。

为防范破产撤销权带来的不确定性影响,金融机构在适用"宣布贷款立即到期"条款提前收回贷款时,一是应当注意收集和留存债务人已经出现合同约定的违约或危及债权实现情形、银行有权适用"宣布贷款立即到期"条款的证据,尤其是书面证据;二是及时通知债务人。在进行提前收贷时,应先发送贷款提前到期的书面通知,保留债务人签收该通知的回执等信息,避免因通知手续存在瑕疵而被认定为对未到期债务的提前清偿行为。

(3)加强贷后管理,及时掌握债务人经营状况,提前了解债务人可能破产的相关信息,合理规划在破产临界期前完成清偿或追加财产担保。

①加强贷后调查,及时处置化解。金融机构在贷后管理中应跟踪和掌握借款企业的经营和资产状况,密切关注企业违约(包括在其他金融机构违约情况)和涉诉情况,通过定期查询全国企业破产重整案件信息网、上市公司公告等方式,了解债务人是否存在涉诉或可能进入破产的信息。

一旦发现企业发生违约、涉诉等情形、可能存在资不抵债情况,要迅速采取稳妥化解措施:一是及时提起诉讼,运用诉讼调解、简易程序、支付令、实现担保物权程序等多种法律措施,尽早取得生效法律文书并申请执行,争取在破产临界期前完成债务清偿。二是合理规划安全的还款方式,在还款主体方面,如贷款有其他保证人的,尽可能选择以正常企业保证人承担保证责任的方式还款,避免被认定为个别清偿。三是选择第三方的财产担保。金融机构在贷款期限内要求增加担保或者进行贷款展期、借新还旧等操作时,要尽可能选择第三方的财产设置担保,避免被认定成破产企业"对没有财产担保的债务提供财产担保"的行为。

②关注债务人是否具备"破产"条件。法院在受理破产申请前会对债务人是否具备破产原因进行严格审查,如果发现债务人不符合破产条件,则裁定不予受理。因此,在法院受理破产申请前的审查过程中,特别是针对"突然破产"企业,金融机构要根据债权实际情况分析债务人破产的原因及利弊,提交债务人不符合破产条件的证明材料,请求法院作出不予受理破产申请的裁定,让清偿发生在法定的"一年""六个月"外。

(二)申请合并破产

1. 适用情形

实践中,部分企业为了逃废银行债务,采用各种方式将企业的优质资产转移到其关联公司,然后申请破产清算。针对这种情形,银行可以向法院申请将该企业的关联企业合并破产,从而防止破产企业逃债,提高债权清偿率。

2. 相关法律规定

关联企业合并破产可分为实质合并与程序合并(即协调审理),其中实质合并破产对于银行债权清收影响较大,下面予以重点讨论。

实质合并破产,是指将满足特定条件的关联企业作为一个整体统一适用破产程序,各关联企业成员之间的债权债务归于消灭,各成员的财产作为合并后统一的破产财产,由各成员的债权人在同一程序中按照法定顺序公平受偿。目前我国法律对于实质合并破产并无明确规定。最高人民法院于2018年印发《全国法院破产审判工作会议纪要》(以下简称《破产审判会议纪要》),其中第32条明确了实质合并破产的适用条件:"当关联企业成员之间存在法人人格高度混同、区分各关联企业成员财产的成本过高、严重损害债权人公平清偿利益时,可例外适用关联企业实质合并破产方式进行审理。"第33条明确了实质合并破产的审查流程:"人民法院收到实质合并申请后,应当及时通知相关利害关系人并组织听证,听证时间不计入审查时间。人民法院在审查实质合并申请过程中,可以综合考虑关联企业之间资产的混同程度及其持续时间、各企业之间的利益关系、债权人整体清偿利益、增加企业重整的可能性等因素,在收到申请之日起三十日内作出是否实质合并审理的裁定。"

3. 实务操作要点

(1)关注管辖法院关于合并破产的细化规定。根据《破产审判会议纪要》,采用实质合并方式审理关联企业破产案件的,应由关联企业中的核心控制企业住所地人民法院管辖;核心控制企业不明确的,由关联企业主要财产所在地人民法院管辖;多个法院之间对管辖权发生争议的,报请共同的上级人民法院指定管辖。实践中,部分地方法院根据《破产审判会议纪要》的精神制定了相应细化的操作指引。提起合并破产申请前,要注意了解管辖法院是否有专门的实质合并破产规则,如有则应重点关注关于适用标准方面的规定,做好充分举证准备。

(2)对关联企业提出合并破产申请。银行应当综合考虑关联企业资产情况、债权具体情况、掌握证据情况等因素,认为合并破产有利于提高自身清偿率的,银行作为债权人可以直接向法院提出对债务人关联企业的合并破产申请，也可以推动破产管理人向法院提出合并破产申请。因为破产管理人接管债务人财产后，通常对债务人的公司治理、资金往来、债权债务等情况有较为深入的了解，相对容易提供关联企业之间的人格混同特别是财务混同方面的证据。

（三）债务人进入破产程序后的措施

对于已经进入破产程序的债务人，银行要及时申报债权，充分行使破产法上的各种权利，尽可能提高债权受偿比例。

1. 及时全面申报债权

（1）申报时间。债权申报期限由法院确定，自人民法院发布受理破产申请公告之日起计算，最短不少于30日，最长不超过3个月。债权人应当在法院确定的债权申报期限内向管理人申报债权；未在此期限内申报的，可以在破产财产最后分配前补充申报，但是，此前已进行的分配，不再对其补充分配，且要承担为审查和确认补充申报债权所产生的费用。债权申报是债权人参与破产程序及行使权利的前提，银行应注意在债权申报期限内及时申报债权。

（2）申报范围。①到期债权、未到期债权均可申报。《企业破产法》第46条规定："未到期的债权，在破产申请受理时视为到期。"②有担保、无担保均可申报。③附条件、附期限的债权和诉讼、仲裁未决的债权，可以申报。④保证人被裁定进入破产程序的，债权人有权申报其对保证人的保证债权。主债务未到期的，保证债权在保证人破产申请受理时视为到期。⑤债务人、保证人均被裁定进入破产程序的，债权人有权向债务人、保证人分别申报债权。

（3）申报材料。债权人申报债权时，需书面说明债权的数额和有无财产担保，并提交有关证据。

（4）债权确认之诉。申报债权的确认要经过管理人审查、债权人会议核查、法院裁定确认三个阶段。如果债权人对管理人编制的债权表上记载的债权有异议，应当说明理由和法律依据；经管理人解释或调整后，债权人仍然不服的，或者管理人不予解释或调整的，债权人应当在债权人会议核查结束后15日内向受理破产申请的法院提起债权确认之诉。当事人之间在破产申请受理前订立有仲裁条款或仲裁协议的，应当向选定的仲裁机构申请确认债权债务关系。

2. 担保债权的权利行使（别除权）

（1）相关规定。《企业破产法》第109条规定："对破产人的特定财产享有担保权的权利人，对该特定财产享有优先受偿的权利。"第75条第1款规定："在重整期间，对债务人的特定财产享有的担保权暂停行使。但是，担保物有损坏或者价值明显减少的可能，足以危害担保权人权利的，担保权人可以向人民法院请求恢复行使担保权。"第96条第2款规定："对债务人的特定财产享有担保权的权利人，自人民法院裁定和解之日起可以行使权利。"

另外，《破产审判会议纪要》第25条明确："在破产清算和破产和解程序中，对债务人特定财产享有担保权的债权人可以随时向管理人主张就该特定财产变价处置行使优先受偿权，管理人应及时变价处置，不得以须经债权人会议决议等为由拒绝。但因单独处置担保财产会降低其他破产财产的价值而应整体处置的除外。"《九民纪要》第112条第1款明确："【重整中担保物权的恢复行使】重整程序中，要依法平衡保护担保物权人的合法权益和企业重整价值。重整申请受理后，管理人或者自行管理的债务人应当及时确定设定有担保物权的债务人财产是否为重整所必需。如果认为担保物不是重整所必需，管理人或者自行管理的债务人应当及时对担保物进行拍卖或者变卖，拍卖或者变卖担保物所得价款在支付拍卖、变卖费用后优先清偿担保物权人的债权。"

（2）实务解读。我国虽然未在法律层面使用别除权的概念，但是《企业破产法》第109条的立法本意便是确定别除权，即"对破产人的特定财产享有担保权的权利人，对该特定财产享有优先受偿的权利"。根据上述规定，在破产清算程序中，银行可以随时向管理人主张对担保物进行变价处置以行使优先受偿权。在破产和解程序中，银行自法院裁定受理和解申请之日起可以行使优先受偿权。在破产重整程序中，如果担保物不是企业重整所必需的，银行可以及时主张优先受偿权，不受"重整期间暂停行使"的限制。

3. 破产抵销权

（1）行使条件。①主张抵销的债务必须在破产申请受理之前成立。《企业破产法》第40条规定："债权人在破产申请受理前对债务人负有债务的，可以向管理人主张抵销。"②主张抵销的债权已经申报并经管理人审核确认。③破产抵销权不存在禁止抵销的情形。《企业破产法》第40条规定："……有下列情形之一的，不得抵销：（一）债务人的债务人在破产申请受理后取得他人对债务人的债权的；（二）债权人已知债务人有不能清偿到期债务或者破产申请的事实，对债务人负担债务的；但是，债权人因为法律规定或者有破产申请一年前所发生的原因而负担债务的除外；（三）债务人的债务人已知债务人有不能清偿到期债务或者破产申请的事实，对债务人取得债权的；但是，债务人的债务人因为法律规定或者有破产申请一年前所发生的原因而取得债权的除外。"④破产抵销权不受债务到期与否的限制、不受标的物种类是否相同的限制。

（2）行使方式。破产抵销权的行使，要由债权人主动向管理人提出；除抵销使债务人财产受益外，管理人不能主动抵销债务人与债权人的互负债务。管理人收到债权人提出的主张债务抵销的通知后，经审查无异议的，抵销自管理人收到通知之日起生效。管理人对抵销主张有异议的，应当在约定的异议期限内或者自收到主张债务抵销的通知之日起 3 个月内向人民法院提起确认债权人抵销行为无效的诉讼。

第四节　运用多种诉讼程序，提高法律追索效率

对债务人进行法律追索时，运用适当的诉讼程序，能够提高法律追索的效率和效果。除普通程序外，主要介绍以下几种。

一、简易程序

简易程序是指基层人民法院和派出法庭审理事实清楚、权利义务关系明确、争议不大、简单的民事案件时所适用的程序。《民事诉讼法》第 160 条至第 164 条对简易程序作出了详细规定。

（一）简易程序的特点

1. 原告可口头起诉，法院可采取捎口信、电话、短信、传真等简便方式传唤当事人、通知证人和送达裁判文书以外的诉讼文书。

2. 审限短，通常情况下简易程序应在立案之日起 3 个月内审结。

（二）实务操作要点

由于简易程序便捷、经济、审理效率高，银行对于符合条件的个贷、信用卡纠纷，可积极向法院申请适用简易程序，充分利用简易程序快立快审快结的特点，快速进入执行程序。目前银行在申请适用简易程序审理案件时，应当注意以下事项：

1. 以下案件不适用简易程序：起诉时被告下落不明的；发回重审的；当事人一方人数众多的；适用审判监督程序的；涉及国家利益、社会公共利益的；第三人起诉请求改变或者撤销生效判决、裁定、调解书的；其他。

2. 对于应当适用普通程序审理的案件，双方当事人可以约定选择适用简易程序。但应当同时满足三个条件：（1）双方当事人达成合意；（2）不属于法律和司法解释规定不得适用简易程序的案件；（3）在开庭前提出申请。

3. 当事人就案件适用简易程序提出异议，法院审查当事人异议是否成立，经审查异议成立的，转为普通程序。

二、小额诉讼程序

在满足简易程序的基础上，小额诉讼程序是人民法院审理事实清楚、权利义务关系明确、争议不大的简单金钱给付民事案件时，所适用的最为简化的、实行一审终审的诉讼程序。《民事诉讼法》第165条至第169条对小额诉讼程序作出了详细规定。在案件量激增的背景下，小额诉讼有助于法官做到"简案快办，难案精办"。审理方式简化不等于当事人诉讼权利的减损。就小额诉讼程序而言，人民法院在开庭前会向当事人告知该类案件的审判组织、一审终审、审理期限、诉讼费用交纳标准等事项，以充分保障当事人的知情权、参与权等相关权利。

（一）小额诉讼程序的特点

1. 小额诉讼案件标的额为各省、自治区、直辖市上年度就业人员年平均工资50%以下。

2. 小额诉讼具有高效、简易的特点。一般情况下，举证期限不超过7日，答辩期不超过15日。一次开庭审结并可以当庭宣判，通常情况下审理期限为2个月。一审终审快速确定当事人之间的权利义务关系，能够保障当事人诉讼权益的及时实现。

3. 小额诉讼如当事人认为判决或裁定确有错误的，可以向上级人民法院或者原审人民法院申请再审。

（二）实务操作要点

在银行不良资产处置中，信用卡业务等权利义务关系明确的小额案件，可适用该程序实现高效维权。目前银行在申请适用小额诉讼程序审理案件时，应当注意以下事项：

1. 银行在决定适用小额诉讼程序前应做好案件情况分析，避免出现标的金额符合标准但实际案情复杂不适用小额诉讼程序的情况。

2. 应注意以下类型案件不适用于小额诉讼程序：人身关系、财产确权案件；涉外案件；需要评估、鉴定或者对诉前评估、鉴定结果有异议的案件；一方当事人下落不明的案件；当事人提出反诉的案件；其他。

3. 案件标的额为各省、自治区、直辖市上年度就业人员年平均工资50%以下。标的额超过各省、自治区、直辖市上年度就业人员年平均工资50%但在2倍以下的，当事人双方也可以约定适用小额诉讼程序。

4. 适用小额诉讼程序的案件一般较为简单，通常会询问当事人是否接受诉前调解。

5. 人民法院在审理过程中，发现案件不宜适用小额诉讼程序的，应当适用简易程序的其他规定审理或者裁定转为普通程序；当事人认为案件适用小额诉讼程序审理违反法律规定的，应当在开庭前向人民法院提出异议。人民法院对当事人提出的异议应当审查，异议成立的，应当适用简易程序的其他规定审理或者裁定转为普通程序；异议不成立的，裁定驳回。

6. 虽然适用小额诉讼程序审理的案件一审终审，当事人不得上诉，但如果当事人认为判决、裁定确有错误的，仍可以向上级人民法院或者原审人民法院申请再审。当事人申请再审的，不停止判决、裁定的执行。

三、实现担保物权程序

实现担保物权程序是一种非诉程序，在债务人不履行债务或约定的情形出现时，担保物权人可以向担保财产所在地或担保物权登记地基层人民法院提出申请，通过将担保标的物折价、拍卖、变卖等方式，使其债权得到优先受偿。对于担保物权合法有效、担保人配合度高、预计担保物可快速变现，能够覆盖全部债权的纠纷，可考虑向法院申请实现担保物权。《民事诉讼法》第 203 条、第 204 条对实现担保物权程序作出了详细规定。实现担保物权案件作为民事诉讼法中的一种特别程序，改变了以往债权人通过诉讼程序确认并实现担保物权的传统做法，具有时效快、成本低、无须开庭审理、经审查符合条件可以直接申请法院拍卖或变卖担保物等优点，为债权人快速实现担保物权提供了一条便捷、有效的非讼途径。

（一）实现担保物权程序的特点

1. 实现担保物权案件审限较短，一般情况下应在立案之日起 30 日内审结。

2. 实行一审终审，可减少诉累。

3. 银行申请实现担保物权，不以担保物权人与担保人就担保物权的实现方式先行协商且达成协议为前提。通过非诉程序实现担保物权是法律赋予银行作为担保物权人的权利，无须与抵押人、出质人协商，就可以直接向法院申请拍卖、变卖抵质押财产，以实现其担保物权。

4. 法院裁定拍卖、变卖担保财产的，可以依据该裁定向法院申请执行；如担保物权人在向法院申请实现担保物权被驳回时，担保物权人可向法院提起诉讼。

（二）实务操作要点

银行适用实现担保物权程序，还需要注意以下事项：

1. 银行应当加强担保管理，确保担保物权不存在瑕疵。抵押物如存在权属争议、担保物权未有效设立等，可能会被法院认定存在实质性争议为由驳回申请，告知申请人需要另行提起诉讼。因此，银行应高度重视押品管理，从押品准入、合同签署、登记办理等各个环节确保担保物权有效。

2. 做好财产保全。实现担保物权案件可适用财产保全。为确保能够在执行程序中快速处置抵押物，应积极向法院申请财产保全，力争"首封"以获得在执行程序中对抵押物的优先处置权。

3. 衔接好其他诉讼程序。部分被申请人为拖延担保物权实现，以存在实质性争议为由提出异议，建议要求被申请人提出充分证据证明存在实质性争议，避免出现有异议就驳回申请的情况。如法院认为存在实质性争议驳回申请,需通过普通诉讼程序或其他程序解决。

4. 担保物价值无法覆盖全部债权的,对于无法覆盖的部分,仍需通过普通诉讼或其他法律规定的程序解决。因此,在确定是否采用实现担保物权特别程序时,银行应做好对担保物价值情况的核实确认工作,如发现担保物价值低或变现困难,仍需向债务人、担保人追索的,基于效率和成本的考虑,建议直接采取普通诉讼程序或其他程序解决。

四、适用督促程序申请支付令

督促程序,又称支付令程序,是指债务人住所地基层法院根据债权人提出的要求债务人给付一定数量金钱或者有价证券的申请,对债权人的申请进行形式审查后,不经过开庭审理直接向债务人发出支付令,督促债务人在法定期间内向债权人清偿债务的法律程序。它是一种通过非讼方式来督促债务人向债权人偿还债务的程序。如债务人在收到支付令之日起 15 日内既不履行支付令又未对支付令提出书面异议,该支付令即具有强制执行力的程序。《民事诉讼法》第 221 条至第 224 条对督促程序作出了详细规定。与普通诉讼程序相比,支付令具有时效快、成本低等特点,可以提高银行信用类个贷及信用卡不良资产处置效率。

(一) 督促程序的特点

1. 督促程序的适用范围仅限于债务人的给付标的为金钱和有价证券的债权债务关系。

2. 督促程序系非讼程序,不解决当事人之间的债权债务关系争议,该程序依债权人申请而开始,由人民法院直接向债务人发出支付命令。

3. 督促程序无须开庭审理,法院对债务人提出的书面异议仅进行形式审查,经审查异议成立的,裁定终结督促程序,支付令失效,需另行起诉。其中,债务人对于债权债务关系没有异议,只是提出缺乏清偿能力、延缓债务清偿期限、变更债务清偿方式等异议的,异议不成立。

(二) 实务操作要点

银行申请对信用类个贷及信用卡持卡人适用支付令时需要注意以下事项:

1. 督促程序适用的条件之一是支付令可以送达债务人。故在银行办理个贷、信用卡业务时，应在领用协议、合同或单独送达地址确认书中约定有效的送达地址，避免送达不能。

2. 银行应当有效避免因计算标准模糊、债权无法确定而导致支付令失效。部分银行在信用卡领用协议中未明确约定透支年化利率、计结息方式等具体标准，而是约定由银行根据持卡人资信、用卡情况具体调整，并通过发送短信、电子邮件等形式告知持卡人。故银行应保留与持卡人的有效协议约定、短信、电子邮件等证据，便于在申请支付令时提供。

3. 银行申请支付令的被申请人是否包含担保人，司法实务中裁判尺度不一。应首先了解当地司法环境对于向担保人申请支付令的裁判标准，来确定是否申请支付令。银行处置不良债权中，对于无具体执行标的，以金钱或者有价证券作为给付请求的案件，可建议申请支付令时对债务人与担保人一并申请。

4. 由于督促程序要求债权人未向法院申请诉前保全，故对于债务人具有还款能力而故意拖欠的大额信用卡纠纷，在收到支付令的提出异议期间，存在转移财产的可能性，加大银行清收难度。因此，应当根据个案情况综合考虑是否需采取保全措施，是否启动督促程序。

5. 关于督促程序与诉讼程序的对接。支付令失效后，相关债权债务纠纷将转入受理支付令申请法院的其他诉讼程序，银行提出支付令申请的时间即为向人民法院起诉的时间。如银行不同意在支付令申请受理法院提起诉讼的，应在收到终结督促程序裁定之日起 7 日内向受理申请的人民法院提出，之后仍然有权向其他有管辖权的法院提起诉讼。

五、在执行程序中追加被执行人

根据《最高人民法院关于民事执行中变更、追加当事人若干问题的规定》的规定，以下七大类情形可以追加相关责任主体作为被执行人：

（一）作为被执行人的自然人死亡、失踪

1. 作为被执行人的自然人死亡或被宣告死亡

根据《民法典》遗产管理人制度有关规定，遗产管理人应当依法履行清理遗产并制作遗产清单、向继承人报告遗产情况、采取必要措施防止遗产毁损灭失、处理被继承人的债权债务、按照遗嘱或者依照法律规定分割遗产、

实施与管理遗产有关的其他必要行为。在执行程序中，如果作为被执行人的自然人死亡或被宣告死亡，申请执行人可申请变更、追加该自然人的遗产管理人、继承人、受遗赠人或其他因该自然人死亡或被宣告死亡依法承受生效法律文书确定权利的主体为被执行人，继续申请强制执行，在遗产范围内承担责任。

2. 作为被执行人的自然人被宣告失踪

根据《民法典》财产代管人有关规定，当自然人被宣告失踪之后，失踪人的财产会由财产代管人进行代管。财产代管人应当妥善管理失踪人的财产，维护其财产权益。因此，在执行案件中，作为被执行人的自然人被宣告失踪，申请执行人可申请变更、追加其为该自然人的财产代管人为被执行人，继续申请强制执行，在其代管的财产范围内承担责任。

（二）作为被执行人的法人或非法人组织合并、分立

1. 作为被执行人的法人或非法人组织因合并而终止

《公司法》规定，公司合并时，合并各方的债权、债务，应当由合并后存续的公司或者新设的公司承继。因此，当作为被执行人的法人或非法人组织因合并而终止时，申请执行人可申请变更合并后存续或新设的法人、非法人组织为被执行人，继续申请强制执行。

【实务操作要点】可以先行通过查询国家企业信用信息公示系统等确定被执行人是否存在合并情况，梳理合并前及合并后存续的公司或者新设的公司情况。当作为被执行人的法人或非法人组织因合并而终止时，申请执行人及时申请变更合并后存续或新设的法人、非法人组织为被执行人。

2. 作为被执行人的法人或非法人组织分立

《公司法》规定，公司分立前的债务由分立后的公司承担连带责任。因此，如果作为被执行人的法人或非法人组织分立，申请执行人可申请变更、追加分立后新设的法人或非法人组织对生效法律文书确定的债务承担连带责任，解决通过分立来逃避执行义务的问题。但需要注意的是，被执行人在分立前与申请执行人就债务清偿达成的书面协议另有约定的除外。

【实务操作要点】可以先行通过查询国家企业信用信息公示系统等确定被执行人是否存在分立情况，梳理分立前及分立后公司注销、变更、新设情况。

当作为被执行人的法人或非法人组织分立，申请执行人及时申请变更、追加分立后新设的法人或非法人组织对生效法律文书确定的债务承担连带责任。

（三）被执行人为非法人组织

《民法典》规定，非法人组织是不具有法人资格，但是能够依法以自己的名义从事民事活动的组织。非法人组织包括个人独资企业、合伙企业、不具有法人资格的专业服务机构等。

1. 被执行人为个人独资企业、有字号的个体工商户

（1）作为被执行人的个人独资企业，不能清偿生效法律文书确定的债务，申请执行人申请变更、追加其出资人作为被执行人的。

个人独资企业，是指依照《个人独资企业法》在中国境内设立，由一个自然人投资，财产为投资人个人所有，投资人以其个人财产对企业债务承担无限责任的经营实体。个人独资企业投资人对本企业的财产依法享有所有权，其有关权利可以依法进行转让或继承。

【实务操作要点】可以先行通过查询国家企业信用信息公示系统等确定被执行人是否为个人独资企业。当作为被执行人的个人独资企业不能清偿生效法律文书确定的债务，申请执行人可申请变更、追加其出资人作为被执行人。

（2）当个人独资企业出资人作为被执行人时，无须变更、追加个人独资企业为被执行人，人民法院可以直接执行该个人独资企业的财产。

【实务操作要点】可以先行通过查询国家企业信用信息公示系统等确定被执行人名下是否存在个人独资企业。若存在，可查找该个人独资企业的财产线索，申请法院对财产线索进行查封、扣押、冻结，并申请法院直接执行该个人独资企业的财产。

（3）个体工商户的字号为被执行人的，人民法院可以直接执行该字号经营者的财产。

《民法典》规定，自然人从事工商业经营，经依法登记，为个体工商户。个体工商户可以起字号。个体工商户的债务，个人经营的，以个人财产承担；家庭经营的，以家庭财产承担；无法区分的，以家庭财产承担。

【实务操作要点】可以先行通过查询国家企业信用信息公示系统等确定被执行人是否为个体工商户，再通过工商登记信息查找字号经营者，进而查找经营者财产。申请执行人可以申请法院直接执行该字号经营者的财产。

2. 被执行人为合伙企业

（1）作为被执行人的合伙企业，不能清偿生效法律文书确定的债务，申请执行人申请变更、追加普通合伙人为被执行人的。

《合伙企业法》规定，普通合伙企业由普通合伙人组成，合伙人对合伙企业债务承担无限连带责任。

【实务操作要点】 可以先行通过查询国家企业信用信息公示系统等确定被执行人是否为普通合伙企业，因普通合伙人对合伙企业债务承担无限连带责任，申请执行人可以向法院申请变更、追加普通合伙人为被执行人，申请法院强制执行。

（2）作为被执行人的有限合伙企业，财产不足以清偿生效法律文书确定的债务，申请执行人申请变更、追加未按期足额缴纳出资的有限合伙人为被执行人，在未足额缴纳出资的范围内承担责任的。

《合伙企业法》规定，有限合伙企业由普通合伙人和有限合伙人组成，普通合伙人对合伙企业债务承担无限连带责任，有限合伙人以其认缴的出资额为限对合伙企业债务承担责任。

【实务操作要点】 可以先行通过查询国家企业信用信息公示系统等确定被执行人是否为有限合伙企业，若有限合伙人未按期足额缴纳出资，申请执行人可以向法院申请变更、追加该有限合伙人为被执行人，在未足额缴纳出资的范围内承担责任。

3. 被执行人为法人分支机构或存在法人分支机构

《公司法》规定，公司可以设立分公司。分公司不具有法人资格，其民事责任由公司承担。

（1）作为被执行人的法人分支机构，不能清偿生效法律文书确定的债务，申请执行人申请变更、追加该法人为被执行人的。法人直接管理的责任财产仍不能清偿债务的，人民法院可以直接执行该法人其他分支机构的财产。

【实务操作要点】 若法人分支机构不能清偿生效法律文书确定的债务，申请执行人可以先行向法院申请变更、追加该法人为被执行人，查找并申请查封、扣押、冻结财产，进而达到执行法人财产的目的。法人直接管理的责任财产仍不能清偿债务的，人民法院可以直接执行该法人其他分支机构的财产。

（2）作为被执行人的法人，直接管理的责任财产不能清偿生效法律文书确定的债务的，人民法院可以直接执行该法人分支机构的财产。

【实务操作要点】若被执行人是法人，且法人直接管理的责任财产不能清偿生效法律文书确定的债务时，可以先行通过查询国家企业信用信息公示系统等确定被执行人是否设立分支机构，若有分支机构，申请执行人可以申请直接执行该法人分支机构的财产，而无须申请变更、追加法人分支机构为被执行人。

4. 个人独资企业、合伙企业、法人分支机构以外的非法人组织作为被执行人

非法人组织的财产不足以清偿债务的，其出资人或者设立人承担无限责任。

【实务操作要点】若被执行人是个人独资企业、合伙企业、法人分支机构以外的非法人组织作为被执行人，且不能清偿生效法律文书确定的债务时，可以先行通过查询国家企业信用信息公示系统等确定被执行人是否为个人独资企业、合伙企业、法人分支机构以外的非法人组织，申请执行人可以申请变更、追加对该非法人组织的债务承担责任的主体为被执行人，申请法院强制执行。

（四）出资瑕疵的责任主体

1. 作为被执行人的营利法人，财产不足以清偿生效法律文书确定的债务，存在未缴纳或未足额缴纳出资的股东、出资人或对该出资承担连带责任的发起人

2018年《公司法》规定，股东应当按期足额缴纳公司章程中规定的各自所认缴的出资额。股东以货币出资的，应当将货币出资足额存入有限责任公司在银行开设的账户；以非货币财产出资的，应当依法办理其财产权的转移手续。股东不按照前款规定缴纳出资的，除应当向公司足额缴纳外，还应当向已按期足额缴纳出资的股东承担违约责任。

【实务操作要点】以被执行人为有限责任公司（营利法人）为例，可以先行通过查询国家企业信用信息公示系统、工商档案、银行流水等确定被执行人股东是否未缴纳或未足额缴纳出资，申请执行人可以申请变更、追加未缴纳或未足额缴纳出资的股东为被执行人，要求其在未缴纳出资的范围内依法承担责任。

需要特别注意的是，自2024年7月1日起，新《公司法》正式生效，其中第47条规定："全体股东认缴的出资额由股东按照公司章程的规定自公司成立之日起五年内缴足。"第54条规定："公司不能清偿到期债务的，公司或者已到期债权的债权人有权要求已认缴出资但未届出资期限的股东提前缴纳出资。"第88条规定："股东转让已认缴出资但未届出资期限的股权的，由受让人承担缴纳该出资的义务；受让人未按期足额缴纳出资的，转让人对受让人未按期缴纳的出资承担补充责任。"以上规定意味着，在执行程序中将有可能依据以上规定，依法追加未实缴的股东为被执行人，无论出资期限是否已经到期。

2. 作为被执行人的营利法人，财产不足以清偿生效法律文书确定的债务，存在抽逃出资的股东、出资人

《公司法》规定，公司成立后，股东不得抽逃出资。公司成立后，公司、股东或者公司债权人以相关股东的行为符合下列情形之一且损害公司权益为由，请求认定该股东抽逃出资的，人民法院应予支持：通过制作虚假财务会计报表虚增利润进行分配；通过虚构债权债务关系将其出资转出；利用关联交易将出资转出；其他未经法定程序将出资抽回的行为。抽逃出资、虚假出资的实质是未履行出资义务，该类股东理应对公司所欠债务在抽逃出资额范围内承担法律责任。抽逃出资可能较为隐蔽，在新《公司法》规定的认缴期限5年内，可能会出现多次出资，然后多次抽逃。

【实务操作要点】可以申请查阅被执行人的工商档案、公司章程、会计账簿、银行流水等资料，找出目标股东、出资人抽逃出资的证据，进而申请变更、追加抽逃出资的股东、出资人为被执行人，在抽逃出资的范围内承担责任。

3. 作为被执行人的公司，财产不足以清偿生效法律文书确定的债务，其股东未依法履行出资义务即转让股权

若到期未出资即转让股权，或未到期为逃避债务而转让股权，须依法承担法律责任。否则原股东无须为公司以后的负债承担法律责任。

【实务操作要点】申请查阅该公司的工商档案时，关注案件发生前后一段时间内股权转移的情况以及转移股权的股东。如果发现该股东未依法履行出资义务即转让股权，申请执行人可以向法院申请变更、追加该原股东或依

《公司法》规定对该出资承担连带责任的发起人为被执行人，让其在未依法出资的范围内承担责任。

但是需要注意的是，新《公司法》第88条规定，转让人对受让人未按期缴纳的出资承担补充责任。因此无论是否属于逃避债务的情形，转让方均应对未缴纳的出资承担补充责任。

（五）作为被执行人的只有一个股东的公司，财产不足以清偿生效法律文书确定的债务，股东不能证明公司财产独立于自己的财产

《公司法》规定，只有一个股东的公司，股东不能证明公司财产独立于股东自己的财产的，应当对公司债务承担连带责任。

只有一个股东的公司，股东若要免责，必须证明股东与公司的财产相互独立。申请执行人无须承担证明公司与股东财产混同的责任。

【实务操作要点】可通过国家企业信用信息公示系统等平台查询被执行人是否为只有一个股东的公司。当被执行人为只有一个股东的公司，财产不足以清偿生效法律文书确定的债务，且股东不能证明公司财产独立于自己的财产时，申请执行人可以申请变更、追加该股东为被执行人。

（六）注销吊销撤销等情形

1. 作为被执行人的公司，未经清算即办理注销登记，导致公司无法进行清算

【实务操作要点】可先行通过国家企业信用信息公示系统等查询公司的存续状态，若为注销状态，查询工商档案查看公司是否经清算后办理注销登记。若未经清算即办理注销登记导致无法清算，申请执行人可向法院提出书面申请变更、追加有限责任公司的股东、股份有限公司的董事和控股股东为被执行人，让其对公司债务承担连带清偿责任。

2. 作为被执行人的法人或非法人组织，出现被注销或被吊销营业执照、被撤销、被责令关闭、歇业等解散事由后，其股东、出资人或主管部门无偿接受其财产，致使该被执行人无遗留财产或遗留财产不足以清偿债务

【实务操作要点】可先行通过国家企业信用信息公示系统等查询被执行人的存续状态。若出现解散事由，可以寻找线索证明股东、出资人或主管部门无偿接受其财产。进而向法院申请变更、追加该股东、出资人或主管部门为

被执行人，让其在接受的财产范围内承担责任。

3. 作为被执行人的法人或非法人组织，未经依法清算即办理注销登记，在登记机关办理注销登记时，第三人书面承诺对被执行人的债务承担清偿责任

【实务操作要点】通过国家企业信用信息公示系统等查询法人的存续状态。如果未经依法清算即办理注销登记，且在办理注销登记时，第三人作出过书面承诺，愿意对被执行人的债务承担清偿责任，则申请执行人可向法院提出书面申请变更、追加该第三人为被执行人，让其在承诺范围内承担清偿责任。

需要注意的是，企业注销时，登记机关往往要求第三人作出担保，但是简易注销制度实施后，第三人担保的情形将不会再出现。

(七) 第三人自愿代为履行或依行政命令无偿接收财产

1. 执行过程中，第三人向执行法院书面承诺自愿代被执行人履行生效法律文书确定的债务。

2. 作为被执行人的法人或非法人组织，财产依行政命令被无偿调拨、划转给第三人，致使该被执行人财产不足以清偿生效法律文书确定的债务，申请执行人则可向法院申请变更、追加该第三人为被执行人，要求其在接受的财产范围内承担责任。

【实务操作要点】需要注意的是，此处第三人要与执行担保中的保证人、担保人等第三人区别。执行担保中，法院可直接执行保证人财产或者担保财产。

第五章 《民法典》制度创新对银行业务的影响及实务操作要点

《民法典》自 2021 年 1 月 1 日起施行,《担保法》《合同法》《物权法》《婚姻法》《继承法》《民法通则》《收养法》《侵权责任法》《民法总则》等九部法律同时废止。《民法典》共七编、1260 条,各编依次为总则编、物权编、合同编、人格权编、婚姻家庭编和继承编、侵权责任编以及附则。

《民法典》是新中国第一部以"典"来命名的法律。古人讲盛世修典,编纂法典是法律文明发展到一定高度的产物,也是一个国家、一个民族走向繁荣昌盛的标志。"典"在汉语中通常理解为典籍、典范,表明它具有基础性的含义,是最基本的法律规则。《民法典》凝聚了中国人民首创精神与民族智慧,构筑了全面依法治国的支柱,奠定了社会主义市场经济法治基础,在民商法律规范体系中具有统领地位。深刻认识和准确把握《民法典》的重要特色和制度创新,对于学习好贯彻好运用好《民法典》具有重要意义。

第一节 总则编制度创新对银行业务的影响及实务操作要点

一、绿色原则制度创新

(一) 条文解读

1. 创设"绿色原则",促进人与自然的和谐发展

《民法典》首次将"绿色原则"确立为民法的基本原则。《民法典》总则编第 9 条创设了绿色原则:"民事主体从事民事活动,应当有利于节约资源、

保护生态环境。"其他各编贯彻绿色原则，在有关具体规则中予以体现。

2. 物权编的有关规则

《民法典》将节约资源、保护生态融入物权规则，规定用益物权人行使权利应当遵守合理开发利用资源、保护生态环境的规定。例如，《民法典》第326条规定：用益物权人行使权利，应当遵守法律有关保护和合理开发利用资源、保护生态环境的规定。所有权人不得干涉用益物权人行使权利。《民法典》第346条规定：设立建设用地使用权，应当符合节约资源、保护生态环境的要求，遵守法律、行政法规关于土地用途的规定，不得损害已经设立的用益物权。

3. 合同编的有关规则

《民法典》将绿色原则融入合同规范，要求对没有通用包装方式的标的物，采取足以保护标的物且有利于节约资源、保护生态环境的包装方式，且合同终止后当事人应当根据交易习惯履行旧物回收等义务。例如，《民法典》第509条第3款规定：当事人在履行合同过程中，应当避免浪费资源、污染环境和破坏生态。第619条规定：出卖人应当按照约定的包装方式交付标的物。对包装方式没有约定或者约定不明确，依据本法第510条的规定仍不能确定的，应当按照通用的方式包装；没有通用方式的，应当采取足以保护标的物且有利于节约资源、保护生态环境的包装方式。

4. 侵权责任编的有关规则

增加破坏生态的法律责任，规定违反法律规定故意污染环境、破坏生态的惩罚性赔偿制度及生态环境损害的修复和赔偿规则，使得绿色原则更富刚性、更具威慑力和更易于执行。例如，《民法典》第1232条规定：侵权人违反法律规定故意污染环境、破坏生态造成严重后果的，被侵权人有权请求相应的惩罚性赔偿。第1234条规定：违反国家规定造成生态环境损害，生态环境能够修复的，国家规定的机关或者法律规定的组织有权请求侵权人在合理期限内承担修复责任。侵权人在期限内未修复的，国家规定的机关或者法律规定的组织可以自行或者委托他人进行修复，所需费用由侵权人负担。

（二）实务操作要点

1. 践行"绿色原则"，发展"绿色金融"。2023年中央金融工作会议指出,"做好科技金融、绿色金融"等五篇大文章,发展"绿色金融",既是贯彻落实中央金融工作会议精神的要求,也是践行"绿色原则",履行法定义务的要求。在市场交易中,无论提供金融产品和服务,还是采购产品和服务,都要遵循"绿色原则",严格执行各项交易具体规则,履行法定义务。

2. 按照"绿色原则",创新"绿色金融"产品和服务。2022年6月,中国银保监会印发的《银行业保险业绿色金融指引》是监管部门提出的全面的、系统的绿色金融发展指导文件,亦体现《民法典》"绿色原则"。因此,要按照"绿色原则"要求,创新"绿色金融"的产品体系和服务模式,保障"绿色金融"在法治轨道上健康发展。

3. 全流程监控,落实"绿色"信贷政策。从贷前项目评估调查,贷中审批、放贷审查,到贷后管理全流程管控,对是否符合"绿色原则"要求,严格评估准入,审慎审查、严格核实。

二、典型主体制度创新

《民法典》总则编第二章、第三章、第四章规定了我国民事法律关系的典型民事主体,建立了我国的典型民事主体制度。典型的民事主体制度主要是自然人、法人、非法人组织三大类,本书重点解读"自然人"民事主体,"自然人"类型包括:自然人、个体工商户、农村承包经营户。

(一)条文解读

1. 自然人类型

自然人是最重要也是最基本的民事主体。《民法典》总则编第二章规定了"自然人"主体制度,包括民事权利能力和民事行为能力、监护、宣告失踪和宣告死亡、个体工商户和农村承包经营户四节内容。自然人形态不单是指单个的自然人,也包括几个自然人的组合。《民法典》上的自然人虽然称为"自然人",但它仅仅是以"自然人"的名义从个体人的存在中抽象出来的、与团体或者组织体相对应的主体。总则编"自然人"一章规定了个体工商户和农村承包经营户这两种组织形态。

2. 民事行为能力的划分

(1)完全民事行为能力人。18周岁以上的成年人;16周岁以上的未成年人，以自己的劳动收入为主要生活来源的。

（2）限制民事行为能力人。从年龄上划分，原《民法通则》规定"十周岁"以上，《民法典》规定"八周岁以上的未成年人"为限制民事行为能力人，实施民事法律行为由其法定代理人代理或者经其法定代理人同意、追认；但是，可以独立实施纯获利益的民事法律行为或者与其年龄、智力相适应的民事法律行为。不能完全辨认自己行为的成年人为限制行为能力人，实施民事法律行为由其法定代理人代理或者经其法定代理人同意、追认；但是，可以独立实施纯获利益的民事法律行为或者与其智力、精神健康状况相适应的民事法律行为。

（3）无民事行为能力人。不满8周岁的未成年人，由其法定代理人代理实施民事法律行为；不能辨认自己行为的成年人，由其法定代理人代理实施民事法律行为。

（二）影响分析及实务操作要点

1. 未成年人办理业务需要注意的法律风险防控要点

为客户办理柜面业务时，要注意关注客户年龄，如果为未成年人，要根据相关法律规定和行内规章制度准确认定未成年人的适格代理人，审核监护人资格证明材料。办理业务时，监护人应提供该财产处理是为维护被监护人利益的证明材料。

2. 限制或无行为能力成年人办理业务需要注意的法律风险防控要点

要注意审查无、限制民事行为能力的证明材料，审核监护人身份证明材料，根据相关法律规定和行内规章制度准确认定无、限制民事行为能力的成年人的适格代理人。办理业务时，监护人应提供该财产处理是为维护被监护人利益的证明材料。

3. 农村承包经营户办理业务需要注意的法律风险防控要点

农村集体经济组织的成员，依法取得农村土地承包经营权，从事家庭承包经营的，为农村承包经营户。农村承包经营户的债务，以从事农村土地承包经营的农户财产承担，负无限清偿责任。

（1）注意审查确保农村承包经营户必须为本集体经济组织成员。

（2）在家庭承包方式下，抵押人为农户，其以土地承包经营权设立抵押的，须经全体家庭成员同意。

（3）债务追索时注意：农村承包经营户的债务，以从事农村土地承包经营的农户财产承担；如有证据证明农村承包经营户事实上由农户部分成员经营的，以该部分成员的财产承担。

4. 个体工商户办理业务需要注意的法律风险防控要点

自然人从事工商业经营，经依法登记，为个体工商户。个人经营的，以个人财产承担；家庭经营的，以家庭财产承担；无法区分的，以家庭财产承担。

（1）个体工商户提供抵押的，由个体工商户的经营者及其配偶（如有），或在登记机关备案的家庭成员出具同意抵押的书面文件。

（2）在诉讼中，个体工商户以营业执照上登记的经营者为当事人。有字号的，以营业执照上登记的字号为当事人，应同时注明该字号经营者的基本信息；营业执照上登记的经营者与实际经营者不一致，以登记的经营者和实际经营者为共同诉讼人。

（3）个体工商户的字号为被执行人的，在执行阶段可以申请人民法院直接执行该字号经营者的财产。

第二节　物权编制度创新对银行业务的影响及实务操作要点

《民法典》物权编共分为5个分编，共258条。各分编依次为通则、所有权、用益物权、担保物权、占有。

《民法典》物权编对物权规则进行了较大的修改和完善，主要集中在以下方面：一是对物权变动和物权保护规则的修改，二是对所有权规则的修改，三是对用益物权一般规定的修改，四是对土地承包经营权及三权分置的修改，五是对居住权规定了新规则，六是对担保物权一般规定的修改，七是对抵押权规则的修改，八是对质权规则的修改。

一、用益物权制度创新

《民法典》第323条规定：用益物权人对他人所有的不动产或者动产，依法享有占有、使用和收益的权利。

（一）完善土地"三权分置"制度，促进土地经营权流转

1. 条文解读

（1）明确土地"三权分置"。土地所有权归属于农村集体经济组织所有，土地承包经营权归属于承包该土地的农民家庭享有。为增加土地承包经营权流转性，《民法典》在土地承包经营权之上，设立"土地经营权"。"土地经营权"属于土地承包经营权人享有的、可以进行较大范围流转的用益物权。

（2）土地经营权的流转。《民法典》第339条、第340条、第341条分别规定了土地经营权的流转规则、土地经营权人的权利以及土地经营权的设立规则。第339条规定了土地经营权的流转规则："土地承包经营权人可以自主决定依法采取出租、入股或者其他方式向他人流转土地经营权。"

（3）土地经营权人的权利。《民法典》第340条规定了土地经营权人的权利，土地经营权是特殊的用益物权。在合同约定的期限内，土地经营权人享有用益物权的权能，即占有、使用、收益的权利，自主开展农业生产经营活动，获得收益。

（4）土地经营权的设立规则。《民法典》第341条规定了土地经营权的设立规则即："流转期限为五年以上的土地经营权，自流转合同生效时设立。当事人可以向登记机构申请土地经营权登记；未经登记，不得对抗善意第三人。"

2. 影响分析及实务操作要点

乡村振兴离不开金融资源的支持。以往由于担保物较少，造成融资难问题。现《民法典》设定土地"三权分置"制度，为涉农金融提供了有效的担保物，能够有效改善融资难的问题。

（1）开展涉及土地经营权的信贷业务，建议重点关注土地经营权的登记情况。

（2）土地经营权抵押，须取得土地承包经营权人的书面同意。

（3）土地经营权抵押，应及时办理抵押登记。

（二）新增"居住权"制度，完善住房保障体系

1. 条文解读

《民法典》第366条规定，居住权是为满足生活居住的需要，占有、使用

他人住宅的一种用益物权。

（1）居住权的四大特征。居住权具有用益性、独立性、人身性及不可转让性四个特征。一是居住权是一项用益物权，赋予居住权人对他人住宅占有、使用的权利，具有用益性；二是居住权与所有权相分离，所有权的转移并不妨害居住权的存续，具有独立性；三是居住权为特定自然人基于生活需要设立，具有强烈的人身属性；四是居住权不得转让或继承。

（2）居住权的设立以无偿为原则。《民法典》第368条规定了居住权的设立以无偿为原则。居住权如在公租房等保障性住房体系应用，可采取有偿方式。

（3）居住权经登记设立。《民法典》第368条规定，居住权依合同设立的，登记生效；未经登记，不发生法律效力。

（4）居住权处分受限制。《民法典》第369条明确规定，居住权人不得将其享有的居住权转让给第三方或者由继承人继承；《民法典》第369条规定，设立居住权的住宅不得出租，但是当事人另有约定的除外。

2. 影响分析及实务操作要点

（1）关注居住权与租赁权、抵押权之效力冲突。《民法典》第369条规定，除当事人另有约定外，已设立居住权的住宅不得出租。根据立法精神，居住权与抵押权的关系是用益物权与担保物权的关系，在住宅上发生居住权与抵押权竞存的情形时，则应依其登记设立的先后而确定其效力关系。

（2）合同中增加协议约束。建议在合同中要求债务人如实披露已设定居住权的住宅情况，并承诺在债务全部清偿完毕之前，未经债权人同意，不得与他人签订居住权合同或订立居住权遗嘱，不得对其名下所有住宅新设居住权；在抵押合同中由抵押人承诺，未经债权人同意，不得设定居住权，否则视为违约，债权人有权采取相应的违约救济措施。

（3）加强贷前审查和贷后管理。信贷业务发生前，全面排查债务人房产情况，对已设定居住权的住宅在信用风险评估时予以减计；办理抵押登记前，查询抵押物状态，查询抵押物是否已设立居住权；对存量押品状态定期重检，发现违约设立居住权的，及时采取相应的救济措施。

二、担保物权制度创新

(一) 扩展担保合同及担保财产的范围,进一步扩大融资担保方式

1. 条文解读

(1) 扩大担保合同的范围。《民法典》规定,担保合同包括抵押合同、质押合同和其他具有担保功能的合同。其他具有担保功能的合同包括融资租赁、保理、所有权保留等有典型担保功能的担保合同。这一重大修改为新形势下金融创新提供了法律依据。

(2) 扩展"抵押物"的范围。《民法典》较之《物权法》对抵押财产的范围作出了三方面的修改:一是新增"海域使用权"。《民法典》第395条第1款删除了《物权法》"以招标、拍卖、公开协商等方式取得的荒地等土地承包经营权"的内容,并以"海域使用权"代之。二是《民法典》第399条关于禁止抵押的财产范围规定删除了《物权法》"耕地的使用权"的内容,为"土地承包经营权"和"土地经营权"抵押扫清了障碍。三是《民法典》第399条关于禁止抵押的财产范围规定,将《物权法》第184条第3项"以公益为目的的事业单位、社会团体的教育设施、医疗卫生设施和其他公益设施"修改为"为公益目的成立的非营利法人①的教育设施、医疗卫生设施和其他公益设施"。对于以公益为目的营利法人的公益设施能否抵押,《民法典》尚未规定,从而预留出空间。

(3) 扩展"权利质权"中"应收账款"的范围。《民法典》第440条第6项将《物权法》第223条第6项的"应收账款"扩展为"现有的以及将有的应收账款",极大地扩张了可供出质的应收账款的法定范围,顺应了动产和权利担保交易的发展趋势;同时与合同编保理合同中可转让的应收账款范围的规定保持了协调一致。

2. 影响分析及实务操作要点

《民法典》扩张担保合同、担保财产的目的,就是进一步拓宽融资担保方

---

① 《民法典》第87条对"非营利法人"进行界定:为公益目的或者其他非营利目的成立,不向出资人、设立人或者会员分配所取得利润的法人,为非营利法人。非营利法人包括事业单位、社会团体、基金会、社会服务机构等。

式，解决融资难、融资贵的问题。

（1）绿色金融业务担保。绿色金融业务是当前及今后银行业重要战略性业务，是贯彻落实国家金融政策和法律规定的必然选择。绿色信贷是绿色金融业务最重要的部分，而担保作为信贷产品必不可少的构成，也必须符合绿色金融的要求。因此，要充分运用碳排放权担保、排污权担保等新型担保方式，促进绿色信贷业务的发展。

（2）科技金融业务担保。科技金融也是银行业的重要战略业务。有些科技企业的主要资产是拥有知识产权，因而用知识产权担保能够较好地解决其融资担保问题。应该充分运用专利权质押、集成电路布图设计专有权质押等担保，促进科技金融业务的发展。

（3）涉农金融业务担保。农村土地经营权、农村集体经营性建设用地使用权、林权、海域使用权、渔船、农业大棚抵押以及农村集体资产股权质押等涉农贷款担保物，均符合《民法典》及相关法律的规定，属于合法有效的担保物权。可以针对行业、企业的具体特点和实际情况，从农村土地及地上附着物、农业设备、生产资料等方面入手，积极探寻其他便捷可行的新型涉农担保物权方式。

（4）充分运用"应收账款质押"担保方式。拓宽企业的融资渠道，特别是供应链融资业务、保理业务、政府采购服务业务、特许经营权业务等；完善相关法律协议，特别是与"应收账款"付款相关的协议。确保"付款人"公章的真实性，审查代理人授权签字的真实性；办理登记。以应收账款出质的，质权自办理出质登记时设立（详见分论第十二章）。

（5）准确掌握抵质押物的法律状态。做好贷前调查工作，通过全面查询、实地查看等，全面准确掌握拟抵质押物的法律状态。

（6）遵循"一并抵押"原则。为防止出现"分别抵押"的情形，建议将土地使用权、地上房屋、其他建筑物，包括在建工程一并抵押，接收抵押物前到登记部门查询抵押物的情况。

（7）遵守《民法典》及其他法律法规关于担保物权的规定。确保担保物的取得方式合法有效、取得确权登记证书，并及时办理抵押或质押登记手续。

（二）完善"浮动抵押"制度，充分发挥动产担保功能

1. 条文解读

（1）《民法典》第396条规定：企业、个体工商户、农业生产经营者可以

将现有的以及将有的生产设备、原材料、半成品、产品抵押，债务人不履行到期债务或者发生当事人约定的实现抵押权的情形，债权人有权就抵押财产确定时的动产优先受偿。上述条款修改了"抵押财产确定时间"，解决了原《物权法》第181条中"实现抵押权时，抵押财产才确定"的时间滞后问题。

（2）《民法典》第411条规定了"抵押财产"确定的情形。认定债权人就抵押财产确定时的动产优先受偿，有利于充分保护抵押权人的合法权益，防止抵押人恶意实施损害抵押权人利益的行为。抵押财产确定后，实现抵押权之前，抵押人为逃避债务而处分公司财产的，抵押权人享有撤销权，可以请求撤销该处分行为。

（3）增加"抵押财产确定"情形，完善"浮动抵押制度"，使"抵押财产及价值"可预期，大大降低不确定性。

2. 影响分析及实务操作要点

浮动抵押制度既让企业、个体工商户、农业生产经营者能够正常生产经营，又能解决融资担保问题。

（1）对于企业、个体工商户、农业生产者等中小企业，有时提供土地、房产等抵押物困难，可以充分运用"浮动抵押"担保。

（2）明确实现抵押权的情形。须签订书面协议，详尽明确约定"实现抵押权"的情形。

（3）办理浮动抵押业务，应到登记部门进行登记，未经登记，不得对抗善意第三人。

（三）完善"抵押不破租赁"制度，防范"虚假租赁"对抵押权的影响

1. 条文解读

《民法典》第405条对"抵押不破租赁"规定适用条款作了严格限定：抵押权设立前，抵押财产已经出租并转移占有的，原租赁关系不受该抵押权的影响。上述规定与《物权法》第190条的规定相比较，增加了"并转移占有"作为抵押不破租赁的条件，限缩了抵押不破租赁规则的适用范围。

2. 影响分析及实务操作要点

"抵押不破租赁制度"能够防范债务人以"租赁"方式逃废债务，损害

银行债权。

(1) 加强贷前调查，查清抵押权设立前是否存在实际出租的情况，避免后续出现抵押人与承租人恶意倒签合同的情况，影响抵押权的实现。

(2) 在借款（抵押）合同中建议约定"合同签订后未经贷款人（抵押权人）同意，不可对抵押财产进行出租"的条款，并设定违约责任条款。

(四) 完善担保物权顺位制度

1. 条文解读

(1) 统一担保物权清偿规则。一是完善担保物权顺位制度。《民法典》确立了登记在先原则，解决了同一担保财产上存在数个同类或异类担保物权的冲突。二是统一担保物权清偿规则。其他可以登记的担保物权，清偿顺序参照适用《民法典》第414条第1款规定。

(2) 购买价款担保权超级优先顺位。《民法典》第416条规定：动产抵押担保的主债权是抵押物的价款，标的物交付后10日内办理抵押登记的，该抵押权人优先于抵押物买受人的其他担保物权人受偿，但是留置权人除外。购买价款抵押权，是指为了担保债务人买入动产时对出卖人或者贷款人支付价款之债务的履行，而在其买入的该动产上为出卖人或者贷款人设定的经登记而具有法定优先顺位的抵押权。此种抵押权只要在法律规定的宽限期内完成登记，即可优先于债务人在该动产上设定的其他担保物权（留置权除外）。

2. 影响分析及实务操作要点

(1) 开展信贷业务，贷前调查环节要注意查清抵押物、质押物的法律状态，是否有在先担保权利负担。若有，建议不予接受或者充分评估抵押物的剩余价值。

(2) 及时办理担保物权登记、交付手续。应及时办理合法有效的抵押登记和质押登记及交付。

(3) 积极运用购买价款抵押权担保方式。对于使用信贷资金购买机器设备等，注意运用此种抵押担保；在标的物交付后10日内，及时办理抵押登记；注意留存运用信贷资金购买时的证据。

(4) 办理机器设备抵押时，注意审查是否存在购买价款担保权负担。

第三节 合同编制度创新对银行业务的影响及实务操作要点

《民法典》合同编共 526 条，共分为三个分编，分别是通则、典型合同、准合同。合同编在民法典中占据重要地位，不仅条文数量最多，在市场交易中应用也最为广泛。合同编相较原《合同法》修改变化幅度较大，对银行业务产生了重要的影响。现就合同编对银行业务影响较大的重要制度创新进行分析并结合该制度提供法律实务操作建议。

一、合同订立制度创新

《民法典》对合同订立规则进行完善，更能够体现诚信、公平原则，维护现实交易秩序。

（一）扩大要约邀请和要约范围，规范商业广告宣传

1. 条文与解读

《民法典》第 473 条规定："要约邀请是希望他人向自己发出要约的表示。拍卖公告、招标公告、招股说明书、债券募集办法、基金招募说明书、商业广告和宣传、寄送的价目表等为要约邀请。商业广告和宣传的内容符合要约要件的，构成要约。"

该条明确将"债券募集办法、基金招募说明书、商业宣传"列为要约邀请。符合要约条件的商业宣传内容同商业广告一样构成要约。

2. 实务操作要点

（1）银行在进行金融产品、服务广告和宣传时应注意，如果内容具体确定，存在被认定为要约的可能。如认定为要约，银行即便在与客户签署的相关合同中未约定相关内容，宣传内容也将被视为合同的一部分，如银行违反，将承担违约责任。（2）银行在进行金融产品广告和宣传时应当对内容进行严格把关，应注意避免内容超出合同范围且具体确定。

（二）完善格式条款效力，充分体现公平原则

1. 条文与解读

《民法典》第 496 条第 2 款规定："采用格式条款订立合同的，提供格式条款的一方应当遵循公平原则确定当事人之间的权利和义务，并采取合理的方式提示对方注意免除或者减轻其责任等与对方有重大利害关系的条款，按照对方的要求，对该条款予以说明。提供格式条款的一方未履行提示或者说明义务，致使对方没有注意或者理解与其有重大利害关系的条款的，对方可以主张该条款不成为合同的内容。"

对于格式条款提供方来说，需承担的义务有：一是遵循公平原则确定当事人之间的权利和义务，二是采取合理的方式提示对方注意免除或者减轻其责任等与对方有重大利害关系的条款，三是按照对方的要求，对该条款予以说明。《民法典》将格式条款的提示说明义务由"免除或者限制其责任的条款"扩大到"免除或者减轻其责任等与对方有重大利害关系的条款"。

《民法典》将"未履行提示或者说明义务"时格式条款从"可撤销"变为"不成为合同内容"。"不成为合同内容"意味着该条款不属于合同的一部分，自始对当事人不产生约束力。因此，《民法典》加大了对格式条款相对方的保护力度。

2. 实务操作要点

（1）优化合同条款设计，体现公平原则。金融业务的合同，大部分被认定为格式文本，其条款被认定为格式条款，银行应当加强对合同文本的优化，合理确定当事人双方之间的权利义务，充分体现公平原则。

（2）双方协商一致，增加合同磋商外观。为减少被认定为格式合同的风险，银行可在合同文本的条款中增加可选项，增加双方可协商后填写的空白栏。对于双方磋商往来过程的相关证据，如邮件、微信、电话等有关记录应注意留存。

（3）识别并做好"有重大利害关系的条款"的提示说明。根据《中国人民银行金融消费者权益保护实施办法》第 21 条规定，与金融消费者有重大利害关系的内容主要包括"金融产品或者服务的数量、利率、费用、履行期限和方式、注意事项、风险提示、纠纷解决等"。为防范被认定为格式条款所带

来的法律风险，银行应当加强对"重大利害关系条款"的识别，通过能引起相对方注意的文字、符号、字体等标识进行提示，并按相对方要求对该条款进行充分口头或书面解释说明。同时应注意，对于线上贷款合同，仅采取设置勾选、弹窗等方式是不够的，仍要按照法律规定履行相应的提示、说明义务。

（三）增加"预约合同"规则，强化缔约过错责任

1. 条文与解读

《民法典》第 495 条规定："当事人约定在将来一定期限内订立合同的认购书、订购书、预订书等，构成预约合同。当事人一方不履行预约合同约定的订立合同义务的，对方可以请求其承担预约合同的违约责任。"

《民法典》在 2012 年《最高人民法院关于审理买卖合同纠纷案件适用法律问题的解释》第 2 条①规定的基础上，将预约合同的适用范围从买卖合同扩大至全部合同类型，赋予预约合同与正式合同相同的法律地位。预约合同具有以下特征：其一，当事人必须明确表达将来一定期限内订立合同的意思表示并且该意思表示有拘束力；其二，预约合同通常确定了部分合同条款，约定了违约责任。

2. 实务操作要点

（1）银行与客户签订"框架协议""合作协议""意向书"等文件时，如果已就合同标的、数量、价款或者报酬等主要内容达成合意，符合合同成立条件的，可能构成本约合同②；如果双方明确在将来一定期间（限）内要订立合同或协议，则可能构成预约合同。如一方不履行订立本约合同义务，应承担违约责任。（2）银行在与优质客户达成初步合作意向时，按照预约合同的成立条件，尽可能将谈判中商定的条件固定下来，锁定交易机会。如银行

---

① 2012 年《最高人民法院关于审理买卖合同纠纷案件适用法律问题的解释》第 2 条规定："当事人签订认购书、订购书、预订书、意向书、备忘录等预约合同，约定在将来一定期限内订立买卖合同，一方不履行订立买卖合同的义务，对方请求其承担预约合同违约责任或者要求解除预约合同并主张损害赔偿的，人民法院应予支持。"

② 《民法典合同编通则司法解释》第 6 条规定：当事人订立的认购书、订购书、预订书等已就合同标的、数量、价款或者报酬等主要内容达成合意，符合本解释第三条第一款规定的合同成立条件，未明确约定在将来一定期限内另行订立合同，或者虽然有约定但是当事人一方已实施履行行为且对方接受的，人民法院应当认定本约合同成立。

为避免法律性文件被认定为预约合同，则应注意文件中约定的权利义务内容不应当具体明确，并增加不受意思表示约束或该文件不具有约束力等类似表述的免责条款。

（四）增加"悬赏广告"制度，确认单方合同行为

1. 条文与解读

《民法典》第499条规定："悬赏人以公开方式声明对完成特定行为的人支付报酬的，完成该行为的人可以请求其支付。"

在《合同法》中并没有关于悬赏广告的规定，《民法典》本条规定属于新增内容。本条规定了完成广告要求特定行为的人，享有要求悬赏人支付报酬的请求权，故悬赏广告从性质上看是一种附条件的单方法律行为。完成特定行为的人无论是否知晓悬赏广告的存在，均可以因完成悬赏行为而要求悬赏人履行支付报酬的义务。

2. 实务操作要点

在不良贷款客户的财产追索过程中，银行作为申请执行人在案件执行阶段，可向法院申请发布悬赏广告以查找可供执行的财产线索。对于提供财产线索的人，无论其是否知晓悬赏广告存在，均有权要求支付报酬。

二、合同保全制度创新

合同保全制度在原《合同法》中作为"合同的履行"一章的部分内容，《民法典》出台后将"合同的保全"作为独立的一章，并对合同保全制度进行了丰富和完善，形成了较为完备的合同保全制度体系，进一步加强了对债权人的保护。

（一）确立代位权期前行使规则

1. 条文与解读

《民法典》第536条规定："债权人的债权到期前，债务人的债权或者与该债权有关的从权利存在诉讼时效期间即将届满或者未及时申报破产债权等情形，影响债权人的债权实现的，债权人可以代位向债务人的相对人请求其向债务人履行、向破产管理人申报或者作出其他必要的行为。"

《民法典》首次确立了代位权的期前行使规则，本条规定代位权行使以债务人对相对人的权利诉讼时效即将届满、债权人的债权未到期为前提。权利行使的方式，除了诉讼，还包括破产债权申报及其他必要的行为。

2. 实务操作要点

（1）掌握债务人的债权情况。商业银行在贷前调查和贷后管理过程中要注意掌握债务人的应收账款、交易等债权情况，并收集保留相关证据材料，为行使代位权打下法律基础。

（2）运用"加速到期条款"，达成代位权行使条件。在借款企业怠于行使自身债权可能影响银行债权实现时，银行可根据合同约定的"加速到期条款"，宣布贷款立即到期，从而满足代位权的行使条件，通过提起代位权诉讼，实现银行债权。

（3）同时提起对债务人的诉讼（本诉）与对债务人的相对人的代位权诉讼，由法院合并审理，从而提高诉讼效率。

（二）增加撤销权适用情形

1. 条文与解读

《民法典》第538条规定："债务人以放弃其债权、放弃债权担保、无偿转让财产等方式无偿处分财产权益，或者恶意延长其到期债权的履行期限，影响债权人的债权实现的，债权人可以请求人民法院撤销债务人的行为。"

《民法典》第539条规定："债务人以明显不合理的低价转让财产、以明显不合理的高价受让他人财产或者为他人的债务提供担保，影响债权人的债权实现，债务人的相对人知道或者应当知道该情形的，债权人可以请求人民法院撤销债务人的行为。"

《民法典》吸收了原《合同法》及司法解释的规定，按照债务人有偿和无偿处分两种情形分别规定了债权人可以行使撤销权，但扩展了适用类型，权利行使范围更为周延。第538条规定了债务人无偿处分财产权益的情形，与原《合同法》的完全列举不同，该条款为不完全列举，使得撤销权的行使范围更广。第539条规定了债务人有偿处分财产权益的情形，在有偿行为中增加"为他人的债务提供担保且为相对人所知悉"一种具体类型。撤销权的行使均需由债权人向法院提起撤销权之诉。

2. 实务操作要点

（1）掌握债务人不当处分财产的行为。银行可以通过以下方式分析债务人是否存在不当处分财产、影响银行债权实现的行为，通过提起撤销权诉讼，撤销其不当行为，从而维护银行权益：一是定期收集债务人的财务报表，比较应收账款前后变化情况，结合财务报表中的其他数据情况进行分析。二是掌握债务人的交易情况，包括其交易对象、合同协议、资金往来等情况。三是掌握债务人的财务状况，包括其固定资产情况、知识产权等无形资产情况、应付账款以及或有负债情况，通过财务状况变化进行分析。

（2）由于撤销权并不具有优先受偿性，建议银行在提起撤销权诉讼的同时，提起对债务人偿还债务的给付之诉，在均取得胜诉后，通过向法院申请强制执行，实现债权人实质性受偿。

三、情势变更制度创新

（一）条文与解读

《民法典》首次在法律层面上规定了情势变更制度。在合同成立后，因当事人以外的原因导致情势变更，当事人通过协商或司法途径，重新分配双方在交易中的利益，以期在意思自治的前提下实现实体公平的价值目标。

《民法典》第 533 条规定："合同成立后，合同的基础条件发生了当事人在订立合同时无法预见的、不属于商业风险的重大变化，继续履行合同对于当事人一方明显不公平的，受不利影响的当事人可以与对方重新协商；在合理期限内协商不成的，当事人可以请求人民法院或者仲裁机构变更或者解除合同。人民法院或者仲裁机构应当结合案件的实际情况，根据公平原则变更或者解除合同。"

"情势变更"的概念出现于原《最高人民法院〈中华人民共和国合同法〉若干问题的解释（二）》。与司法解释相比，《民法典》第 533 条删除了"非不可抗力造成"的前置条件以及"不能实现合同目的"的要求，解决了情势变更与不可抗力不能同时适用的矛盾，增加了合同主体的再交涉义务，增加了仲裁机构可适用情势变更制度进行裁决的规定。情势变更的构成要件有：（1）存在情势变更的事实；（2）该事实发生在合同成立后，但合同尚未履行完毕；（3）情势变更的发生不可归责于当事人且在订立合同时无法预见；

（4）如继续履行合同将对一方当事人显失公平。

（二）实务操作要点

在出现情势变更的情形时，银行可首先与客户重新协商有关合同内容，在合理期限内协商不成的情况下，可向人民法院起诉或申请仲裁机构仲裁。

四、保证制度创新

保证合同是《民法典》新增的一类典型合同，相较于原《担保法》及其司法解释，《民法典》的规定更为细化和系统化，并在一定程度上加强了对保证人的保护，实现了保证人与债权人利益的平衡。

（一）修改无约定"保证方式"推定规则

1. 条文与解读

《民法典》第686条第2款规定："当事人在保证合同中对保证方式没有约定或者约定不明确的，按照一般保证承担保证责任。"

原《担保法》第19条中规定，保证方式没有约定或约定不明，保证人按照连带责任方式承担保证责任。《民法典》对该条进行了颠覆性的修改，在保证方式没有约定或约定不明时，按照一般保证承担保证责任。一般保证的保证人享有先诉抗辩权。

2. 实务操作要点

银行在保证合同中应明确担保方式为连带责任保证。银行在与借款人、保证人达成还款协议时，亦应注意避免出现"债务人不能履行、无力偿还时需承担保证责任"等可能被认定为一般保证的表述。

（二）修改无约定"保证期间"推定规则

1. 条文与解读

《民法典》第692条规定："保证期间是确定保证人承担保证责任的期间，不发生中止、中断和延长。债权人与保证人可以约定保证期间，但是约定的保证期间早于主债务履行期限或者与主债务履行期限同时届满的，视为没有约定；没有约定或者约定不明确的，保证期间为主债务履行期限届满之日起六个月。"

保证期间可分为约定保证期间和法定保证期间。债权人可与保证人协商约定保证期间。法定保证期间是指在债权人与保证人没有约定或者约定不明的，保证期间适用法律规定。根据原《担保法》及原《担保法司法解释》规定，保证期间未约定及约定不明的，适用不同的保证期间。未约定的，保证期间为主债务履行期限届满之日起 6 个月；约定不明的，保证期间为主债务履行期限届满之日起 2 年。而《民法典》对于没有约定或约定不明确的，保证期间统一规定为 6 个月。

2. 实务操作要点

银行应注意在保证合同中明确约定保证期间，并掌握《民法典》关于保证期间的规定，在保证期间内及时主张保证人承担保证责任，避免出现保证人脱保的情形。

（三）为以"公益为目的的营利法人"的保证人资格预留空间

1. 条文与解读

《民法典》第 683 条第 2 款规定："以公益为目的的非营利法人、非法人组织不得为保证人。"

原《担保法》第 9 条规定，"学校、幼儿园、医院等以公益为目的的事业单位、社会团体不得为保证人"。《民法典》将"事业单位、社会团体"修改为"非营利法人、非法人组织"。对于以公益为目的的非营利法人、非法人组织不得作为保证人，但以公益为目的的营利法人是否可以作为保证人未明确规定，这为以"公益为目的的营利法人"的保证人资格预留了空间。

2. 实务操作要点

银行在办理授信业务时，应注意审查学校、幼儿园、医疗机构等主体资格，根据其主体性质，看是否为营利法人，同时看相关法规的规定，在符合担保要求和程序的前提下可接受上述机构担保。

（四）修改债权转让中保证人责任承担的规定

1. 条文与解读

《民法典》第 696 条规定："债权人转让全部或者部分债权，未通知保证人的,该转让对保证人不发生效力。保证人与债权人约定禁止债权转让,债权人未经保证人书面同意转让债权的,保证人对受让人不再承担保证责任。"

在债权人进行债权转让时未通知保证人的,对保证人不发生效力。《民法典》还认可了保证人禁止债权转让条款的效力,即若保证人已与债权人约定禁止债权转让,则未经其书面同意转让的,保证人不对受让人承担保证责任。

2. 实务操作要点

银行转让债权在实践中较常见,尤其是批量转让,以往约定俗成地采用公告方式通知保证人。在《民法典》明确债权转让需通知保证人的前提下,可否在不采用其他通知方式,而采用公告方式通知保证人,值得进一步商榷。

五、保理合同制度创新

近年来金融机构保理业务得到快速发展,在《民法典》实施前,由于缺乏明确的法律规定适用于保理合同,影响了保理业务的发展。《民法典》将保理合同作为有名合同专章进行规定,为司法裁判提供了法律保障。

(一)条文与解读

1. "将有的应收账款"首次纳入保理,扩大了保理业务范围

《民法典》第761条规定:"保理合同是应收账款债权人将现有的或者将有的应收账款转让给保理人,保理人提供资金融通、应收账款管理或者催收、应收账款债务人付款担保等服务的合同。"

该规定首次允许用"将有的应收账款"申请保理业务,拓展了保理合同的标的范围。

2. 明确债务人不得以"虚构应收账款"对抗保理人,强化对保理人的保护

《民法典》第763条规定:"应收账款债权人与债务人虚构应收账款作为转让标的,与保理人订立保理合同的,应收账款债务人不得以应收账款不存在为由对抗保理人,但是保理人明知虚构的除外。"

根据该条规定,仅在保理人对应收账款债权人与债务人虚构应收账款"明知"的情形下才不受保护。

(二) 实务操作要点

详见分论第十一章，同时注意以下两点：

1. 注意审查应收账款的真实性

虽然《民法典》给予了保理人较大的保护优待，但保理人在开展业务过程中，对应收账款的真实性需要履行相应的审慎义务，如审核基础交易合同、增值税发票原件等，否则，主观上难以构成"善意"。

2. 注意确保"应收账款转让通知书（回执）"的真实性和清洁性

在保理合同签署后，银行应及时向债务人发送"应收账款转让通知书"并取得债务人盖章确认的回执，回执中应表明应收账款真实性及按时足额支付应收账款的承诺并且不能附加其他条件。应注意排除应收账款上存在的抗辩权和抵销权。

第四节 人格权编制度创新对银行业务的影响及实务操作要点

一、加强肖像权保护，明确合理实施规则

（一）相关条文及解读

1. 禁止利用各种手段方式侵害他人的肖像权

《民法典》第1019条第1款规定："任何组织或者个人不得以丑化、污损，或者利用信息技术手段伪造等方式侵害他人的肖像权。未经肖像权人同意，不得制作、使用、公开肖像权人的肖像，但是法律另有规定的除外。"

【解读】本条针对利用信息技术手段"深度伪造"他人的肖像、声音，侵害他人人格权益，甚至危害社会公共利益等问题，规定禁止任何组织或者个人利用信息技术手段伪造等方式侵害他人的肖像权。

2. 规定肖像权的合理实施规则

第1020条规定："合理实施下列行为的，可以不经肖像权人同意：（一）为

个人学习、艺术欣赏、课堂教学或者科学研究,在必要范围内使用肖像权人已经公开的肖像;(二)为实施新闻报道,不可避免地制作、使用、公开肖像权人的肖像;(三)为依法履行职责,国家机关在必要范围内制作、使用、公开肖像权人的肖像;(四)为展示特定公共环境,不可避免地制作、使用、公开肖像权人的肖像;(五)为维护公共利益或者肖像权人合法权益,制作、使用、公开肖像权人的肖像的其他行为。"

【解读】本条为合理平衡保护肖像权与维护公共利益之间的关系,规定肖像权的合理实施规则,主要情形包括:不以营利为目的的学习、教学等在必要范围内使用已公开肖像;新闻报道不可避免地制作、使用、公开他人肖像;为公权力开展需要或其他公益目的制作、使用、公开他人肖像。

(二) 实务操作要点

1. 在各项业务开展过程中,未经肖像权人书面同意,不得制作、使用、公开或利用信息技术手段伪造肖像权人的肖像。

2. 未经客户同意,不得使用"人脸"识别系统。对于通过"人脸"识别系统、物理网点监控等方式取得的客户肖像权,要妥善保管不得泄露,不得未经客户同意作其他用途。

二、扩大权利范围,强化隐私权和个人信息保护

(一) 相关条文及解读

1. 明确隐私权的定义和权利范围

第1032条第2款规定:"隐私是自然人的私人生活安宁和不愿为他人知晓的私密空间、私密活动、私密信息。"

第1033条规定:"除法律另有规定或者权利人明确同意外,任何组织和个人不得实施下列行为:(一)以电话、短信、即时通讯工具、电子邮件、传单等方式侵扰他人的私人生活安宁……"

【解读】隐私权是一种重要的人格权,《民法典》第1032条、第1033条对隐私的定义进行了界定,根据这一规定,隐私包括四部分内容:私人生活安宁、私密空间、私密活动、私密信息。

2. 明确界定个人信息的范围

第1034条第2款规定:"个人信息是以电子或者其他方式记录的能够单独或者与其他信息结合识别特定自然人的各种信息,包括自然人的姓名、出生日期、身份证件号码、生物识别信息、住址、电话号码、电子邮箱、健康信息、行踪信息等。"

【解读】根据本款规定,构成个人信息要满足三个要件:一是具有识别性,包括直接识别和间接识别。二是要有一定的载体。三是个人信息的主体只能是自然人,法人或者非法人组织不是个人信息的主体。

3. 明确处理个人信息应遵循的原则和条件

第1035条规定:"处理个人信息的,应当遵循合法、正当、必要原则,不得过度处理,并符合下列条件:(一)征得该自然人或者其监护人同意,但是法律、行政法规另有规定的除外;(二)公开处理信息的规则;(三)明示处理信息的目的、方式和范围;(四)不违反法律、行政法规的规定和双方的约定。个人信息的处理包括个人信息的收集、存储、使用、加工、传输、提供、公开等。"

【解读】根据本条规定,处理个人信息应当遵循以下原则:一是合法原则,即处理个人信息必须要有合法的依据,且处理的方法应当符合法律的规定。二是正当原则,即信息处理的目的和手段要正当,应当尊重公序良俗和遵守诚信原则。三是必要原则,即处理个人信息的目的应当特定,处理应当在必要的限度内进行。

4. 构建自然人与信息处理者之间的基本权利义务框架

第1037条第1款规定:"自然人可以依法向信息处理者查阅或者复制其个人信息;发现信息有错误的,有权提出异议并请求及时采取更正等必要措施。"

第1038条规定:"信息处理者不得泄露或者篡改其收集、存储的个人信息;未经自然人同意,不得向他人非法提供其个人信息,但是经过加工无法识别特定个人且不能复原的除外。信息处理者应当采取技术措施和其他必要措施,确保其收集、存储的个人信息安全,防止信息泄露、篡改、丢失;发生或者可能发生个人信息泄露、篡改、丢失的,应当及时采取补救措施,按照规定告知自然人并向有关主管部门报告。"

【解读】信息主体具有查阅复制权和更正删除权，信息处理者对处理的个人信息负有安全保护义务。

（二）实务操作要点

1. 充分尊重个人隐私权。业务营销推介和办理活动中，严格按照法律规定或经个人明确同意的方式、形式操作，确保不侵扰金融消费者"私人生活安宁"和"私密空间、私密活动、私密信息"。

2. 依法处理个人信息，履行法律保护义务。使用客户信息，应取得书面同意；挖掘客户信息要以"必要性原则"为指导；严禁篡改、泄露、非法公开客户信息。

3. 审查第三方提供金融消费者个人信息的合法性。从第三方获取个人信息时，应谨慎核实第三方是否已按规定取得个人的同意。

4. 向合作方提供或委托处理个人信息时，通过协议约定责任承担。充分审查、评估外包服务商保护个人信息的能力，并在协议中明确其保护个人信息的职责和保密义务。

5. 在依法合规的前提下，提高银行数字化经营能力。个人信息经过加工无法识别特定个人且不能复原的，可以与他方共享。这有利于银行全面整合大数据，以开放、共享的态度，向外部主体输出，为社会治理赋能。

第五节　婚姻家庭编制度创新对银行业务的影响及实务操作要点

一、婚姻家庭制度创新

（一）明确夫妻共同债务范围，有效平衡各方利益

第1064条规定："夫妻双方共同签名或者夫妻一方事后追认等共同意思表示所负的债务，以及夫妻一方在婚姻关系存续期间以个人名义为家庭日常生活需要所负的债务，属于夫妻共同债务。夫妻一方在婚姻关系存续期间以个人名义超出家庭日常生活需要所负的债务，不属于夫妻共同债务，但是，

债权人能够证明该债务用于夫妻共同生活、共同生产经营或者基于夫妻双方共同意思表示的除外。"

【解读】《民法典》吸收了《最高人民法院关于审理涉及夫妻债务纠纷案件适用法律有关问题的解释》夫妻共同债务认定以共债共签为基本原则的有效做法，将共债共签原则的法律地位提升到法典高度。夫妻共同债务的认定标准包括"共意共债""共需共债"及债权人负举证责任的"共用共债"。

（二）确立夫妻约定财产制，尊重夫妻双方合意

1. 法定财产制

第1062条规定："夫妻在婚姻关系存续期间所得的下列财产，为夫妻的共同财产，归夫妻共同所有：（一）工资、奖金、劳务报酬；（二）生产、经营、投资的收益；（三）知识产权的收益；（四）继承或者受赠的财产，但是本法第一千零六十三条第三项规定的除外；（五）其他应当归共同所有的财产。夫妻对共同财产，有平等的处理权。"

第1063条规定："下列财产为夫妻一方的个人财产：（一）一方的婚前财产；（二）一方因受到人身损害获得的赔偿或者补偿；（三）遗嘱或者赠与合同中确定只归一方的财产；（四）一方专用的生活用品；（五）其他应当归一方的财产。"

2. 约定财产制

第1065条规定："男女双方可以约定婚姻关系存续期间所得的财产以及婚前财产归各自所有、共同所有或者部分各自所有、部分共同所有。约定应当采用书面形式。没有约定或者约定不明确的，适用本法第1062条、第1063条的规定。夫妻对婚姻关系存续期间所得的财产以及婚前财产的约定，对双方具有法律约束力。夫妻对婚姻关系存续期间所得的财产约定归各自所有，夫或者妻一方对外所负的债务，相对人知道该约定的，以夫或者妻一方的个人财产清偿。"

【解读】约定必须采用书面形式，否则视为未约定；内容不得违反法律强制性规定，否则无效；约定仅对双方产生效力，但约定财产归各自所有且一方对外所负债务的债权人知道该约定的，以夫或者妻一方的个人财产清偿。

二、实务操作要点

1. 贷前调查阶段

了解借款人婚姻状况及财产权属情况；注意审查"个人"与配偶有无婚姻财产约定，若已明确约定婚姻财产各自所有，建议在评估时仅以其个人财产进行评估。

2. 借款合同、担保合同订立、办理阶段

借款合同要由借款人及其配偶双方共签，担保合同取得夫妻另一方书面同意。

3. 贷后管理阶段

做好借款人配偶的回访、贷款用途证据固定以及共债贷款风险监测。

第六节　继承编制度创新对银行业务的影响及实务操作要点

一、继承制度创新

（一）增加新的遗嘱形式

第1136条规定："打印遗嘱应当有两个以上见证人在场见证。遗嘱人和见证人应当在遗嘱每一页签名，注明年、月、日。"

第1137条规定："以录音录像形式立的遗嘱，应当有两个以上见证人在场见证。遗嘱人和见证人应当在录音录像中记录其姓名或者肖像，以及年、月、日。"

【解读】明确了打印遗嘱的合法性。现实生活中，越来越多地被继承人利用打印的方式书写遗嘱，但实务中却对打印遗嘱是否有效产生了争议，《民法典》继承编明确了打印遗嘱的效力，是对现实生活争议的回应。明确了打印遗嘱的制作方法，即"打印遗嘱应当有两个以上见证人在场见证。遗嘱人和见证人应当在遗嘱每一页签名，注明年、月、日"。

明确了录音遗嘱和录像遗嘱的合法性。明确规定了录音录像遗嘱的形式制作要件，即"以录音录像形式立的遗嘱，应当有两个以上见证人在场见证。遗嘱人和见证人应当在录音录像中记录其姓名或者肖像，以及年、月、日"。

（二）修改遗嘱效力规则

第1142条规定："遗嘱人可以撤回、变更自己所立的遗嘱。立遗嘱后，遗嘱人实施与遗嘱内容相反的民事法律行为的，视为对遗嘱相关内容的撤回。立有数份遗嘱，内容相抵触的，以最后的遗嘱为准。"

【解读】一直以来，继承法规定公证遗嘱的效力优先于其他遗嘱形式，鼓励公民通过专业机构来订立遗嘱。但现实生活中，"公证遗嘱效力优先原则"在适用方面出现了一些问题。因此，为切实尊重被继承人的真实意愿，《民法典》继承编把公证遗嘱效力优先原则删除，使公证遗嘱不再具有效力上的优先性，在判定各份遗嘱之间的效力时，内容相抵触的，以最后的遗嘱为准。

二、实务操作要点

1. 审核合法继承人的身份证明文书。应当根据法律相关规定确认合法继承人的身份后，再办理过户或支付手续，不能仅仅因为存款单、银行卡持有人拥有密码，就直接为其办理取款手续。同时，注意公证遗嘱不再具有效力上的优先性，在判定各份遗嘱之间的效力时，内容相抵触的，以最后的遗嘱为准。

2. 对于已故存款人存款的提取，应仔细审核相关资料，提取金额5万元以上的须先经公证程序；在办理符合《中国银保监会办公厅、中国人民银行办公厅关于简化提取已故存款人小额存款相关事宜的通知》（银保监办发〔2021〕18号）规定的已故存款人小额存款提取时，应注意严格按照上述文件规定审核继承人或受遗赠人提交的材料。

3. 妥善处理丧葬费、抚恤金支取工作。面对客户支取丧葬费、抚恤金的要求时，银行应妥善处理。同时，需与社保机构做好协调沟通工作，坚持在合法合规的前提下办理业务。

第七节　侵权责任编制度创新对银行业务的影响及实务操作要点

一、网络服务提供者侵权责任制度创新

(一) 相关条文及解读

第 1195 条规定:"网络用户利用网络服务实施侵权行为的,权利人有权通知网络服务提供者采取删除、屏蔽、断开链接等必要措施。通知应当包括构成侵权的初步证据及权利人的真实身份信息。网络服务提供者接到通知后,应当及时将该通知转送相关网络用户,并根据构成侵权的初步证据和服务类型采取必要措施;未及时采取必要措施的,对损害的扩大部分与该网络用户承担连带责任。权利人因错误通知造成网络用户或者网络服务提供者损害的,应当承担侵权责任。法律另有规定的,依照其规定。"

【解读】为了更好地保护权利人的利益,平衡好网络用户和网络服务提供者之间的利益,《民法典》细化了网络侵权责任的具体规定,完善了权利人通知规则和网络服务提供者的转通知规则。如果网络服务提供者未能遵守本条规定,未及时采取必要措施的,则应对损害的扩大部分与网络用户承担连带责任。

(二) 实务操作要点

1. 严格按照法律规定处理网络用户侵权。如接到权利人关于银行网络平台的用户侵权通知,应严格按照法律规定及时将该通知转送相关网络用户,并根据构成侵权的初步证据和服务类型采取删除、屏蔽、断开链接等必要措施。

2. 提高网络用户准入标准。优先选择信誉好、规模大的网络平台用户进行合作;与网络用户签署协议,明确出现侵权情形时的违约责任及惩罚性措施。

3. 加强网络平台管理和监测。加强对网络平台的管理和日常监测、排查,

最大限度降低侵权风险。

二、侵害知识产权的惩罚性赔偿制度

（一）相关条文及解读

第1185条规定："故意侵害他人知识产权，情节严重的，被侵权人有权请求相应的惩罚性赔偿。"

【解读】全国人大常委会于2019年、2020年分别对《商标法》《专利法》进行了修正，新修正内容均明确规定了惩罚性赔偿机制。《专利法》第71条规定："侵犯专利权的赔偿数额按照权利人因被侵权所受到的实际损失或者侵权人因侵权所获得的利益确定；权利人的损失或者侵权人获得的利益难以确定的，参照该专利许可使用费的倍数合理确定。对故意侵犯专利权，情节严重的，可以在按照上述方法确定数额的一倍以上五倍以下确定赔偿数额。权利人的损失、侵权人获得的利益和专利许可使用费均难以确定的，人民法院可以根据专利权的类型、侵权行为的性质和情节等因素，确定给予三万元以上五百万元以下的赔偿。"

（二）实务操作要点

1. 严防侵犯他人知识产权。各项业务、产品和经营活动中，涉及知识产权的，必须严格审查，确需使用的，须征得权利人同意。

2. 采购事项中做好知识产权侵权风险防范。采购产品或服务的，应当避免因该产品或服务侵犯他人知识产权导致承担侵权责任的情形。采购过程应当：严格审查所采购产品或服务的知识产权权属证明；在合同中明确约定产品或服务侵犯第三人知识产权的责任归属；完整保存采购资料。

3. 合同中涉及知识产权的，要完善知识产权条款。签订包含知识产权条款的合同（不含许可、转让合同）的，应明确知识产权的权属、保护、收益等条款。

4. 做好知识产权侵权风险排查。重点排查通过微博、微信、抖音、今日头条、美篇等平台向社会公众发布的相关文字、图片、音视频等是否存在权利来源不明、侵犯他人知识产权情况。

三、经营场所安全保障义务人责任制度

(一) 相关条文及解读

第1198条规定:"宾馆、商场、银行、车站、机场、体育场馆、娱乐场所等经营场所、公共场所的经营者、管理者或者群众性活动的组织者,未尽到安全保障义务,造成他人损害的,应当承担侵权责任。因第三人的行为造成他人损害的,由第三人承担侵权责任;经营者、管理者或者组织者未尽到安全保障义务的,承担相应的补充责任。经营者、管理者或者组织者承担补充责任后,可以向第三人追偿。"

【解读】与原《侵权责任法》第37条的规定相比,《民法典》第1198条列举的经营场所、公共场所增加了机场、体育场馆,同时,明确了经营者、管理者或者组织者承担补充责任后,可以向第三人追偿。

特别应注意的是,在银行经营场所,客户与第三人或客户间发生冲突或造成侵害,银行如未履行安全保障义务,将承担相应的补充赔偿责任。

(二) 实务操作要点

1. 加强营业厅等经营场所的管理。合理摆放营业厅的设施设备,加强对厅堂布局的管理和优化,不留安全隐患;加强设备日常维护和巡查,积极履行不安全因素的提示、说明、劝告义务,在显著位置设置安全警示标识标牌,定时对安全防范设施进行维护、检查,确保安全防范设施正常发挥作用。

2. 加强硬件设施的配备和检查维护。一是严格遵守法律、行政法规、部门规章等关于银行经营场所安全保障义务的相关规定,完善安保设施、监控设施、联防设施、消防设施等硬件设备的配备和安保人员配置。二是对营业场所内外的悬挂物、搁置物及其他物件(如广告牌、大件水晶灯、空调外机、外墙贴砖、花盆、玻璃门等)加强日常管理,对破损部位及时进行修复和加固。

3. 积极履行救助义务。即使在银行场所内发生的损害是由第三人造成,但如果银行人员未采取合理措施预防、制止侵权行为,未积极救治受害人,也可能会承担一定的补充赔偿责任。因此,当客户在银行场所突然发病或遭受第三者侵害时,银行应采取适当措施,救助发病客户、制止不法侵害,避

免或减少损害的发生。

4. 提高应急处置能力。制定营业场所安全事故应急处置预案，进行定期演练，提高员工的应急处置能力。

四、高空抛物坠物责任承担制度

（一）相关条文及解读

第1253条规定："建筑物、构筑物或者其他设施及其搁置物、悬挂物发生脱落、坠落造成他人损害，所有人、管理人或者使用人不能证明自己没有过错的，应当承担侵权责任。所有人、管理人或者使用人赔偿后，有其他责任人的，有权向其他责任人追偿。"

第1254条规定："禁止从建筑物中抛掷物品。从建筑物中抛掷物品或者从建筑物上坠落的物品造成他人损害的，由侵权人依法承担侵权责任；经调查难以确定具体侵权人的，除能够证明自己不是侵权人的外，由可能加害的建筑物使用人给予补偿。可能加害的建筑物使用人补偿后，有权向侵权人追偿。物业服务企业等建筑物管理人应当采取必要的安全保障措施防止前款规定情形的发生；未采取必要的安全保障措施的，应当依法承担未履行安全保障义务的侵权责任。发生本条第一款规定的情形的，公安等机关应当依法及时调查，查清责任人。"

【解读】为保障好人民群众的生命财产安全，《民法典》对高空抛物、坠物治理规则作了进一步的完善，规定禁止从建筑物中抛掷物品；《刑法修正案（十一）》将高空抛物纳入犯罪行为，规定："从建筑物或者其他高空抛掷物品，情节严重的，处一年以下有期徒刑、拘役或者管制，并处或者单处罚金。"此类事件处理的主要困难是行为人难以确定，强调有关机关应当依法及时调查，查清责任人，并规定物业服务企业等建筑物管理人应当采取必要的安全保障措施防止此类行为的发生。

（二）实务操作要点

1. 加强营业机构、办公场所人员、设备管理。定时检查、检修营业机构、办公场所建筑物及附着物（包括但不限于广告牌、门楣等），对破损部位及时进行修复和加固，完善安保设施、监控设施、联防设施、消防设施等硬件设备的配备和安保人员配置，避免出现高空抛物造成第三人损害的情形。

2. 积极履行不安全因素的提示、说明、劝告义务。银行应当对营业场所可能出现意外情况，通过设置警示牌、张贴安全须知、广播或者向客户直接告知危险等形式，充分履行不安全因素的提示和说明义务，如在醒目位置设置"当心落物"等提示牌、外部高空作业时在地面指引路人绕行等。

3. 加强法治宣传教育，运用典型案例、风险提示等多种方式普及相关法律知识，充分认识高空抛物的危害性及法律责任，增强全行员工的法律意识，不随意向室外抛物，拒绝高空抛物。

分 论

第一章　供应链融资业务法律风险防控

第一节　供应链金融概述

供应链金融是近年来金融服务的热点领域，也是产业与金融相互融合的具体表现。本质上，供应链金融是企业供应链管理的一部分，是服从和服务企业的供应链管理需求的。随着经济社会的分工日益精细和深化，单体企业的竞争力比较逐渐演变为以核心企业为核心的产业链条整体的竞争力。从需求端而言，核心企业稳链保链是提升自身市场竞争力的必然选择，从供给端而言，金融企业需要更加深度融入企业生产经营，改变以往简单的利差盈利模式和低频的贷款融资服务模式，以更贴合企业生产经营的方式为企业提供更为敏捷、更低成本的高频的碎片化融资服务，借此提升盈利水平，降低经营风险。因此，产融结合是供应链金融的核心特征，也是供应链金融的生命力所在。

一、供应链金融的定义

通常，供应链金融是指金融机构运用互联网、物联网、大数据、区块链、人工智能等技术，与核心企业（平台）合作，基于核心企业（平台）信用及/或真实交易场景，通过交叉验证商流、资金流及物流等"三流合一"信息，为核心企业（平台）及其链条成员提供的金融服务。

二、供应链金融的分类

根据供应链金融的主导方不同，主要分为以下三种：一是核心企业为主导的供应链金融，如比亚迪的迪链，是以比亚迪为核心，整合不同金融机构的资源，为其上下游提供金融支持。同时对许多自身设立财务公司、保理公司的大型企业集团而言，也可通过企业自金融的模式提供供应链金融服务。二是金融机构为主导的供应链金融，如各大银行的供应链金融服务。三是第三方机构为主导的供应链金融，如中企云链，本身不是金融机构，也并非核心企业或平台，但可为前述两方提供信息交互与记录通知等服务，从而促成供应链金融服务的达成。

从供应链金融服务的对象看，既包括核心企业（平台）的上游企业（采购端），也包括核心企业（平台）的下游企业（销售端）。从实践来看，上游企业采购端的交易模式相对标准化，均包含了签约、发货、验收、入库、付款等环节，下游企业销售端的交易模式相对多样，既有赊销模式，也有现款模式。在供应链金融的风险分担方面也有多重模式，既有控货模式，也有核心企业承担连带责任或退货退款等模式，难以一概而论。因此，本文仅讨论针对上游采购端的供应链金融服务。

三、供应链金融的特点

相比传统意义上的保理服务，如今的供应链金融服务呈现出了业务办理线上化、电子化、平台化的特征。这当然是受益于科学技术的持续进步，同时也在传统的基础交易合同所对应的债权债务关系基础上衍生出了一种以电子债权凭证为表现形式的特殊的合同关系，即在供应链业务中，债务人签发电子债权凭证，明确载明将于某一确定时间向债权人支付确定金额，即作出类似票据功能的无条件的付款承诺。不仅如此，电子债权凭证可多级分拆流转的特点也呈现出类似票据背书转让的功能。相应地，电子债权凭证与基础商务合同之间的关系以及电子债权凭证可多级分拆流转与债权转让项下的抗辩权是何关系等问题也随之产生，为供应链金融的法律风险防范提出了新的挑战。在票据情形下，有《票据法》等特别法对涉及的各方主体权利义务进行了较为详细的规定，但在电子债权凭证的情形下，目前仅有《民法典》合同编的相关规定进行调整。

四、其他功能相近的金融产品

除上述产品外，为了更好地服务中小微企业，支持供应链金融规范发展，上海票据交易所还在人民银行指导下推出了供应链票据产品。供应链票据是指以供应链中的某个核心企业为发行人和偿债主体，募集资金通过银行委托贷款等形式发放给上、下游企业的直接债务融资工具。在性质上，根据《商业汇票承兑、贴现与再贴现管理办法》第 3 条规定，供应链票据属于电子商业汇票。符合条件的①大型供应链核心企业或者金融机构建设电子债权凭证平台后，供应链平台申请接入供应链票据平台，其签发的电子债权凭证即为供应链票据，当电子债权凭证被认定为供应链票据时，即属于我国《票据法》上的票据，即可适用《票据法》的相关规定。例如，中企云链的云信平台接入了供应链票据平台，故其签发的电子债权凭证即属于供应链票据，等同于电子商业汇票。

第二节　供应链金融的法律关系分析

一、传统保理模式下的供应链融资的法律关系

传统保理模式下的供应链融资的法律关系主要体现为保理合同关系。保理合同是民法典新增加的有名合同。《民法典》第三编第十六章专章对保理合同各方的权利义务进行了较为详细的规定。

按照融资时是否已经形成现实的应收账款，可将供应链金融服务分为面向现有的应收账款转让的融资和将有的应收账款融资两种。《民法典》第 761 条规定："保理合同是应收账款债权人将现有的或者将有的应收账款转让给保理人，保理人提供资金融通、应收账款管理或者催收、应收账款债务人付款担保等服务的合同。"根据此条，只要将应收账款转让和保理融资、有应收账款催收、应收账款管理和坏账担保中的一项即可认定为保理合同，而且保理合同所约定的应收账款转让既包括现有的应收账款，也包括将有的应收账款。从对应收账款债务人的约束程度看，可分为有追索权保理和无追索权保理（买断型）两种，二者的差别在于，保理人除了向应收账款债务人主张权利外，能否向应收账款债权人追索。其中，有追索权的保理应计入融资人的征

---

① 《上海票据交易所供应链票据平台接入规则（试行）》第 4 条规定，接入供应链票据平台的供应链平台主要需要满足 8 个条件，其中 1 个为股东背景为大型供应链核心企业或信用评级为 AAA 的金融机构，财务状况稳健，最近 1 个会计年度实现盈利。

信,无追索权的保理由于对融资人无追索权,因此,不计入融资人的人行征信。同时,由于对付款义务人而言,仅是商务合同项下的付款责任,因此也不记入其自身的人行征信。无论是有追索权保理还是无追索权保理,在金融产品分类中均属于保理融资,其主要法律依据是《民法典》的保理合同。

二、订单融资产品的应收账款质押模式的供应链融资的法律关系

虽然《民法典》中的保理合同既包括现有的应收账款转让,也包括将有的应收账款转让,但实践中,考虑到将有的应收账款的风险程度较高,和保理融资不记入征信的特点,针对将有应收账款的金融产品,更多采取应收账款质押借款的模式,即以将有应收账款作质押,用以向金融机构申请借款,借款信息将记入人行征信,在金融产品分类中属于订单融资,其法律依据主要为《民法典》的合同编和担保物权编中权利质权一节中的相关规定。

三、多级流转模式下电子债权凭证的法律关系

电子债权凭证的实质是一种电子化的远期付款承诺,是债权的核心信息电子化的表现形式,其法律依据为《民法典》合同编中通则部分的关于债权及债权转让的有关规定。《民法典》第545条规定,除因债权性质、当事人约定、法律规定债权不得转让等特殊情形外,"债权人可以将债权的全部或部分转让给第三人"。其与票据的最大差异在于,票据基于《票据法》的规定具有独立性与无因性,与基础法律关系相分离,是为了保障票据的流通。而电子债权凭证在分拆流转过程中在没有特别法进行规制的情况下,仍须遵循《民法典》下关于债权转让的有关规定。

第三节 供应链金融的法律风险防范

一、传统保理模式下的法律风险防范

【风险点1】基础合同不真实引发的风险。

基础交易合同是保理合同的基础，其真实性是供应链融资的逻辑起点。《民法典》第763条规定，应收账款债权人与债务人虚构应收账款作为转让标的，与保理人订立保理合同的，应收账款债务人不得以应收账款不存在为由对抗保理人，但是保理人明知虚构的除外。

【防范措施】

一是强化对基础交易相关证据的审核。具体包括但不限于商务合同、增值税发票、验收单、入库单等，以及相互之间的协调一致性。虽然《民法典》出于对债权人的保护，将应收账款债务人的抗辩事由限定为"明知"而非"应知"，这是因为虚构的应收账款是否可以对抗保理人，取决于保理人是否善意，因此商业银行应当对基础交易合同的相关证明材料进行认真审核，以证明自身的善意。

二是明确核心企业与应收账款转让方对应收账款真实性的确认责任。确认形式上包括签署书面合同与通过电子系统进行确认，确认的内容包括但不限于应收账款金额、付款时间等。

三是审慎接受合同双方为关联方的融资需求。

【风险点2】应收账款效力引发的风险。

应收账款的权属应当清晰且无瑕疵。除涉及法律纠纷等情形外，常见的可能有以下情形影响应收账款的有效性：一是应收账款本身可能因基础交易合同的变动而发生变化。《民法典》第765条规定，应收账款债务人收到转让通知后，应收账款债权人与债务人无正当理由协商变更或者终止基础交易合同，对保理人产生不利影响的，对保理人不发生效力。二是应收账款的质量取决于应收账款转让方的履约质量。

【防范措施】

一是虽然《民法典》保护保理人免受基础交易合同变动产生的不利影响，但从风险防控角度而言，商业银行仍应审慎开展业务，可考虑将融资金额限定在应收账款的一定比例内，将融资期限适当后于基础交易合同约定的回款时间，以对某些非恶意的基础合同的变动提供一定的容忍度。

二是关注融资方的历史履约情况。尤其是在未来应收账款转让的供应链融资中，更应对此重点关注。实践中可沟通核心企业，由其根据交易对手的历史履约情况向商业银行推荐履约情况较好的融资方。同时也可与核心企业在合同中载明核心企业放弃因基础合同变动和融资方履约情况而可能产生的抗辩权。

【风险点3】应收账款转让的效力引发的风险。

《民法典》第764条规定，保理人向应收账款债务人发出应收账款转让通知。根据债权让与规则，应收账款债权人向保理人转让应收账款的，应当通知应收账款债务人，未经通知，该应收账款转让对应收账款债务人不发生效力。《民法典》第768条规定，应收账款债权人就同一应收账款订立多个保理合同，致使多个保理人主张权利的，已登记的先于未登记的受偿；均已登记的，按照登记的先后顺序受偿；均未登记的，由最先到达应收账款债务人的转让通知中载明的保理人；既未登记也未通知的，按照应收账款比例清偿。可见，应收账款转让登记的时间先后是权利冲突时判断顺位的首要依据。

【防范措施】

一是及时通知应收账款债务人（通常为核心企业）。此外，随着银行业务的电子化程度不断提高，这种通知往往以电子形式存在，实践中应在与核心企业签订的合同中对通知的形式和要素进行明确，以确保转让的有效性。

二是及时办理应收账款转让登记。如经查询，发现拟受让的应收账款已被转让或质押，则应要求融资人另行提供合格应收账款或其他有效的担保措施。

【风险点4】基础交易合同项下的回款管理不善。

在前述风险均不存在的情况下，实践中容易出现的风险是应收账款的债务人履行了付款义务，但回款资金未回到融资方在商业银行（保理人）开立的账户中，即回款资金未能实现封闭管理。

【防范措施】

一是强化对应收账款债务人的约束。在与应收账款债务人（核心企业）签订的合同中明确对回款的封闭管理要求，对于进行保理融资的基础交易合同，回款未能付至保理人要求的指定账户的，应收账款债务人的付款责任不得免除。

二是强化对回款账户的封闭管理。实践中可将汇款账户设定为"只收不付"，或仅允许融资方对超过融资本息金额部分进行自由支用。

二、订单融资产品的应收账款质押模式的供应链融资的法律风险防范

应收账款质押存在如下风险点。

【风险点1】 应收账款虚假的风险。

出质应收账款虚假，主要是指出质应收账款自始不存在或数额虚假，即出质人存在欺诈行为，虚构应收账款进行出质。一旦质押的应收账款被证实为不真实，则质押标的不存在，质押自始无效。根据《动产和权利担保统一登记办法》和《中国人民银行征信中心应收账款质押登记操作规则》，应收账款质押登记，无须出质人协同办理，仅需质权人自行登记申报，登记机构只将申报人的申报予以公示，并不对出质权利进行任何实质性审查，只要符合登记的形式要件，申请人即质权人即可申请登记并由登记系统自动完成相应的登记，因此，应收账款的真实与否，均由质权人自行审查、判断和承受。

【防范措施】 应收账款质押最终实现依赖于应收账款的真实性及次债务人的偿债能力，因此，对于质权人来讲，应审慎确定可接受的应收账款。

1. 优先选择《动产和权利担保统一登记办法》明确的应收账款类型并核实其有无在先的权利负担。《动产和权利担保统一登记办法》对应收账款的界定采用了概括加列举的模式，列举了应收账款的几种具体类型。建议在其明确列举的类型中进行选择，同时还应核实质押应收账款不存在任何权利负担，无任何在先权利人，以及其转让或处分不受法律或当事人约定的禁止或限制，在性质上亦非不得转让的权利（如救济金、抚恤金、退休金），特别在以收费权质押的情况下，应关注是否取得主管部门允许质押的许可。

2. 充分核实关于应收账款的真实性和有效性。质权人可通过要求出质人提供基础交易合同、发货单、验收单、发票等相关文件，保证基础合同不存在足以影响合同效力的事项、应收账款不超过诉讼时效、出质人在合同项下确实享有付款请求权。对于以公路等收费权出质的，质权人可要求出质人提供相关主管部门的审批文件或其他行政许可文件，并核实上述文件确未超过有效期，且有效期能够充分覆盖主债权期限，并应通过相关政府网站核实拟质押收费权有关情况。

【风险点2】 基础合同效力引发的风险。

应收账款产生于出质人和次债务人之间存在的基础合同，用于设立质押的应收账款是否成立、能否最终实现，与基础合同效力密切相关。基础合同效力风险包括以下两种情况：一是基础合同合法性风险。即基础合同本身存在交易违反法律禁止性规定，交易合同效力被认定无效的情形，则依此产生的应收账款自始不存在，也无法实现。二是应收账款质押设立后基础合同被解除。对于合同债权质押后当事人能否解除合同，法律无明确规定，根据《民法典》规定，如存在法定或约定条件，解除权人可单方解除合同，即单方解除合同通知到达对方时，合同即可解除。若质权人主张限制出质人或债务人行使合同解除权，因缺乏法律依据，法院可能不予支持。

【防范措施】结合应收账款的真实性审核，对基础合同的内容进行相应的合法性审查。重点审核基础合同的内容中是否包含违反法律禁止性规定的情形和关于合同解除权的约定。

【风险点3】应收账款质押未通知次债务人的风险。

根据《民法典》规定，以应收账款出质的，质权自办理出质登记时设立。由此，应收账款质押登记产生公示效力，但该公示力能否及于次债务人，《民法典》并无明确规定。笔者认为，应收账款质押是发生在出质人和质权人之间的质押担保法律关系，次债务人非一方主体，应收账款虽然已经登记质押，却并不发生债权转让通知的法定效果。回归到应收账款的本质来讲，其属于出质人对次债务人的一般债权，应受《民法典》相关规则约束，债权出质并非债权转让，但应收账款质权的实现涉及债权转让及"债务"的履行，必然涉及对应收账款债务人的通知。根据《民法典》规定，债权人转让权利的，应当通知债务人，未经通知，该转让对债务人不发生效力。因此，对于应收账款设质的，若质押时未通知次债务人，次债务人在被质权人主张清偿应收账款时，即可以其未接到通知来抗辩。

【防范措施】应收账款质押后及时向次债务人通知确认。

1. 建议由出质人和质权人共同通知次债务人。从合同的相对性角度讲，应当由原债权人即出质人作出，但为进一步确认次债务人对应收账款质押和未来可能转让的知晓，建议通知可由出质人和质权人共同作出，由出质人送达。

2. 以书面方式通知并留存证据。为避免未来诉讼中举证困难，建议通知以书面方式作出，次债务人在通知书上书面签署回执，留档备用。对于某些付款主体特定的收费权质押，应向付费义务人发出质押通知。

3. 通知内容应包含必要的内容。一是明确次债务人确认应收账款的真实合法有效性，且知悉将应收账款质押给质权人；二是确认质权人为质押应收账款的唯一收款人，次债务人在收到通知书之前未收到任何有关应收账款质押、担保或转让的通知，以及该应收账款不存在任何权利负担；三是明确要求次债务人承诺按约清偿应收账款，且将应付账款全部付至回款专用账户或指定账户，不得通过其他方式向出质人清偿；四是明确要求次债务人书面承诺放弃行使抵销权与抗辩权。

【风险点4】质押登记完成后应收账款消灭的风险。

次债务人在应收账款质押后仍向出质人清偿导致应收账款质权灭失。应收账款质押属于权利质押的一种，质押登记并不直接造成应收账款权属的转移，尽管《民法典》规定应收账款出质后不得转让，但经质权人和出质人协商同意的除外。但是，一旦出质人将已出质的应收账款再次转让，必然影响质权人的质权实现。在应收账款质押登记后，应收账款的债权人仍为出质人，除非事先取得次债务人同意，否则，质权人无权要求次债务人不向出质人清偿，一旦次债务人通过其他形式或渠道履行付款义务，作为质押物的应收账款获得清偿的部分则相应灭失，将导致质权人对该灭失部分的应收账款丧失质权。

【防范措施】强化质押应收账款的管理，主要包括以下方面：

1. 关注质押应收账款基础合同的履行。质权人应监督出质人遵循其与次债务人基础合同的约定，按时充分履行供应货物、提供服务等义务，避免出现因出质人重大违约导致次债务人解除合同或拒绝付款的风险产生。

2. 监管应收账款的到期及履行。应收账款的到期日应尽量早于或等于借款合同的还款日，便于及时实现应收账款质权；在应收账款到期后，应要求次债务人将应收账款偿付至指定回款专用账户，而该账户由质权人监管或控制，支付的应收账款应用于清偿借款或提存；质押期间，质权人可要求出质人提供其与次债务人所发生的应收账款对账单，关注应收账款的变动情况。一旦质押应收账款出现坏账或其他减损情况，质权人应尽快与出质人、次债务人协商，要求补充提供担保或尽早采取措施以实现质权，保证应收账款具有足额的担保价值。

3. 督促出质人积极行使应收账款债权人的权利。质权人要特别注意维护自身或出质人对次债务人的应收账款的持续有效性，防止质押的应收账款超过诉讼时效而使自己不能对抗次债务人的时效抗辩权。为确保应收账款质押权实现，质权人应督促出质人积极采取措施催收应收账款，并通过催告次债务人履行债务，要求次债务人出具付款计划、支付利息、部分清偿、提供履行担保等方式中断应收账款的诉讼时效，并保留相应书面证据。

【风险点 5】次债务人偿债能力风险。

应收账款债务人的偿债能力风险。质权人能否顺利受偿，很大程度上与次债务人的资信状况和偿付能力有关。对于既存应收账款，如果应收账款债务人因经营不善等原因不能偿付所欠款项，导致无法收回应收账款，会使质权人的质权无法实现。对于未来应收账款质押，这类质押贷款大多涉及大型基础设施建设，质押的是预期收益，如公路、桥梁、隧道、渡口等不动产的收费权质押，建设中项目资金到位情况和竣工使用后的车流量等都可能影响其预期收益的实现。

【防范措施】持续关注次债务人偿债意愿和偿债能力。应收账款质权人质权的最后实现依赖于次债务人偿债意愿和偿债能力。质权人应密切关注次债务人偿债能力的变化，必要时应对次债务人及时采取债权保全措施。除客观经营情况发生变化导致偿债能力下降外，次债务人主观上也可能会采取一些措施逃避债务，从而导致应收账款质权实现的风险增加。因此，对于次债务人偿债意愿下降或作出不利于质权人质权实现的不利行为时，质权人既可以采取物权人的物权保护措施来防范风险和实施救济，也可以采取代位权、撤销权、违约救济等债权保全的措施保护债权。

【风险点 6】次债务人的抗辩权风险。

应收账款质押存在于出质人对次债务人的债权基础之上，因此，应收账款质押除应适用《民法典》中关于权利质押的一般规则外，还应适用关于债权转让的相关规则。应收账款质押法律关系中仅包含质权人与出质人，并不包含次债务人。次债务人对出质人的任何抗辩权利都不因应收账款被质押而丧失，质权人的质押登记同样也无法对抗次债务人对出质人的抗辩权。出质人对于应收账款的债权，是建立在其认为已充分履行自身合同义务基础上的，在出质人未充分履行上述义务的情况下，应收账款债务人依据《民法典》享有抗辩权。同样，次债务人在基础合同项下可以对出质人行使的其他抗辩权，如抵销权、撤销权、解除权、时效抗辩权等也不受应收账款出质的影响，这必然影响质权人的质权实现。

【防范措施】一是全面了解次债务人资信状况和偿债能力，优先选择资信与实力较强的应收账款债务人。质押应收账款债务人的实力、信用，决定着质押应收账款的实现程度，应收账款债务人具有较强的偿债还款能力，还款及时信用度好的，应收账款担保的价值越高。在接受应收账款质押的时候，应对应收账款债务人的经济情况、偿债能力、信用等级、信誉等进行认真审核评估，尽量选择无不良信用记录、资金实力较强的次债务人。二是在质押物的价值评估方面预留一定的风险缓释空间，以应对可能的合同变更及抗辩权对质押权利价值的减损。

【风险点7】合同签署和质押登记环节的操作风险。

【防范措施】严格质押合同签署和登记管理。

在应收账款质押办理过程中，合同签署和质押登记环节需谨慎办理，避免出现操作失误引起的法律风险。

1. 关于应收账款质押合同。建议应收账款质押合同对包括但不限于以下几个方面进行明确约定：首先，对于出质应收账款应有详尽描述和界定，既有概括总述，又有列举式的明确界定，记载质押应收账款的付款人、基础交易合同信息、应收账款金额、付款方式、履行期限等情况；其次，合同条款应明确，质权人或出质人应将应收账款质押事宜通知次债务人，质权人有权要求次债务人直接向质权人履行清偿义务，保证质权人的优先受偿；再次，要明确规定应收账款回款专用账户条款，对于履行期限先于主债权的应收账款，其回款应付至专用账户，保障质权的实现；最后，要求出质人承诺和保证，出质人不得有转让、放弃权利等行为，债务人提前清偿应收账款的，出质人应提前偿还借款或者提存。

2. 关于质押登记办理。为办理质押登记，质权人与出质人必须另行签订单独的"出质登记协议"，对质押登记的相关事项进行约定，"出质登记协议"签订后，质权人应进入登记平台办理出质登记，并上传"出质登记协议"影印件。特别需要注意的是，现行登记管理制度下，登记机关并不对登记内容进行审核，因此，质权人在登记录入时，应正确录入出质人、质权人的相关信息，对应收账款情况清楚界定；关于登记期限，建议将登记期限作最长记载，并及时办理展期登记；对于某些收费权，应注意须双重质押登记，对于已被《动产和权利担保统一登记办法》纳入应收账款范围的收费权，若其他主管部门对其出质登记另有要求的，应同时满足其登记要求。

三、电子债权凭证多级流转模式下的法律风险防范

【风险点】债务人（核心企业）向电子债权凭证持有人主张抗辩权和抵销权，拒绝按承诺付款的风险。《民法典》第548条规定，"债务人接到债权

转让通知后,债务人对让与人的抗辩,可以向受让人主张。"

【防范措施】鉴于电子债权凭证仅适用《民法典》关于普通债权转让的一般性规定,为便于电子债权凭证的多级流转,需通过合同协议的形式明确约定债务人放弃对让与人的抗辩权及抵销权。之所以债务人能够接受这种看似苛刻的约定,是因为在实务操作中,核心企业为防范自身风险,在签发电子债权凭证之前均会确保对应的商务合同已达到了付款条件,即通过对签发时间节点的把握来确保作出无条件付款承诺不会对自身权利构成不利影响。通过协议约定债务人自愿放弃对转让债权的抗辩权,承诺到期无条件付款,或商务合同项下的纠纷不影响凭证与凭证流转的效力,凭证开立人承诺其与原始持票人的商业纠纷不影响凭证开立人在凭证项下付款义务的履行,承诺无条件向凭证最终持有人付款等条款,以避免在电子债权凭证多级流转过程中因合同的相对性而产生权利瑕疵。

第二章　碳排放权担保法律风险防控

碳排放权担保融资作为一种重要的绿色金融创新产品，一方面可以通过盘活企业的碳资产，扩大企业的融资渠道；另一方面也是银行以金融力量助力"双碳"目标实现，服务高质量发展的重要举措。本章通过分析碳排放权担保可能面临的法律风险，为如何更好地开展碳排放权担保融资提出有针对性的法律风险防范建议。

第一节　概述

一、碳排放权概述

（一）碳排放权的定义及法律性质

碳排放权，是指特定主体享有的在规定时期内可以排放一定额度温室气体的权利，其外在表现形式为碳排放配额。现阶段，我国碳排放配额分配以政府免费分配为主，部分地方碳排放权交易市场已尝试开展碳排放配额的有偿竞价发放。

关于碳排放权的法律性质，目前我国法律法规中没有明确规定，学界存在多种不同观点，主流观点为以下两种：

1. 用益物权说

此观点认为，可以认定碳排放权属于用益物权的原因主要是碳排放权的特征与用益物权的特征相匹配。根据《民法典》第 324 条规定："国家所有或者国家所有由集体使用以及法律规定属于集体所有的自然资源，组织、个人依法可以占有、使用和收益。"碳排放权的特征与前述规定相契合：（1）碳排放权所对应的客体为大气环境容量,属于国家所有的自然资源;(2)碳排放权可依法由组织、个人进行交易并从中收取利益。因此,此观点认为碳排放权属于在国家自然资源所有权基础上建立的用益物权。

2. 行政许可权说

碳排放权的载体是碳排放配额,而碳排放配额的初次分配是由政府依法向重点排放企业分配,也就是说,碳排放权的初始权利来源于行政许可。此外,碳排放核查、履约清缴等都受行政部门的监管。从这个角度来看,碳排放权可以理解为一种行政许可权。

总的来说,碳排放权其实就是国家为应对气候变化、促进绿色低碳发展而建设碳排放权交易市场的实践过程中产生的新型财产权益,在碳排放权上设立担保具有一定的可行性。

(二) 碳排放权交易的意义及发展历程

2020年9月,我国明确提出2030年"碳达峰"与2060年"碳中和"目标,在此背景下,碳减排任务刻不容缓。碳排放权交易就是通过市场机制激励碳排放单位采取措施减少温室气体排放、推动实现"双碳"目标的重要政策工具。一个履约周期内企业拥有的碳排放额度是有限的,积极践行节能减排的企业可以将其富余的碳排放权卖出,而控排不利的企业则需要购买额外的碳排放权,方能完成清缴义务从而避免被处罚。

碳排放权担保融资的前提条件是碳排放权具有可交易性,因此与我国碳排放权交易市场的发展紧密相关。

1. 地方碳排放权交易市场。2011年10月,国家开始开展碳排放权交易试点工作,2013年6月开始,北京、上海等7个省市的碳交易市场相继开市,覆盖电力、钢铁、水泥等20多个行业。2016年年底,福建碳市场开市,成为国内第8个碳排放权交易试点。

2. 全国碳排放权交易市场。2021年7月,全国碳排放权交易市场正式上线交易,首批纳入的重点排放单位是发电行业中年度温室气体排放量达到2.6万吨二氧化碳当量的企业,后续将逐步覆盖钢铁、建材、有色、石化、化工、造纸、航空等其他7个高耗能行业。

目前全国碳排放权交易市场和地方碳排放权交易市场是并存但不兼容,纳入全国碳排放权交易市场的单位,不再参与地方碳排放权交易市场。全国碳排放权交易主要适用的法律依据是国务院发布的《碳排放权交易管理暂行条例》（2024年5月1日起施行）以及生态环境部发布的《碳排放权交易管理办法（试行）》、配套的规范性文件等。

二、碳排放权担保概述

（一）碳排放权担保的定义及相关法律规定

碳排放权担保，是指为担保债务的履行，碳排放权所有人将其所有的碳排放配额抵质押给债权人的行为。

目前，我国法律、法规、国务院部门规章均未直接规定碳排放权担保相关内容，碳排放权担保主要适用《民法典》及相关司法解释中关于担保的条文。

2021年7月中国人民银行发布行业标准《环境权益融资工具》，将碳排放权界定为环境容量角度的环境权益，明确了环境权益抵质押贷款的典型流程，为碳排放权担保融资提供了有利的政策环境。

另外，为推进和规范碳排放权担保融资，各地相继出台了一些地方性部门规章或规范性文件：一些地方的碳排放权担保相关内容包含在地方出台的碳排放权交易管理办法中，如《深圳市碳排放权交易管理办法》；一些地方的金融监管部门和生态环境部门联合出台了碳排放权担保的具体操作指引，如《浙江省碳排放配额抵押贷款操作指引（暂行）》《上海市碳排放权质押贷款操作指引》；一些地方政府出台规范性文件鼓励、推动碳排放权担保的开展，但未对碳排放权担保如何设立等细则作出明确规定，如《山东省关于支持开展碳排放权抵质押贷款的意见》。

（二）碳排放权担保的担保方式及法律效力分析

从前述各地方关于碳排放权担保的规定看，目前各地方采用的担保方式不尽一致，有的地方采用的是抵押方式，有的采用质押方式，有的则采用了抵质押的表述。关于抵押方式和质押方式的法律效力，具体分析如下：

1. 抵押

《民法典》第395条规定了可以抵押的财产范围，除明确列举的建设用地使用权、交通运输工具等外，还包括"法律、行政法规未禁止抵押的其他财产"这一兜底条款。碳排放权作为一种市场交易主体享有的具有交换价值的财产性权利，法律、行政法规并未禁止其抵押，因此碳排放权是可以进行抵押的。

2. 质押

目前全国碳排放权担保项目多采用质押的形式，其中一个重要的原因可能是，市场主体对碳排放权的认识更多地倾向于是一种与知识产权、股权等类似的财产性的权利，而权利担保往往都采用质押的方法。关于可以质押的财产范围，《民法典》第440条除明确列举的汇票、本票、支票等之外，也包括了"法律、行政法规规定可以出质的其他财产权利"。

最高人民法院于2023年2月16日发布的《关于完整准确全面贯彻新发展理念为积极稳妥推进碳达峰碳中和提供司法服务的意见》（法发〔2023〕5号）第18条规定："依法审理碳排放配额、核证自愿减排量担保纠纷案件。担保合同当事人或者利害关系人以碳排放配额、核证自愿减排量不是可以设立担保的财产为由，主张担保合同无效的，从严认定合同无效情形，依法最大限度维护合同效力。当事人在碳排放权或者核证自愿减排注册登记系统等办理质押登记，债务人不履行到期债务或者发生当事人约定实现质权的情形，质权人主张就登记账户内的碳排放配额或者核证自愿减排量优先受偿的，依法予以支持，助力碳交易产品发挥融资功能，稳定市场预期。"该条规定从司法角度肯定了碳排放权质权设立的合法性。

另外，根据《民法典担保制度司法解释》第63条关于非典型担保的规定，"债权人与担保人订立担保合同，约定以法律、行政法规尚未规定可以担保的财产权利设立担保，当事人主张合同无效的，人民法院不予支持。当事人未在法定的登记机构依法进行登记，主张该担保具有物权效力的，人民法院不予支持"，碳排放权担保合同经依法登记后，即可产生物权效力，担保权人有权就相应的碳排放配额主张优先受偿权。

第二节　碳排放权担保面临的法律风险

尽管相关实践和地方规范为碳排放权担保融资提供了一定的参考和指引，但在相关法律规定尚未完善的情况下，碳排放权担保仍面临一些法律风险。

一、碳排放权担保的法定登记机构不明确

碳排放权担保需要通过登记才能设立。目前试点地区的碳排放权担保由当地碳排放权交易中心或生态环境部门办理登记,而关于全国碳排放权担保的登记机构,目前相关法律法规均未明确规定,生态环境部发布的《碳排放权登记管理规则(试行)》仅规定通过全国碳排放权注册登记系统对全国碳排放权的持有、变更、清缴和注销进行登记,但没有担保登记的规定。从市场实践来看,全国碳排放权担保的登记基本上都是以《动产和权利担保统一登记办法》第 2 条的兜底条款"其他可以登记的动产和权利担保"为依据,在人民银行动产融资统一登记公示系统上办理。这种登记模式实际上不利于对碳排放权的统一管理,由于碳排放权注册登记系统和动产融资统一登记公示系统的信息并不共享,如果全国碳排放权注册登记机构根据司法机关要求协助冻结、扣划碳排放配额的,则碳排放权质权人可能处于不利地位。

二、担保人的履约清缴义务对碳排放权担保的影响

《碳排放权交易管理办法(试行)》第 28 条规定了重点排放单位的履约清缴义务,即重点排放单位应当在生态环境部规定的履约周期内,向分配配额的政府主管部门清缴上年度的碳排放配额,清缴量应当大于等于主管部门核查确认的该单位上年度温室气体实际排放量;清缴完成后剩余的配额可以结转使用;未足额清缴碳排放配额的,将会受到相应的行政处罚。从碳排放权担保角度来看,如果担保期限较长,跨过了担保人的履约周期,或者担保人用于提供担保的碳排放配额过多,则担保人可能没有足够数量的碳排放配额用于履约清缴。目前相关法律法规并未明确规定碳排放权担保设定后,对应的碳排放配额是否被冻结。因此,被设定担保的碳排放额度是否免予用于履约清缴,存在一定不确定性,可能对担保权人造成一定不利影响。

三、碳排放权被自愿注销的风险

《碳排放权交易管理办法(试行)》第 19 条规定:"国家鼓励重点排放单位、机构和个人,出于减少温室气体排放等公益目的自愿注销其所持有的碳排放配额。自愿注销的碳排放配额,在国家碳排放配额总量中予以等量核

减，不再进行分配、登记或者交易。相关注销情况应当向社会公开。"由于目前全国碳排放权注册登记系统无法体现国家碳排放配额的质押状态，企业以其拥有的碳排放配额设定质押后，如果依据前述规定注销其碳排放配额，则担保权人面临因担保物不存在导致丧失碳排放权担保的风险。

四、碳排放权的价值波动性较大，担保物价值可能不足以覆盖全部债务

目前全国碳排放权交易市场处于起步初期，交易活跃度较低，碳排放权交易的可比数据较少，因此对碳排放权的价值进行准确评估存在较大难度。而且碳排放权的市场价格受全国碳排放配额总量、碳排放配额发放方式、市场需求、碳减排技术发展、国际环境等多重因素影响，价值波动较大。碳排放权在担保权实现时的价值可能远不及设立担保时评估的价值，也可能远低于担保权人的预期。这将会导致担保物价值难以覆盖全部主债权的金额，使得担保权人的利益受损。

第三节 碳排放权担保的法律风险防范

一、及时办理"双重登记"

依法办理登记手续，是碳排放权担保权人就碳排放配额获得优先受偿权利的前提条件。在目前碳排放权担保法定登记机构尚未明确的情况下，担保权人应尽可能通过办理"双重登记"，全方位保障自身权利：一是在碳排放权注册登记系统办理担保登记。地方碳排放配额的担保，应按照相关地方性规定在当地碳排放权交易中心或者生态环境部门办理担保登记。对于全国碳排放配额的担保，可以沟通当地生态环境主管部门，在生态环境主管部门线下办理担保登记；同时要密切关注国家最新立法动向，一旦出台在全国碳排放权注册登记系统进行碳排放权担保登记的规定，要严格落实。二是通过动产融资统一登记公示系统对碳排放权担保进行担保登记和公示。

另外，为了防止出质人擅自处置已经出质的碳排放权，建议在签订担保

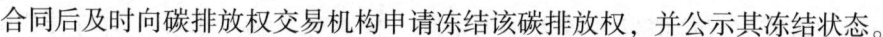

合同后及时向碳排放权交易机构申请冻结该碳排放权，并公示其冻结状态。

二、合理确定碳排放权担保数量及担保期限

一是根据企业拥有的碳排放配额数量、碳排放配额使用和结余情况、企业节能减排技术研发情况等，设定适当的担保数量，确保质押物不因配额履约清缴而受到影响。二是出质人质押的标的如果为当年用于履约的配额，贷款到期日原则上不应晚于当年清缴截止日。如确需办理跨清缴期贷款业务，为降低相关风险，贷款人应对借款人风险状况及后续配额可持续性进行判断，积极引入阶段性担保措施，由担保机构对企业碳排放配额清缴后至新配额核发前这段时间提供阶段性的担保。

三、完善碳排放权担保合同条款

担保合同除了要具备被担保债权的种类和数额、债务人履行债务的期限、担保范围、碳排放权的具体信息等一般条款外，还有必要根据碳排放权的特性，对相关事项进行特别约定，包括但不限于：

1. 担保人有维持碳排放权有效的义务，包括在担保期间内，未经担保权人同意，担保人不得转让、再次质押或自行注销作为担保物的碳排放权；担保人应定期向担保权人报告碳排放配额的存续、使用情况等。

2. 为防范因市场价格波动较大引发碳排放权大幅贬值的风险，应当考虑在担保合同中设置"盯市""补仓"及"违约处置"等条款，明确约定如果碳排放权的重估价值与发放贷款时的评估价值相比降低到一定幅度时，担保人应及时补充相应数量的碳排放配额作为担保标的，或按照债权人要求补充提供其他增信措施，否则债权人有权依据违约处置条款加速债权到期并要求提前清偿债权。

四、做好有针对性的贷后管理

要加强对碳排放权质权的贷后管理，采取有针对性的贷后管理措施。要密切关注国家碳减排政策、碳排放配额供需情况等影响碳排放权价值的重要因素，加强碳排放权交易市场的盯市，掌握交易价格波动情况，同时定期对碳排放权的权属、履约清缴、担保等情况进行跟踪核查，建立风险预警机制。

一旦发现碳排放权价值发生较大幅度下降、权属有争议及出质人另行转让、再担保等擅自处置碳排放权，碳排放权被行政或司法机关采取强制措施等情形，要根据法律规定和合同约定及时采取维权措施。

第三章 知识产权质押业务法律风险防控

知识产权质押业务通过将知识产权与金融资源进行战略性融合，协助初创期和成长期的科创企业通过知识产权获得金融支持，顺应时代趋势，符合国家宏观政策和最新立法精神，对于破解科创企业融资难、融资贵问题，加快知识产权成果的市场转化具有重大意义。

第一节 概述

一、知识产权概述

《民法典》第 123 条规定，"知识产权是权利人依法就下列客体享有的专有的权利：（一）作品；（二）发明、实用新型、外观设计；（三）商标；（四）地理标志；（五）商业秘密；（六）集成电路布图设计；（七）植物新品种；（八）法律规定的其他客体。"

有关知识产权的专门法律法规有《著作权法》《专利法》《商标法》《集成电路布图设计保护条例》《植物新品种保护条例》等。依据上述法律法规规定，知识产权包括以下类型：

1. 著作权。著作权是指权利人对其创作的文学、艺术和科学作品依法享有的权利。与专利权和商标权相比，著作权的主要特点在于其包括人身权和财产权，著作权的人身权专属于作者，无法转让。

2. 专利权。专利权是指申请人就特定发明创造提出申请，经国家专利管理部门依法审查合格后，在规定时间内对该发明创造享有的专有权。我国《专利法》规定的发明创造包括：

（1）发明，是指对产品、方法或者其改进所提出的新的技术方案。

（2）实用新型，是指对产品的形状、构造或者其结合所提出的适于实用的新的技术方案。

（3）外观设计，是指对产品的整体或者局部的形状、图案或者其结合以及色彩与形状、图案的结合所作出的富有美感并适于工业应用的新设计。

3. 商标权。商标权是指商标所有人依法对其注册商标所享有的专有权利，包括注册商标的专有使用权、禁止权、转让权、许可使用权和续展权等。

4. 地理标志权。地理标志是指示某商品产自特定区域、该商品的质量、声誉或其他特性本质上取决于该产地的自然因素和人文因素的标志。地理标志权是指地理标志所有人对其地理标志所享有的专有监控权，以及地理标志使用人对地理标志所享有的专有使用的权利。[①]

5. 商业秘密权。商业秘密是指不为公众所知悉，具有商业价值，并经权利人采取相应保密措施的技术信息、经营信息等商业信息。商业秘密权是指权利人依法对其商业秘密享有的专有权利。[②]

6. 集成电路布图设计专有权。集成电路布图设计是指集成电路中至少有一个是有源元件的两个以上元件和部分或者全部互连线路的三维配置，或者为制造集成电路而准备的上述三维配置。集成电路布图设计专有权则是权利人对其布图设计进行复制和商业利用的专有权利，是一项独立的知识产权。

7. 植物新品种权。植物新品种，是指经过人工培育的或者对发现的野生植物加以开发，具备新颖性、特异性、一致性、稳定性，并有适当的命名的植物品种。完成育种的单位和个人对其授权的品种，享有排他的独占权，即拥有植物新品种权。

二、知识产权质押概述

（一）定义及特征

知识产权质押，是指债务人或第三人将拥有的知识产权担保债务的履行，当债务人不履行债务时，债权人有权折价或者以拍卖、变卖该知识产权所得

[①] 由于我国现行法律法规对地理标志是否可转让、可质押没有明确规定，本书对地理标志质押问题不再进行探讨。

[②] 由于商业秘密的保密性特点，商业秘密权本身不适合质押，本书对商业秘密权质押问题不作探讨。

的价款优先受偿。

知识产权质押的特征主要有：

1. 知识产权质押作为担保制度中的一种权利质押类型，主要以知识产权使用价值以及潜在的现金价值为内容来保障债权的实现。

2. 知识产权质权自登记后设立，出质后知识产权的处置、转让受限，未经质权人同意，出质人不得转让已出质的知识产权或许可他人使用。

（二）相关法律规定

我国最早对知识产权质押作出明确规定的法律是1995年《担保法》，该部法律规定了知识产权质押的担保物范围、已出质知识产权的许可使用限制等内容。2007年《物权法》将可用于质押的知识产权类型进行了扩大，同时对质权的设立要件进行了明确。

《民法典》第444条是关于知识产权质权设立及处置限制的规定：以注册商标专用权、专利权、著作权等知识产权中的财产权出质的，质权自办理出质登记时设立。

知识产权中的财产权出质后，出质人不得转让或者许可他人使用，但是出质人与质权人协商同意的除外。出质人转让或者许可他人使用出质的知识产权中的财产权所得的价款，应当向质权人提前清偿债务或者提存。

第二节　知识产权质押法律问题与风险防控

一、知识产权质押贷前调查

（一）质押知识产权应权属清晰、完整

1. 用于质押的知识产权，原则上应已经办理合法有效的权利登记手续，获得相应的权属证书。出质人应与有权机关登记簿以及知识产权权属证明文件中载明的权利人为同一主体。

2. 用于质押的知识产权，原则上应具备完整权能。知识产权质押的出质人，对质押的知识产权享有自由使用、收益、处分并排除他人干涉的权利。

▶【风险防控操作要点】

1. 审查出质人有权出质的证明文件。银行应要求出质人提交知识产权权属证明文件，如专利证书、商标注册证、著作权登记证书、集成电路布图设计登记证书、品种权证书等。如果存在共同知识产权人的，出质人还需提交共同知识产权人同意以该知识产权进行质押的书面文件。如果出质人为公司，还需要提交公司有权决议机关同意质押的相关文件。

2. 通过查询国家有权机关的登记簿和公告等方式，审查拟出质知识产权是否存在在先质权或者许可使用等情况。如果存在，则应谨慎接受。

3. 通过中国裁判文书网、全国法院被执行人信息查询系统等途径查询拟出质知识产权是否涉诉，包括是否存在知识产权侵权纠纷、权属纠纷、行政纠纷等，并就涉诉信息对知识产权权属和价值的影响程度进行分析和评估。

4. 知识产权的相关信息可通过国家知识产权局网站、中国版权保护中心网站等在线查询，具体查询路径可参考国家知识产权局官网上发布的《知识产权基础数据利用指引》。另外，2021年7月，国家公共信用信息中心依托"信用中国"网站建设的"知识产权质押信息平台"正式上线，通过该平台可实现对专利、商标质押融资相关信息的便捷查询。

（二）质押知识产权应处于法律规定的保护期限内

知识产权具有"时间性"，绝大多数类型的知识产权仅在法律规定的期限内受到保护，一旦超过法律规定的期限，这一权利就自行消灭，相关知识产品即成为整个社会的公共财富。因此超过法定保护期限的知识产权不能质押。

根据相关法律规定，各类知识产权的保护期限具体如下：

1. 发明专利权的期限为20年、实用新型专利权的期限为10年、外观设计专利权的期限为15年[①]，均自申请日起计算。

2. 注册商标有效期为10年，自核准注册之日起计算，期满可以续展。

3. 自然人的作品，著作财产权的保护期为作者终生及其死亡后50年，法人或者非法人组织的作品，著作财产权保护期截至作品首次发表后第五十年的12月31日。

---

① 2021年6月1日起施行的《专利法》将外观设计专利权的期限从10年调整为15年。根据《关于施行修改后专利法及其实施细则相关审查业务处理的过渡办法》，申请日在2021年6月1日（含该日）前的外观设计专利权的保护期限为10年。

4. 集成电路布图设计专有权的保护期为 10 年，自布图设计登记申请之日或者在世界任何地方首次投入商业利用之日起计算，以较前日期为准。但是，无论是否登记或者投入商业利用，布图设计自创作完成之日起 15 年后，不再受法律保护。

5. 植物新品种权的保护期限，自授权之日起，藤本植物、林木、果树和观赏树木为 20 年，其他植物为 15 年。

▶【风险防控操作要点】

在接受知识产权质押时，要注意查看知识产权的保护期以及保护期的起算时间，并注意贷款期限以及知识产权的未来处置期限不能长于知识产权剩余保护期。

（三）质押知识产权应依法可转让

质押知识产权在转让或处分上应不受限制，因此下列知识产权不适合出质：一是知识产权中的人身权，如作者的署名权、发表权、修改权、保护作品完整权等，因不具有可转让性，故法律不允许出质；二是知识产权转让行为有可能违反国家保密法等法律法规的，不能出质。三是知识产权被人民法院查封，在查封期内，知识产权是处于限制转让状态的，不能出质。

▶【风险防控操作要点】

注意审查拟出质知识产权是否存在不可转让或限制转让的情形，如存在，则不能接受作为质物。

（四）质押知识产权应具有价值性

知识产权价值主要体现在知识产权实施后所产生的未来收益，知识产权质押就是以知识产权使用价值以及潜在的现金价值为内容来进行担保。因为，为确保银行债权的实现，银行应确保质押知识产权具有价值和使用价值。

▶【风险防控操作要点】

1. 关注知识产权在企业发展中的作用。包括企业知识产权的实施转化情况、知识产权能够给企业带来的经济效益情况等。

2. 关注出质人自身情况对知识产权价值的影响。知识产权是依附性无形资产，出质人的综合实力对知识产权的市场价值有重大影响。因此，银行除了要关注出质人的管理架构、行业经验、业内声誉、生产经营业绩外，还要重点关注出质人拥有的知识产权数量、科研人员数量及其占企业员工总数的比重、核心科研人员的学历及工作履历、知识产权布局等。

3. 关注外部因素对知识产权价值的影响。重点关注出质知识产权所属行业的发展情况、国家行业政策的发展趋势、相关市场的技术发展水平,包括与质物具有竞争性或者替代性的同类产品的发展情况等外部因素,以及在不造成债权损失的前提下及时处置质物的时效性、可行性。

4. 建立健全知识产权价值评估管理体系。知识产权价值评估是影响知识产权质押融资业务发展的关键因素之一,银行要持续完善知识产权质押评估管理制度,一方面要完善内部知识产权价值评估体系,根据知识产权的特性,制定科学准确的价值评估标准和方法,大力培养价值评估人才;另一方面要加强对外部评估机构的管理,严格评估机构准入,通过合同明确评估机构须承担的责任,建立评估价值复核认定机制。

二、知识产权质权的设立

根据《民法典》第427条及第440条规定,设立知识产权质权,应当采用书面形式订立质押合同,并办理出质登记,质权自办理出质登记时设立。

(一) 订立质押合同

1. 一般条款。《专利权质押登记办法》第8条、《注册商标专用权质押登记程序规定》第5条、《著作权质权登记办法》第7条对相应知识产权质押合同的内容进行了明确规定。根据上述规定,知识产权质押合同需包括以下内容:出质人与质权人的基本信息、被担保债权的种类和数额、债务人履行债务的期限、质押担保的范围、出质知识产权的具体信息等。

2. 特别约定条款。除上述一般条款外,为充分维护债权人银行的权益,有必要根据知识产权的特性,对相关事项进行特别约定,包括但不限于:

(1) 出质人有维持质押权利有效的义务,负责在质押期间按时足额缴纳权利年费,及时办理权利续展手续,积极处理权利纠纷、排除他人对质押权利的侵害等事宜。质押期间出质人不得以任何方式放弃其质押权利。

(2) 出质人同意,在质押期间如取得与设质专利权具有相关性的专利和改进型专利、与设质商标专用权在相同或者类似商品服务上注册的相同或者近似商标、设质著作权改编作品的著作权等,一并质押给银行。

（3）未经银行同意，出质人不得将知识产权转让或者许可他人使用。在取得银行同意的情况下，出质人通过许可使用获得的收益应当首先用于偿还担保债权。

（4）实现质权时，出质人应积极配合银行并向银行交付相关技术资料，以便于银行实现质权。

（二）办理质押登记

我国对知识产权质权的设立采取的是登记生效主义，即质权自登记时设立，如果仅签订质押合同不进行质押登记，则质权不成立，因此要注意及时办理质押登记。

专利权、商标权、著作权以及集成电路布图设计专有权的登记机关为国家知识产权局，登记依据包括《专利权质押登记办法》《注册商标专用权质押登记程序规定》《著作权质权登记办法》等。植物新品种权的登记机关有两个，其中农业农村部负责农业植物新品种权的质押登记，国家林业和草原局负责林木、竹、木本观赏植物等植物新品种权的质押登记。

三、知识产权质权管理

（一）贷后管理的关注点

1. 权利状态的不稳定性。一方面，知识产权的保护有一定限制，如若权利人于保护期限内超期未缴费，就不再享有权利。另一方面，一项已经明确了权利归属的知识产权在存续期间有被他人提出异议、被宣告无效、被撤销导致权利丧失的可能。

2. 价值的不稳定性。知识产权的价值受诸多因素影响，价值波动较大。以专利权为例，一项新的替代技术的产生，必然会使原有专利权的价值大大降低。在这种情形下，作为金融机构的质权人，在债务人不能履行债务时，仅依靠原有知识产权的转让，很难获得完全清偿。

3. 出质知识产权的转让和许可使用问题。《民法典》第444条规定："知识产权中的财产权出质后，出质人不得转让或者许可他人使用，但是出质人与质权人协商同意的除外。"出质人对出质知识产权的转让或许可使用行为可能会使出质知识产权的价值减少，因此法律规定此种行为要以取得质权人同意为前提。但就知识产权自身的特点而言，将其投入生产流通领域是实现其价值的主要途径。因此银行在贷后管理时可能面临能否允许出质知识产权转让或许可使用的问题。

（二）风险防控操作要点

【要点1】注意监控知识产权权利存续状况。

（1）加强知识产权有效期管理，并对出质人是否按时缴纳专利权年费等进行重点监控，如果专利权人经督促后仍拒绝缴纳专利年费，可根据双方之间的约定，经过审慎价值评估后，由银行代为缴纳以维持专利权的有效性。

（2）通过查询国家知识产权局的登记簿及公告，监控出质知识产权是否存在被宣告无效、被撤销或者强制许可以及是否存在被查封、扣押、冻结等情形。

（3）通过中国裁判文书网、全国法院被执行人信息查询系统等途径，监控出质知识产权是否存在涉诉情况。

（4）注意确保质权人在国家知识产权局登记的联系信息的准确性，避免因联系信息不准确而无法收到国家知识产权局发送的以下信息：专利权被宣告无效或终止的；专利年费未按照规定时间缴纳的；因专利权的归属发生纠纷已请求国家知识产权局中止有关程序，或者人民法院裁定对专利权采取保全措施的。

（5）监控出质人有无擅自处分知识产权行为，如未经质权人同意而发生知识产权转让、许可使用、重复质押、抵偿债务及赠与等影响银行债权的行为。

【要点2】注意监测知识产权价值变动情况。

（1）持续监测知识产权价值变动情况，确有必要，应及时开展价值重估。

（2）密切关注外部环境对知识产权的影响，尤其是国务院知识产权行政部门或者地方有关部门发布的各类知识产权信息，以及与质押知识产权关系紧密的科学技术的更新状况。

【要点3】及时办理质押登记的变更、延期或注销。

（1）质押登记变更。质押期间，质押合同主体、质物、被担保的主债权种类及数额，以及质押担保范围等实质性内容发生变更的，需要依照相关规定及时向登记部门办理质押登记变更手续，否则相关变更对外不产生效力。

（2）质押登记延期。根据《注册商标专用权质押登记程序规定》，办理商标质押登记时需登记质权登记期限；如果因被担保的主合同履行期限延长、主债权未能按期实现等原因需要延长质权登记期限的，质权人和出质人双方应当在质权登记期限到期前，申请办理延期登记。因此，如果出现前述情形时，要及时办理商标质押延期登记。

（3）质押登记注销。债权已经实现或出现法律规定的质权消灭的其他情形，当事人应向登记部门办理质押登记注销手续，专利权质押登记的效力自注销之日起终止。

【要点4】及时采取维权措施。

在跟踪检查或主动监控中，如果发现质押知识产权可能存在风险事项并有可能影响银行质权的，银行可根据具体情况酌情考虑采取以下措施保全银行债权权益：减少贷款额度、要求借款人追加担保、要求借款人提前还款、及时采取保全措施或者停止发放贷款等风险处置措施。

四、知识产权实现

知识产权质权设立，其目的在于当债务人不履行债务时，质权人能够通过处置知识产权，以处置所得价款实现优先受偿。除了拍卖、变卖等处置方式外，银行也可以探索通过许可使用、收购价格承诺、知识产权证券化等方式去实现质权。

（一）拍卖、变卖

依法拍卖、变卖商标专用权、专利权、著作权等，将知识产权转让给他人，以转让所得清偿所担保的贷款本息。

（二）许可使用

依法转让商标专用权、专利权、著作权等知识产权的使用权，许可他人使用知识产权，以许可费清偿所担保的贷款本息。这种方式有利于知识产权权利人在保有权利的同时兼顾质权的实现。

（三）知识产权资产证券化

知识产权证券化是指知识产权的拥有者将流动性较低但能产生预期现金流的知识产权或相关权益（基础资产），出售给一个合法的独立实体即特定目的载体,由特定目的载体根据该知识产权或相关权益未来可能产生的收入流在资本市场发行证券进行融资的过程。对于质押知识产权技术先进、行业领先,但借款人自身经营不善等原因导致贷款出现风险的情况,在经过审慎评估后,质权人可以考虑通过资产证券化,处置知识产权未来一定时期内的预期收益,以变现资金来偿还银行贷款。

第三节 专利权、商标权、著作权质押法律风险防控

一、专利权质押

(一) 影响专利权质押的相关法律问题分析

1. 专利权在期限届满前终止的法定情形

根据《专利法》第43条、第44条规定[①],如果专利权人没有按照规定缴纳年费或者以书面声明放弃其专利权的,专利权在期限届满前终止,其权利不再受法律保护。

2. 专利实施的强制许可和开放许可

根据《专利法》第53条至第56条规定,专利权人在法定期限内无正当理由未实施或者未充分实施其专利的,或者行使专利权行为被依法认定为垄断行为的,或者国家出现紧急状态或非常情况或为了公共利益、公共健康目的以及推进重大技术进步而要求实施其专利权的,国务院专利行政部门可以或者根据相关人员申请,作出给予实施发明专利或者实用新型专利强制许可的决定,并予以登记和公告。

---

① 《专利法》第43条规定:"专利权人应当自被授予专利权的当年开始缴纳年费。"第44条规定:"有下列情形之一的,专利权在期限届满前终止:(一)没有按照规定缴纳年费的;(二)专利权人以书面声明放弃其专利权的。专利权在期限届满前终止的,由国务院专利行政部门登记和公告。"

2021年6月1日起施行的专利法修正案增加了专利的开放许可制度①，专利权人作出开放许可声明后，有意实施专利的人只需要按照专利权人声明的标准付费，即获得专利实施许可。

3. 专利被宣告无效的风险

按照《专利法》第45条规定，自国家知识产权局公告授予专利权之日起，任何单位或者个人认为该专利权的授予不符合专利法有关规定的，均可以请求国务院专利行政部门宣告该专利权无效。

根据《专利法》第39条、第40条规定，国家知识产权局对发明专利权的授予实行实质审查，对实用新型和外观设计专利权的授予实行形式审查，因此与发明专利权相比，实用新型和外观设计专利权的权利稳定性较低，被宣告无效的可能性较大。

4. 同一发明创造只授予一项专利

根据《专利法》第9条规定，同样的发明创造只能授予一项专利权。但是，同一申请人同日对同样的发明创造既申请实用新型专利又申请发明专利，先获得的实用新型专利尚未终止，且申请人声明放弃该实用新型专利权的，可以授予发明专利权；实用新型专利权自公告授予发明专利权之日起终止。

（二）风险防控操作要点

【要点1】注意查阅专利登记簿。

国家知识产权局的专利登记簿会对专利权的质押和保全、专利权的无效宣告、专利权的终止、专利实施的强制许可等事项进行登记。应注意通过查阅专利登记簿，调查拟质押专利权是否被采取保全措施或被宣告无效，是否存在因欠缴年费或放弃权利导致专利权终止的情形，是否存在强制许可或开放许可。如存在上述情形之一，则不能出质。

【要点2】防范出质人未按规定缴纳年费的风险。

一是要求出质人提交最近一期的专利年费缴费凭证。二是要求出质人提

---

① 《专利法》第50条第1款规定："专利权人自愿以书面方式向国务院专利行政部门声明愿意许可任何单位或者个人实施其专利，并明确许可使用费支付方式、标准的，由国务院专利行政部门予以公告，实行开放许可。就实用新型、外观设计专利提出开放许可声明的，应当提供专利权评价报告。"第51条第1款规定："任何单位或者个人有意愿实施开放许可的专利的，以书面方式通知专利权人，并依照公告的许可使用费支付方式、标准支付许可使用费后，即获得专利实施许可。"

交其在专利权质押期间不会声明放弃其专利权并且能够按时缴纳专利年费的书面承诺，同时在质押合同中约定，如果专利权人不按时缴纳年费，银行为维护质权的有效性，可以视情况代专利权人缴纳相关费用，并从处置专利权所得价款中优先受偿。

【要点3】 实用新型专利质押的特别注意事项。

一是要通过查询国家知识产权局授予实用新型专利权的公告①，调查出质人是否存在以同一发明创造同时申请实用新型专利和发明专利的情况，如存在，应要求出质人承诺，为获得发明专利权而声明放弃该实用新型专利权的，应当事先取得质权人的同意，并且在发明专利授权之后要及时配合银行办理发明专利权质押登记手续。

二是以实用新型专利和外观设计专利质押时，建议要求出质人出具由国家知识产权局出具的专利权评价报告。② 专利权评价报告虽然不具有行政决定效力，但相当于国家知识产权局对该专利进行了一次实质审查，是判定专利含金量的重要依据。

【要点4】 专利权调查评估时需关注的其他因素。

一是专利权质押权利要求书、权利说明书及其附图。上述文件既是确定发明或者实用新型专利保护范围的重要文件，也是确定专利新颖性、创造性和实用性的重要依据。应注意根据上述文件分析其对专利价值的影响。

二是与专利实施状况和实施难度相关的信息，包括专利是否已经实施，实施的程度、范围和时间，实施所需要的技术条件、实施效果等。

三是专利产品的相关信息，包括专利产品的适用范围、市场需求、市场前景及市场寿命、相关行业政策发展状况、宏观经济、同类产品的竞争状况、专利产品的获利能力等。

四是与专利实施企业相关的信息，包括企业的经营状况、财务状况、近年来科研投入规模、科研人员占企业总员工数的比重、核心科研人员的学历及工作履历、已持有的专利情况、核心专利分布情况、专利布局等。

---

① 《专利法实施细则》第47条第3款规定："国务院专利行政部门公告授予实用新型专利权，应当公告申请人已依照本条第二款的规定同时申请了发明专利的说明。"

② 《专利法实施细则》第62条第1款规定："授予实用新型或者外观设计专利权的决定公告后，专利法第六十六条规定的专利权人、利害关系人、被控侵权人可以请求国务院专利行政部门作出专利权评价报告。申请人可以在办理专利权登记手续时请求国务院专利行政部门作出专利权评价报告。"

二、商标权质押

(一) 影响商标权质押的法律问题分析

1. 商标被宣告无效、被撤销的风险

根据《商标法》第44条、第45条规定，若申请人不以使用为目的恶意注册商标，或者商标因缺乏显著性、违背公序良俗、以欺骗或者其他不合法手段获得注册的，或者存在不正当竞争行为等情形的，可以由商标局直接宣告该注册商标无效或者由其他单位、个人请求商标评审委员会宣告该注册商标无效；被宣告无效的注册商标视为自始即不存在。

根据《商标法》第49条规定，若商标注册人在使用注册商标的过程中，存在自行改变注册商标、注册人名义等注册事项且限期内未改正、没有正当理由连续三年不使用等情形，商标局可撤销该商标；被撤销的注册商标，该注册商标专用权自商标局公告之日起终止。

2. 注册商标转让的限制条件

根据《商标法》第42条规定，转让注册商标的，商标注册人对其在同一种商品上注册的近似的商标，或者在类似商品上注册的相同的或者近似的商标，应当一并转让。

(二) 风险防控要点

【要点1】 防范商标被宣告无效或被撤销的风险。

一是通过查询国家知识产权局的商标登记簿和公告，调查拟出质商标是否存在被宣告无效或者被撤销的情形，如果存在，则不能作为质物。

二是为有效降低质押期间商标权被宣告无效或被撤销引发的风险，建议在借款合同中明确约定：质押商标权发生被宣告无效、被撤销争议时，无论出质人是否承认争议事实的存在，银行即有权采取要求借款人提前还款或者追加担保方式等救济措施。

【要点2】 质押范围要及于全部相关商标。

注意调查出质人在同一种或者类似商品上申请或初步审定的商标与出质商标相同或者近似的情况，并要求出质人承诺将已经取得或未来取得的与出质商标在同一或类似商品上注册的相同或近似商标一并质押，以保证后续如果需要处置质押物时，质押商标可以依法转让。

【要点3】商标权调查评估时需关注的其他因素。

一是商标的美誉度、认知度。一般来说，商标的美誉度和相关公众对商标的知晓程度越高，商标的价值就越大。商标的市场认知度表现之一为商标是否驰名。

二是商标宣传工作的持续时间、程度、费用和地理范围。

三是商标商品和服务的相关信息，包括相关商品或服务的使用范围、市场需求、同类商品或服务的竞争状况、销售渠道和销售网络、相关行业政策等。

三、著作权质押

（一）影响著作权质押的相关法律问题分析

1. 著作财产权的种类

著作财产权利种类包括：复制权、发行权、出租权、展览权、表演权、放映权、广播权、信息网络传播权、摄制权、改编权、翻译权、汇编权以及著作权人享有的其他财产权利。这些权利是和特定作品相关联的，由于作品自身特性，并不是每一种作品都具有这些财产权利。

2. 作品类别

根据著作权法规定，作品包括：文字作品；口述作品；音乐、戏剧、曲艺、舞蹈、杂技艺术作品；美术、建筑作品；摄影作品；视听作品；工程设计图、产品设计图、地图、示意图等图形作品和模型作品；计算机软件；符合作品特征的其他智力成果。

（二）风险防控要点

【要点1】质押范围要及于全部著作财产权。

为防范知识产权价值不稳定引发的风险，原则上应要求出质人将拟出质作品所具有的各种类别的著作财产权一并质押。

【要点2】著作权调查评估时需关注的其他因素。

一是关注作品的类别。不同类型的作品，其创作成本、传播成本、费用支出等方面存在各自特点，调查评估时的侧重点也不同。

二是关注作品的使用范围、市场需求、同类产品的竞争状况以及作品使用、收益的可能性和方式。

三是关注同类作品近期的市场交易及成交价格情况、宏观经济发展和相关行业政策与作品市场发展状况。

第四章 互联网贷款业务法律风险防控

互联网贷款在服务中小微企业融资和居民消费等方面发挥了积极作用，响应了客户金融需求、降低了融资成本、促进了新市民消费，成为普惠金融发展的新业态，获得了较快的发展和长足的进步。商业银行为客户提供快捷便利的在线金融服务的同时，也伴随着较之传统业务不同的法律风险。根据相关法律规定和业务实际情况，现提出以下法律风险防控建议。

第一节 互联网贷款概述

一、互联网贷款的概念

互联网贷款是指商业银行运用互联网和移动通讯等信息通讯技术，基于风险数据和风险模型进行交叉验证和风险管理、线上自动受理贷款申请及开展风险评估，并完成授信审批、合同签订、贷款支付、贷后管理等核心业务环节操作，为符合条件的借款人提供的用于消费、日常生产经营周转等的个人贷款和流动资金贷款。[1] 贷款种类主要有小微信用贷、农户信用贷、个人经营贷、个人消费贷等。

根据《商业银行互联网贷款管理暂行办法》第5条第2款规定，下列贷款应不属于互联网贷款：借款人虽在线上进行贷款申请等操作，商业银行线下或主要通过线下进行贷前调查、风险评估和授信审批，贷款授信核心判断来源于线下的贷款；商业银行发放的抵质押贷款，且押品需进行线下或主要经过线下评估登记和交付保管。

---

[1] 《商业银行互联网贷款管理暂行办法》第3条。

二、互联网贷款的特点

互联网贷款是商业银行基于互联网大数据技术开展的具有普惠性的贷款业务，较之传统线下贷款具有如下特征：一是便利性，借贷双方均通过电子渠道完成，客户自助操作，无须面对面进行协商。二是电子化，基于电子签名技术，贷款业务中所有的法律文书均通过电子方式签订、形成、存储、保管、查阅。三是快捷性，银行通过多维度大数据综合分析借款人经营状况、资信状况、履约能力等，系统自动进行评价，并将评价结果作为贷款业务的依据，实现"秒审秒贷"。四是线上化，互联网贷款业务主要通过互联网线上完成，可线下辅助，依赖于风险数据和风险模型线上完成贷款业务核心操作。

互联网贷款因具备以上特点，契合了市场主体的金融需求，受到了大众客户的青睐，业务发展规模逐步递增，成为各家商业银行发展的业务重点，以及践行金融工作政治性、人民性和做好普惠金融、数字金融"大文章"的重要体现。

第二节 互联网贷款的法律风险

一、消费者权益保护方面的法律风险

当前，法律法规、监管制度对消费者权益保护力度不断加大，金融消费者维权意识不断增强，因互联网贷款线上化、电子化等特点，业务中涉及身份信息识别、个人信息收集使用、客户权利义务告知等消费者权益事项，互联网贷款消费者权益纠纷较线下传统贷款业务较多。特别是在催收过程中，相关当事人有时会提出银行侵犯其知情权、个人信息权、隐私权等，要求银行承担相应责任。常见的理由有：因受外部欺诈、他人影响或疏忽大意等原因，对贷款事项不知情、贷款额度有误差，或银行使用征信、收集信息范围未经其授权或超出其授权范围等。

二、合同内容不完善的法律风险

目前，互联网贷款合同大部分由商业银行总部统一设置，合同内容或参

数配置更新存在一定的滞后性。个别情况下，已订立的合同因信息不完善，而增加了对外的解释说明成本。常见情形有：贷款人信息变更不及时和行政公示信息不匹配，贷款人名称和实际贷款人不一致，贷款人地址和实际地址不匹配、借款人地址或通讯地址信息不全（缺少有效信息），约定送达地址不详细，约定贷款人为网点等。

三、电子合同订立方面的法律风险

《民法典》《电子签名法》等确认了以数据电文呈现的书面形式订立合同的合法性。银行充分利用当前科学技术，结合法律法规的规定，在电子渠道解决了数据电文合法性的技术问题。但基于互联网技术的现状和互联网贷款风险模型的设置差异，电子合同的订立规范性依然有别于纸质合同，风险依然存在。数据电文的合法性要求电子合同具有唯一且不可篡改性，也即电子合同签订后应保持其原状，出示的合同和系统档案合同一致。否则，如因操作失误或系统原因出现与既有合同不一致的情形，将直接影响合同的有效性，产生合同是否成立的争议。影响情形有：基于贷后管理考虑而线下修改或补充电子合同个别内容，系统优化原因导致不同时间段既有的合同要素不一致、贷后管理时不同模块下既有的合同要素不一致，电子存证时合同形成时间和存证时间不同步等。

四、格式合同条款方面的法律风险

采用格式条款进行合同约定为互联网贷款的常用合同形式，格式条款提供方负有提示说明义务，并在出现争议时负有举证责任。格式条款提供方违反提示说明义务时，相对方对其有重大利害关系的条款可以主张不成为合同的内容。而且，《民法典》、相关法律法规以及司法解释，对提示说明的方式和程度提出了更高的要求。实践中，特别是在催收、诉讼环节，常有客户提出贷款银行未尽提示说明义务，主张相应条款不成立，要求不承担或免除其相应的责任。常见情形有：共同借款人、保证人对其共同借款人、保证人身份不认同，借款人对合同约定贷款金额不清楚，借款人对利息收取标准和方式不认同，借款人、共同借款人对贷款支付路径不清楚等。

五、债务人配偶责任承担的法律风险

互联网贷款中存在主要或部分贷款资金用于或被转移用于家庭共同生活的情形,但对债务人配偶责任的认定或追索中依然存在较大的困难和障碍,影响债权的回收。常见因素有:一是基于网络技术及操作上的难度,常见的互联网贷款产品,借款合同中未将借款人配偶作为共同借款人,也无配偶身份信息,诉讼时无法列明被告。二是借款合同中,虽有受托支付条款,但借款人多选择自主支付方式;贷款发放后,银行对后续资金流转跟踪难度较大,对借款的用途难以监测。三是从举证角度看,在夫妻共同债务上举证存在难度,银行方既无配偶承担债务的意思表示的材料,也难以证明贷款用于家庭日常生活、夫妻共同生活、共同生产经营。四是夫妻一方作为保证人时,在保证责任认定上仅有配偶一方签订保证合同,另一方无明确保证意思,即使保证人配偶明知保证人对外担保,也很难用夫妻共债进行推定。①

第三节 互联网贷款的法律风险防控措施

一、加强互联网贷款消费者权益保护

根据消费者权益保护规定,贷款业务流程中应充分保护消费者信息、隐私,充分告知风险。现提出以下建议:一是在客户办理开通网上银行、手机银行等渠道业务时,即提示客户保管好网银、手机及密码,谨慎不明的人脸识别提示,以及通过网银、手机等渠道可办理的主要业务,并提示其潜在的主要风险。二是增加预留身份信息和手机号码校验功能,与银行自身系统既有数据、政府公开系统数据或第三方其他数据进行校对,签订前及时提示客户补充修改,避免客户信息被冒用的风险。三是加强预警告知,对年龄较大的客户,重要环节进行语音提示,告知正在办理业务种类、合同责任,提高借款客户的认识。四是提示出借手机的法律后果,开通手机银行后,手机渠

---

① 《最高人民法院民一庭关于夫妻一方对外担保之债能否认定为夫妻共同债务的复函》(〔2015〕民一他字第9号)。

道即具有办理金融业务的功能；出借手机后，如手机银行密码被识破，则账户存在被使用而影响资金安全的风险。① 五是总结客户贷款受骗情况，防范客户因受欺诈而被动贷款情况的发生，对异常行为及时进行风险预警，采取适当的临时冻结措施，保障信贷资金和客户资金安全。六是遵循合法、正当、必要、诚信原则开展个人信息处理活动，依法公开处理信息的规则，明示处理信息的目的、方式和范围，并按照法律法规、监管规定及与客户的相关约定处理、使用个人信息，依法采取必要的措施保护客户合法权益。

二、完善互联网贷款法律文本内容

法律性文件内容规范性、完整性对贷后管理尤为重要，根据实践中常见的问题，提出以下完善建议：一是及时变更贷款人信息，联动工商登记公示系统，对借款合同中贷款人公示变更的信息进行及时更新调整，如贷款人名称、负责人名称、地址等，增强合同的规范性。二是规范贷款人预留信息，贷款人和其地址保持一致，避免管辖争议；贷款人设置为县级支行，可以化解网点型支行出庭手续困难的问题，提高诉讼效率。三是完善借款人身份信息、约定送达地址信息要素设置，要求客户填写具体信息，弹屏提示身份信息的重要性，提高预留信息的有效性。四是对于其他多发的争议及风险事项进行类型评估，完善数据模型，或增加线下人工审核环节，加强贷款申请内容的真实性审核。

三、规范互联网电子合同订立流程

基于法律法规对电子合同的规范性要求，建议从以下方面完善订立流程：一是强化贷款意思确认。对于风险系数较高的事项，增加录音功能，由客户明确贷款需求和贷款用途，减少客户被欺诈的风险；除密码验证确认外，加签 CA 电子签名，签名前再次进行身份识别并保存身份识别记录。二是优化系统数据处理。对签署的合同即时增加页码、时间水印或即时存证，独立存储，避免受后续合同文本要素更新的影响。三是增加合同下载功能。已签订的合同即时形成并提示客户下载保存，客户端增加合同下载模块，或在网上银行

---

① 《银行卡业务管理办法》第 28 条第 3 款规定，银行卡及其账户只限经发卡银行批准的持卡人本人使用，不得出租和转借。

等设立客户重要文件收件区，已生成的文件即时传送该区域，并保留变动日志，落实规范要求。① 四是增加订立流程记录调取功能。系统中贷后管理模块增加文本阅览、"确认"点击、密码验证等特殊事项记录、时间戳明细等下载功能，出现争议时可还原签署流程。

四、充分提示说明格式条款内容

根据法律法规及监管政策的要求，对格式条款提示说明事项建议如下：一是增加合理提示力度。对贷款额度、贷款利率、贷款期限、共同借款人等重要事项，除以特殊字体等醒目方式提示外，增加语音提示等功能，便于借款人充分理解贷款核心内容。二是针对不同年龄、不同客群，如针对年龄较大的客户、涉农贷款客户等，采取有区别的提示方式，使借款人充分注意并理解合同重要内容。三是在合同订立过程中、合同签署前，增加重要条款互动框，供借款人针对重要条款提出说明需求以及银行进行解释说明；增加回复触发提示，便于后台解释人员及时反馈信息；系统增加交互界面记录下载模块，用于后续证据所用。四是合同中增加贷款业务解释渠道。借款人可选择智能客服或人工客服咨询，对重要条款疑问获得充分解释，并由系统进行录音存档。

五、依法向借款人配偶主张还款责任

在贷款逾期催收无果时，在调查的基础上，可基于夫妻共债的事实，依法追究自然借款人配偶的还款责任。同时提出以下建议：一是贷前由自然借款人本人提供其配偶身份信息材料和联系方式，系统设置校对功能，结合大数据对配偶身份信息进行匹配识别。二是逾期催收时，自然借款人配偶配合的，可取得经配偶签字的书面共同还款承诺函，将承诺函作为后续诉讼追索的事实依据。三是逾期催收时，自然借款人配偶拒绝的，可结合合同中约定的借款用途和资金流向，主张贷款资金用于家庭日常生活；或搜集能证明贷款用于借款人夫妻家庭日常生活、共同生产经营的证据。四是《借款人配偶声明》《共同还款承诺书》等如具有"本人对该笔贷款本息及相关费用承担

---

① 《商业银行互联网贷款管理暂行办法》第25条要求"已签订的借款合同及相关数据应可供借款人随时调取查用"。

连带清偿责任",则从夫妻共同债务的角度,应向声明或承诺人主张共同还款责任,而不是连带清偿责任,避免因请求不准确、法律依据不充分而承担不利法律后果。① 五是贷款申请时增加附件功能,申请人附加配偶出具用于家庭生活、共同还款承诺书照片以及结婚证照片等,作为后续认定夫妻共债的依据。

六、加强贷后逾期催收管理工作

基于互联网贷款不同于传统贷款的特点,需要强化贷后管理,完善监测方式和流程。现提出如下建议:一是加强资金监测。特别是贷款流向监测,完善监测风险模型,发现客户违反合同约定的贷款用途,借款单位出现注吊销等经营异常情形,及时对借款额度进行管控,追究违约责任。二是提高催收的精细化。针对逾期后的催收说明,应告知准确的逾期金额或结清金额,包括罚息、复利、费用等,系统数据和催收数据应保持一致,避免产生客户按催收金额还款清偿而系统仍未结清的情形,导致客户投诉。三是贷后管理模块增加利息计算说明,包括罚息和复利,便于催收解释或诉讼证据使用。四是企业借款人在未进行清算即注销的情况下,可根据公司股东或第三人向注册登记机关出具的《简易注销全体投资人承诺书》等追究股东、债务承担人的责任。

七、积极采取多元方式进行司法追索

互联网贷款多为信用贷款,无抵质押物。建议结合实际,采取多元方式处置纠纷:一是基于法院不断深化诉源治理和强化多元解纷的背景下,在符合行内政策制度的前提下,借贷双方形成和解意向,通过法院出具民事调解书形式结案,督促借款人履行调解书确定的义务,未履行的及时向法院申请执行,以加快纠纷处理效率。二是加强与第三方调解组织的沟通,对部分纠纷尝试通过第三方调解组织进行调解,然后向法院申请司法确认,对于未履行的及时申请强制执行。三是加强与公证机关的合作,贷前有针对性地选择

---

① 依据《民法典》第692条规定,如主张连带清偿责任,可归为保证责任,而保证责任具有保证期间,在没有约定的情况下,保证期间为6个月,如超过保证期间未主张则保证责任免除。共同还款责任适用诉讼时效的规定,期限较长,更有利于债权人。

部分业务，贷后对逾期部分或续贷部分，借贷双方线上向当地公证处申请赋强公证，如再次违约，可向公证处申请出具执行证书，并向管辖法院申请强制执行。

结　论

综上，商业银行在发展互联网贷款业务、提升普惠金融服务能力的同时，针对潜在法律风险，不断完善风险预防措施，持续提升防范化解风险能力，促进互联网贷款业务的高质量发展，为金融高质量发展贡献力量。

第五章　涉农信贷业务法律风险防控

第一节　关于涉农经营主体法律分析

涉农经营主体类型主要包括农村承包经营户（农户）、集体所有制企业、涉农企业、家庭农场、农民专业合作社（农业社会化服务组织）等。

一、农村承包经营户（农户）

（一）法律属性

1. 主体性质

农村承包经营户为自然人形态。《民法典》第55条规定："农村集体经济组织的成员，依法取得农村土地承包经营权，从事家庭承包经营的，为农村承包经营户。"《民法典》总则编"自然人"一章规定了农村承包经营户这一组织形态。在家庭承包方式下，农村承包经营户可以由多个成员组成，也可以由单一成员组成。"户"是自然人的一种延伸形态，但不是纯自然人形态。自然人形态不单是指单个的自然人，也包括几个自然人的组合。

2. 特点

一是作为集体经济的发展形式之一，农村承包经营户必须为本集体经济组织成员；二是农村承包经营户必须以从事家庭承包经营为主要内容；三是农村承包经营户无须登记，也没有字号。

3. 债务承担

农村承包经营户债务的承担规则①：一是农村承包经营户的债务，以从事农村土地承包经营的农户财产承担，负无限清偿责任；二是农村承包经营户的经营活动尽管以户的方式承包，但事实上是由农户的部分成员经营，证明属实的以该部分成员的财产承担无限清偿责任，该户其他没有进行共同经营活动的成员对此债务不承担责任。

（二）法律风险防控建议

1. 办理涉及农村承包经营户的贷款业务时，应注意审查确保农村承包经营户必须为本集体经济组织成员。

2. 土地承包经营权为家庭成员共同共有财产，农户内家庭成员依法平等享有承包土地的各项权益。因此，在家庭承包方式下，抵押人为农户，其以土地承包经营权设立抵押的，需经全体家庭成员同意，故抵押人为农户内全体家庭成员。

3. 在进行债务追索时应注意：农村承包经营户的债务，以从事农村土地承包经营的农户财产承担；如有证据证明农村承包经营户事实上由农户部分成员经营的，以该部分成员的财产承担。

二、家庭农场

2008年，《中共中央关于推进农村改革发展若干重大问题的决定》首次提出家庭农场概念；2019年，《中央农村工作领导小组办公室、农业农村部、国家发展改革委等关于实施家庭农场培育计划的指导意见》明确提出，坚持农户主体发展多种类型的家庭农场，受限于其文件的政策性质，均未明确"家庭农场"的法律地位。2021年，《乡村振兴促进法》亦提出"国家支持农民专业合作社、家庭农场和涉农企业、电子商务企业、农业专业化社会化服务组织等以多种方式与农民建立紧密型利益联结机制，让农民共享全产业链增值收益""县级以上地方人民政府应当支持发展农民专业合作社、家庭农场、农业企业等多种经营主体，健全农业农村社会化服务体系"，明确"家庭

---

① 《民法典》第56条第2款规定："农村承包经营户的债务，以从事农村土地承包经营的农户财产承担；事实上由农户部分成员经营的，以该部分成员的财产承担。"

农场"作为一种农业农村社会化服务体系的经营主体,但仍未明确其法律性质。

各地工商部门在办理注册登记时,根据申请登记类型一般将家庭农场分为四类:个体工商户、个人独资企业、合伙企业和有限责任公司。根据不同登记类型进行以下分析:

(一) 家庭农场:个体工商户

1. 法律属性

(1) 主体性质。个体工商户为自然人形态。根据《个体工商户条例》规定,有经营能力的公民,依照本条例规定经工商行政管理部门登记,从事工商业经营的,为个体工商户。《民法典》总则编"自然人"一章规定了个体工商户的组织形态。《民法典》第54条规定:"自然人从事工商业经营,经依法登记,为个体工商户。个体工商户可以起字号。"个体工商户可能是一人形成个体工商户,也可能是以家庭为单位形成个体工商户,还可能以合伙的形式形成个体工商户,但其实质依然是自然人形态。

(2) 特点。一是个体工商户必须进行工商登记;二是个体工商户可以起字号;三是个体工商户包括个人经营和家庭经营两种形式,家庭经营的,参加经营的家庭成员姓名应当同时备案。

(3) 债务承担。一是个人经营的,以个人财产承担;二是家庭经营的,以家庭财产承担;三是无法区分的,以家庭财产承担。

2. 法律风险防控建议

(1) 针对个体工商户类家庭农场提供抵押的,应根据其组织形式,由个体工商户的经营者及其配偶(如有),或在登记机关备案的家庭成员出具同意抵押的书面文件。

(2) 在针对个体工商户提起诉讼时,应准确确定诉讼主体。根据《民诉法解释》,在诉讼中,个体工商户以营业执照上登记的经营者为当事人。有字号的,以营业执照上登记的字号为当事人,但应同时注明该字号经营者的基本信息;营业执照上登记的经营者与实际经营者不一致的,以登记的经营者和实际经营者为共同诉讼人。

(3) 个体工商户的字号为被执行人的,在执行阶段可以申请人民法院直接执行该字号经营者的财产。

（二）家庭农场：个人独资企业

1. 法律属性

（1）主体性质。个人独资企业为非法人组织。个人独资企业，是指依照《个人独资企业法》在中国境内设立，由一个自然人投资，财产为投资人个人所有，投资人以其个人财产对企业债务承担无限责任的经营实体。[①] 根据《民法典》第102条规定[②]，个人独资企业为非法人组织。

（2）特点。一是个人独资企业投资人为一个自然人；二是个人独资企业不具有法人资格，但是能够依法以自己的名义从事民事活动；三是投资人对本企业的财产依法享有所有权，其有关权利可以依法进行转让或继承；四是投资人可以自行管理企业事务，也可以委托或者聘用他人负责企业的事务管理。

（3）债务承担。一是个人独资企业由一个自然人投资，财产为投资人个人所有，该投资人对个人独资企业的财产享有所有权。投资人以其个人财产对企业债务承担无限责任。二是个人独资企业可以设立分支机构，分支机构的民事责任由设立该分支机构的个人独资企业承担。三是以家庭共有财产作为个人出资的，应当以家庭共有财产对企业债务承担无限责任。

2. 法律风险防控建议

（1）审查并确保个人独资企业成立后在6个月内开业，以及开业后未发生停业连续6个月的情况。[③]

（2）独资企业类家庭农场提供抵押的，抵押须取得投资人及其配偶（如有）同意，应要求投资人及其配偶（如有）出具同意抵押的书面文件。

（3）作为被执行人的个人独资企业，不能清偿生效法律文书确定的债务，申请执行人可以申请变更、追加其出资人作为被执行人；个人独资企业出资人作为被执行人的，人民法院可以直接执行该个人独资企业的财产。

---

① 《个人独资企业法》第2条规定："本法所称个人独资企业，是指依照本法在中国境内设立，由一个自然人投资，财产为投资人个人所有，投资人以其个人财产对企业债务承担无限责任的经营实体。"

② 《民法典》第102条第2款规定："非法人组织包括个人独资企业、合伙企业、不具有法人资格的专业服务机构等。"

③ 《个人独资企业法》第36条规定："个人独资企业成立后无正当理由超过六个月未开业的，或者开业后自行停业连续六个月以上的，吊销营业执照。"

(三) 家庭农场：合伙企业（普通合伙）

1. 法律属性

（1）主体性质。普通合伙企业属于非法人组织。合伙企业，是指自然人、法人和其他组织依照《合伙企业法》在中国境内设立的普通合伙企业和有限合伙企业，普通合伙企业由普通合伙人组成，合伙人对合伙企业债务承担无限连带责任。根据《民法典》第102条①规定，合伙企业属于非法人组织。本文所讨论合伙企业仅指普通合伙企业。

（2）特点。一是普通合伙企业不具有法人资格，但是能够依法以自己的名义从事民事活动；二是合伙企业名称中应当标明"普通合伙"字样；三是合伙企业事务执行方式包括全体合伙人共同执行、委托部分合伙人执行、合伙人分别执行三种方式。

（3）债务承担。一是合伙企业对其债务，应先以其全部财产进行清偿；合伙企业不能清偿到期债务的，合伙人承担无限连带责任。二是合伙的亏损分担。合伙的亏损分担，按照合伙合同的约定办理；合伙合同没有约定或者约定不明确的，由合伙人协商决定；协商不成的，由合伙人按照实缴出资比例分配、分担；无法确定出资比例的，由合伙人平均分配、分担。三是合伙人的连带责任及追偿权。合伙人对合伙债务承担连带责任，清偿合伙债务超过自己应当承担份额的合伙人，有权向其他合伙人追偿。

2. 法律风险防控建议

（1）合伙企业类家庭农场向银行借款，须履行合伙协议约定的程序或取得全体合伙人过半数同意。②

（2）接受合伙企业提供担保的，应注意审查其履行以下流程：合伙企业类家庭农场以其土地经营权提供担保的，应根据合伙协议的约定由合伙人作出同意担保的决议，如合伙协议未作约定的，应由全体合伙人过半数同意；以合伙企业名义为他人提供担保，除合伙协议另有约定外，应当经全体合伙

---

① 《民法典》第102条第2款规定："非法人组织包括个人独资企业、合伙企业、不具有法人资格的专业服务机构等。"

② 《合伙企业法》第30条第1款规定："合伙人对合伙企业有关事项作出决议，按照合伙协议约定的表决办法办理。合伙协议未约定或者约定不明确的，实行合伙人一人一票并经全体合伙人过半数通过的表决办法。"

人一致同意。

（3）接受合伙企业的合伙人提供担保的，应注意审查其履行以下流程：合伙人以其在合伙企业中的财产份额出质的，须经其他合伙人一致同意；未经其他合伙人一致同意，其行为无效。

（4）合伙企业类家庭农场贷款逾期的，在起诉时，应根据合伙企业性质另列合伙人为共同被告；在执行阶段，可以向法院申请变更、追加合伙人为被执行人。

（5）合伙企业不能清偿到期债务的，债权人可以依法向人民法院提出破产清算申请，也可以要求普通合伙人清偿；合伙企业依法被宣告破产的，合伙人对合伙企业债务仍应承担无限连带责任。

（四）家庭农场注册：有限责任公司

1. 法律属性

（1）主体性质。有限责任公司是营利法人。有限责任公司是股东以其认缴的出资额为限对公司承担责任的企业法人。[①] 根据《民法典》第 76 条规定，有限责任公司属于营利法人。[②]

（2）特点。一是有限责任公司必须在公司名称中标明有限责任公司或者有限公司字样；二是有限责任公司的股东以其认缴的出资额为限对公司承担责任；三是有限责任公司由 50 个以下股东出资设立。

（3）债务承担。一是有限责任公司以其全部财产对公司的债务承担责任。二是有限责任公司的股东以其认缴的出资额为限对公司承担责任。三是有限责任公司分支机构债务承担。分支机构产生的民事责任由法人承担；也可以先以该分支机构管理的财产承担，不足以承担的，由法人承担。

2. 法律风险防控建议

（1）有限责任公司的分支机构作为借款主体时，应注意审查：申请人应

[①] 《公司法》第 3 条规定："公司是企业法人，有独立的法人财产，享有法人财产权。公司以其全部财产对公司的债务承担责任。公司的合法权益受法律保护，不受侵犯。"第 4 条规定："有限责任公司的股东以其认缴的出资额为限对公司承担责任；股份有限公司的股东以其认购的股份为限对公司承担责任。公司股东对公司依法享有资产收益、参与重大决策和选择管理者等权利。"

[②] 《民法典》第 76 条规定："以取得利润并分配给股东等出资人为目的成立的法人，为营利法人。营利法人包括有限责任公司、股份有限公司和其他企业法人等。"

提供经当地登记主管机关核准颁发的《营业执照》；申请人应提供法人对该分支机构的书面授权。

（2）有限公司型家庭农场提供担保的，须根据公司章程规定，由股东会或董事会决议通过。

（3）在执行阶段，作为被执行人的有限责任公司，财产不足以清偿生效法律文书确定的债务，可以申请变更、追加未缴纳或未足额缴纳出资的股东、出资人或依公司法规定对该出资承担连带责任的发起人为被执行人，在尚未缴纳出资的范围内依法承担责任。

三、农民专业合作社（农民专业合作社联合社）

（一）法律属性

1. 主体性质

农民专业合作社具有法人资格。农民专业合作社是指在农村家庭承包经营基础上，农产品的生产经营者或者农业生产经营服务的提供者、利用者，自愿联合、民主管理的互助性经济组织。农民专业合作社具有法人资格。①

农民专业合作社联合社具有法人资格。三个以上的农民专业合作社在自愿的基础上，可以出资设立农民专业合作社联合社。根据《农民专业合作社法》规定，农民专业合作社联合社依照经登记即取得法人资格，登记类型为农民专业合作社联合社。

2. 特点

（1）农民专业合作社的特征。一是成员以农民为主体，村民委员会不能成为农民专业合作社的单位成员。二是成员有5名以上，且农民至少应当占成员总数的80%；成员总数20人以下的，可以有一个企业、事业单位或者社会组织成员；成员总数超过20人的，企业、事业单位和社会组织成员不得超过成员总数的5%。三是农民专业合作社成员大会选举和表决，实行一人一票制，成员各享有一票的基本表决权；出资额或者与本社交易量（额）较大的成员按照章程规定，可以享有附加表决权。

（2）农民专业合作社联合社的特征。一是农民专业合作社联合社由3个

---

① 《农民专业合作社法》第5条第1款规定："农民专业合作社依照本法登记，取得法人资格。"

以上的农民专业合作社出资设立；二是农民专业合作社联合社不设成员代表大会，设立由全体成员参加的成员大会，成员大会选举和表决实行一社一票。

3. 债务承担

（1）农民专业合作社债务承担。一是农民专业合作社对由成员出资、公积金、国家财政直接补助、他人捐赠以及合法取得的其他资产所形成的财产，享有占有、使用和处分的权利，并以上述财产对债务承担责任。二是农民专业合作社成员以其账户内记载的出资额和公积金份额为限对农民专业合作社承担责任。

（2）农民专业合作社联合社债务承担。一是农民专业合作社联合社以其全部财产对该社的债务承担责任。二是农民专业合作社联合社的成员以其出资额为限对农民专业合作社联合社承担责任。

（二）法律风险防控建议

1. 开展信贷业务时，应注意审查农民专业合作社/联合社章程，查看章程对农民专业合作社/联合社的经营范围具体规定与其所办理业务是否一致；查看章程规定是否对借款/担保有禁止性规定。

2. 在接受农民专业合作社/联合社作为借款人[①]和担保人时，应注意符合法律规定程序和章程规定的决策程序：该事项须经农民专业合作社/联合社的成员大会通过，且本社成员表决权总数过半数表决通过；如果合作社章程对表决权数有较高规定的，应符合章程的规定[②]；农民专业合作社/联合社成员大会出席人数应当达到成员总数的三分之二以上。

3. 审查并确保农民专业合作社/联合社连续2年从事经营活动。[③]

4. 农民专业合作社/联合社合并、分立，应当自决议作出之日起10日内通知银行债权人。

---

① 《农民专业合作社法》第29条规定："农民专业合作社成员大会由全体成员组成，是本社的权力机构，行使下列职权……（三）决定重大财产处置、对外投资、对外担保和生产经营活动中的其他重大事项。"建议将借款事项参照上述规定进行审查。

② 《农民专业合作社法》第30条规定："农民专业合作社召开成员大会，出席人数应当达到成员总数三分之二以上。成员大会选举或者作出决议，应当由本社成员表决权总数过半数通过；作出修改章程或者合并、分立、解散，以及设立、加入联合社的决议应当由本社成员表决权总数的三分之二以上通过。章程对表决权数有较高规定的，从其规定。"

③ 《农民专业合作社法》第71条规定："农民专业合作社连续两年未从事经营活动的，吊销其营业执照。"

四、农村集体经济组织

(一) 法律属性

1. 主体性质

农村集体经济组织属于特别法人。① 它是以集体土地所有权归属为基础，由原人民公社、生产大队、生产队改制而来，主要采取经济合作社、股份经济合作社等组织形式，管理集体资产、服务集体成员的农村社区性经济组织。根据《民法典》第96条规定，农村集体经济组织属于特别法人。现阶段由县级以上地方政府主管部门负责向农村集体经济组织发放组织登记证书。

2. 特点

第一，农村集体经济组织具有法人资格；第二，确认农村集体经济组织成员身份的原则、程序等，由法律、法规规定②；第三，农村集体经济组织依法设立成员大会、理事会、监事会，成员大会为最高权力机构；第四，农村集体经济组织的财务活动应当依法依规接受乡镇人民政府（包括街道办事处，下同）和农业农村部门、财政部门的监督指导，接受审计等相关部门的监督。

3. 债务承担

根据《民法典》法人债务承担规则，农村集体经济组织作为特别法人，以其全部财产独立承担民事责任。

(二) 法律风险防控建议

1. 审查农村集体经济组织章程，查看章程对借款/担保是否有禁止性规定。

2. 在接受农村集体经济组织作为借款人和担保人时，应注意符合法律规定程序和章程规定的决策程序。审查农村集体经济组织内部决策文件，农村

---

① 《民法典》第96条规定："本节规定的机关法人、农村集体经济组织法人、城镇农村的合作经济组织法人、基层群众性自治组织法人，为特别法人。"

② 《农村土地承包法》第69条规定："确认农村集体经济组织成员身份的原则、程序等，由法律、法规规定。"目前，农村集体经济组织在《土地管理法》《农村土地承包法》《民法典》《村民委员会组织法》等法律法规中都只提出了一个名词概念，而对集体经济组织的微观构成，即集体经济组织成员资格确定的标准却不够明确。

集体经济组织借款从事经营性活动应当纳入村级重大事项决策范围，参照执行"四议两公开"机制①，并报乡镇党委、政府或农业农村部门审核或备案。章程有更高规定的，应确保符合章程规定。

3. 注意审查农村集体经济组织借款不用于兴办公益事业。

4. 不得接受农村集体经济组织以及农村集体经济组织经营管理人员以本集体资产为其他单位和个人提供担保。②

五、乡村集体所有制企业

(一) 法律属性

1. 主体性质

经登记的乡村集体所有制企业取得法人资格。乡村集体所有制企业是由乡村农民集体创办的企业，主要是农业生产合作社、农村供销合作社、农村信用社以外的农民集体创办的企业，是我国社会主义公有制经济的组成部分。根据《乡村集体所有制企业条例》规定，乡村集体所有制企业经依法审查，具备法人条件的，登记后取得法人资格。③

2. 特点

（1）乡村集体所有制企业实行自主经营，独立核算，自负盈亏。

（2）企业财产属于创办该企业的乡或者村范围内的全体农民集体所有，由乡或者村的农民大会（农民代表会议）或者代表全体农民的集体经济组织行使企业财产的所有权；企业实行承包、租赁制或者与其他所有制企业联营的，企业财产的所有权不变。

（3）企业经营者是企业的厂长（经理）。企业实行厂长（经理）负责制，厂长（经理）对企业全面负责，代表企业行使职权。

---

① 《"四议两公开"工作法实施细则》第 2 条规定："四议两公开"工作法，即所有村（居）重大事项必须在村（居）党组织的领导下，严格按照"四议""两公开"的程序进行决策和实施。"四议"，即村（居）党组织会提议、村（居）"两委"会商议、党员大会审议、村（居）民代表会议或村（居）民会议决议；"两公开"：即决议公开、实施结果公开。

② 《农村集体经济组织财务制度》第 23 条第 2 款规定："农村集体经济组织以及农村集体经济组织经营管理人员，不得以本集体资产为其他单位和个人提供担保。"

③ 《乡村集体所有制企业条例》第 10 条规定："乡村集体所有制企业经依法审查，具备法人条件的，登记后取得法人资格，厂长（经理）为企业的法定代表人。"

3. 债务承担

乡村集体所有制企业经注册取得法人资格后，以其全部财产独立承担民事责任。

(二) 法律风险防控建议

接受乡村集体所有制企业作为借款或者担保主体的，应注意审查企业决策程序。对已登记为法人企业的，应该按章程确定对外担保的决策机构、权限及程序；对属于非法人企业的，应由乡或者村的农民大会（农民代表会议）表决通过，或者由代表全体农民的集体经济组织同意。①

第二节 涉农信贷新型担保方式法律问题研究

一、农村土地经营权抵押

(一) 法律可行性分析

1. 基于家庭承包经营权产生的土地经营权可设置抵押权。根据《民法典》第339条、第341条，产生于家庭承包经营权的土地经营权，可自由流转，为土地经营权抵押奠定了基础；《民法典》虽未直接明确该种土地经营权可抵押，但删除了"耕地"作为禁止抵押的财产类型，且土地经营权不属于法律、行政法规禁止抵押的财产类型；《农村土地承包法》第47条规定，承包方可用承包地的土地经营权向金融机构融资担保，并向发包方备案。综上，家庭承包经营权产生的土地经营权可设置抵押权。

2. 基于招标、拍卖、公开协商等方式承包农村土地产生的土地经营权可设置抵押。根据《民法典》第342条，通过招标、拍卖、公开协商等方式承包农村土地，经依法登记取得权属证书的，可以抵押。通过此种方式取得的

---

① 《乡村集体所有制企业条例》第18条第1款规定："企业财产属于举办该企业的乡或者村范围内的全体农民集体所有，由乡或者村的农民大会（农民代表会议）或者代表全体农民的集体经济组织行使企业财产的所有权。"第19条第1款规定："企业所有者依法决定企业的经营方向、经营形式、厂长（经理）人选或者选聘方式，依法决定企业税后利润在其与企业之间的具体分配比例，有权作出关于企业分立、合并、迁移、停业、终止、申请破产等决议。"

农村土地承包经营权的土地主要为不宜采取家庭承包方式的荒山、荒沟、荒丘、荒滩等"四荒"农村土地。

(二) 法律风险防范建议

1. 确保土地经营权的取得方式合法,且权属清晰、权利无瑕疵。家庭承包的土地经营权:如抵押人为原始承包方,该承包方是本集体经济组织的农户;发包方应当与承包方签订书面承包合同;登记机构应当向承包方颁发土地承包经营权证书,确认土地承包经营权。如抵押人通过流转取得土地经营权,应确保原始承包方依法取得土地承包经营权;受让方与原始承包方应当签订书面流转合同;土地经营权流转期限为五年以上的,需取得登记机构土地经营权确权登记;受让方再流转土地经营权的,应取得承包方书面同意,并向本集体经济组织备案。通过招标、拍卖、公开协商等方式取得承包经营权:如抵押人为原始承包方,应确保承包人通过招标、拍卖、公开协商的合法方式取得承包经营权;原始承包人为本集体经济组织以外的单位或者个人,应当事先经本集体经济组织成员的村民会议三分之二以上成员或者三分之二以上村民代表的同意,并报乡(镇)人民政府批准。

2. 履行必要的登记备案手续。家庭承包的土地经营权抵押:如抵押人为原始承包方,其以土地经营权办理抵押融资,应向发包方备案;如抵押人通过流转取得土地经营权,其以土地经营权办理抵押融资,应取得承包方书面同意并向发包方备案。通过招标、拍卖、公开协商等方式取得土地经营权的,应依法进行登记并取得土地经营权权属证书。

3. 落实土地承包经营权的剩余承包期限。接受土地经营权抵押前,应落实该土地剩余承包期限是否可以覆盖抵押期限,并在评估中予以考虑;如无法覆盖,要求抵押人在抵押登记前,依照农村土地承包的相关法律规定,办理继续承包土地的相关手续。

4. 审查了解土地经营权需缴纳相关税费情况。若拟抵押的土地经营权在流转中存在应缴未缴的税款,在抵押物价值评估中应予以考虑;建议要求抵押人在抵押登记办理前予以缴足,确保土地经营权不存在未结税费负担。

5. 及时办理抵押登记。接受土地经营权抵押的,应及时向县级人民政府土地主管部门申请办理抵押登记。

6. 地上附着物一并抵押,并履行相应的登记手续。在土地(承包)经营权抵押时，地上大棚、圈舍等构筑物及农作物建议一并作为抵押物，并根据当地要求前往有权登记机构办理抵押登记。

二、农村集体经营性建设用地使用权抵押

（一）法律可行性分析

1. 农村集体经营性建设用地的所有权归属于农村集体。《民法典》"土地承包经营权""建设用地使用权"均不包括农村集体经营性建设用地。根据《民法典》第260条第1款"集体所有的不动产和动产包括：法律规定属于集体所有的土地"，在法律未规定农村集体经营性建设用地属于国家的情况下，所有权属于农村集体。

2. 农村集体经营性建设用地可设置抵押。农村集体经营性建设用地属于农村集体所有土地，土地承包方案以及将土地发包给本集体以外的组织或者个人承包的，应当依照法定程序经本集体成员决定。《土地管理法》第63条与上述规定一致，同时规定"通过出让等方式取得的集体经营性建设用地使用权可以转让、互换、出资、赠与或者抵押，但法律、行政法规另有规定或者土地所有权人、土地使用权人签订的书面合同另有约定的除外"。综上，农村集体经营性建设用地使用权可设置抵押。

（二）法律风险防范建议

1. 确保农村集体经营性建设用地的取得方式合法。拟抵押的集体经营性建设用地使用权为出让方式取得，且经本集体经济组织成员的村民会议三分之二以上成员或者三分之二以上村民代表同意；符合土地利用总体规划及城乡规划，确定为工业、商业等经营性用途；依法取得县级以上人民政府或主管部门颁发的农村集体经营性建设用地权属证书。

2. 审查土地及地上建筑物是否存在权利负担。若农村集体经营性建设用地上存在建筑物，应一并抵押登记；确保抵押的农村集体经营性建设用地使用权及其地上建筑物、其他附着物未设定影响处置变现和优先受偿的其他权利。

3. 拒绝接受下列集体经营性建设用地使用权作为抵押物。权属不清或存在争议的；被司法机关依法查封的；被依法纳入拆迁征地范围的；擅自改变

土地用途的；法律法规或监管规定其他不得办理抵押的情形。

4. 依法办理抵押登记。农村集体经营性建设用地使用权抵押登记参照国有建设用地使用权抵押登记有关规定，由所在地不动产登记机构办理，抵押权自登记时设立。

5. 注意抵押财产处置相关问题。在抵押合同中明确：抵押权存续期间，如国家依法征收该宗土地，补偿费用优先偿还借款人债务，或另行提供其他足值有效担保；出现当事人约定的实现抵押权的情形时，抵押权人可通过折价、拍卖、变卖抵押财产等合法途径处置抵押物，并对所得价款优先受偿。应注意，在处置农村集体经营性建设用地使用权时，土地所有权人在同等条件下享有使用权优先购买权。

三、农村集体资产股权质押

（一）法律可行性分析

农村集体资产股权，是指农村集体经济组织将集体经营性资产净额折股量化到集体经济组织成员的农村集体资产股权。农民集体资产股权具有表征农民行使集体资产所有权的形式资格权属性和分享集体资产所有权收益权能的实际份额请求权属性。农村集体资产股权具有财产价值并且具有可让与性，可以成为质押的客体，且不属于法律、行政法规规定禁止转让的权利类型，因此，可以作为质押物设置质权。

（二）法律风险防范建议

1. 注意审查出质人的主体资格。出质人为自然人的，应提供为某农村集体经济组织内部成员有关身份的证明；出质人为集体经济组织的，注意核实相关证明资料。

2. 不得约定流质条款。订立股权质押贷款合同时，出质人和贷款人在合同中不得约定在债务人履行期限届满贷款人未受清偿时，股权转移为贷款人所有。

3. 依法履行质押登记手续。质权人与质押人签订书面质押合同，双方到拟质押的农村集体资产股权所在地农村产权交易机构办理股权质押登记手续，取得他项权证。

4. 注意关注农村集体资产股权处置问题。借款主体因不履行到期债务或者发生当事人约定的情形需要实现质权时，金融机构可以采取股权协商收购、集体经济组织赎回及申请收储等多种方式处置集体资产股份，所得价款用于偿还债务人债务。农民集体资产股权处置时，受让人原则上应为本集体经济组织或本集体经济组织内部成员。

四、林权抵押

（一）法律可行性分析

《民法典》第十一章"土地承包经营权"规定，林地属于农业用地，林权属于土地承包经营权的一种。土地经营权可流转和抵押，则林权抵押具有法律依据和可行性。

（二）法律风险防范建议

1. 确保拟抵押林权属于可以抵押类型。根据《中国银行业监督管理委员会、国家林业局关于林权抵押贷款的实施意见》，只有用材林、经济林、薪炭林的林木所有权、使用权以及相应的林地使用权可用于抵押，其他类型的森林、林木和林地使用权不得抵押。

2. 确保林地使用权取得方式和程序依法合规。抵押人取得法定确权登记，登记机构应当发放林权证书。履行法定承包手续，如承包方为林地所在集体经济组织以外的单位或者个人，应事先经本集体经济组织村民会议三分之二以上成员或者三分之二以上村民代表的同意，并报乡（镇）人民政府批准；如抵押人流转取得林权，应注意取得原始承包方书面同意，并向本集体经济组织备案。

3. 审查林权流转中需缴纳相关税费情况。若拟抵押的林权流转中存在应缴未缴的税款，在抵押物价值评估中予以考虑；要求抵押人在抵押登记办理前予以缴足，确保不存在未结税费负担。

4. 林木所有权、使用权以及林木占用的林地使用权需一并抵押。森林或林木资产抵押时，其林地使用权必须同时抵押，但不得改变林地的属性和用途。因此，林木所有权、使用权以及林木占用的林地使用权应一并抵押。

5. 依法办理林权抵押登记。须由林权证上载明的权利人签署抵押合同并到县级以上政府林业主管部门依法办理抵押登记手续。

6. 关注林木采伐许可证的取得情况并对采伐收入进行控制。如抵押人已取得林木采伐许可证，可要求交由抵押权人保管，并向林木行政管理部门办理登记备案；在借款合同和抵押合同中约定，抵押人确需采伐林木的，采伐收入进入监管账户或者用于归还贷款。随时关注抵押物状况，定期检查、账实核对，避免他人侵害抵押物。

五、海域使用权抵押

（一）法律可行性分析

《民法典》第 395 条首次在法律层面明确规定海域使用权属于可抵押的财产类型，将促进海域使用权抵押融资业务发展。

（二）法律风险防范建议

1. 确保海域使用权合法性。确保拟抵押海域使用权具备合法海域使用权证书。

2. 确保海域使用权不存在权利负担。海域使用权权属清晰，且不存在争议；抵押人已经按规定缴纳海域使用金。

3. 审查海域使用权实际用途。抵押人不存在改变海域用途等违法用海行为。

4. 及时办理抵押登记手续。应按照《海域使用权登记办法》的要求到原登记机关办理抵押登记。

5. 关注海域抵押权处置问题。在行使抵押权时，如转让海域使用权，还需满足以下条件：除海域使用金以外，实际投资已达计划投资总额 20% 以上；开发利用海域已满 1 年。

6. 固定附属用海设施一并抵押。临海土地是否一并抵押，要视临海土地对于海域使用权经济价值实现的重要程度而定；临海工业、港口物流、交通旅游等行业的海域使用权抵押，可优先考虑将临海土地使用权一并办理抵押登记；在渔业、养殖捕捞等海域价值与临海土地关联度较低的行业中，可不要求一并抵押。

六、水域滩涂养殖权抵押

(一) 法律可行性分析

根据《水域滩涂养殖发证登记办法》，水域、滩涂，是指经县级以上地方人民政府依法规划或者以其他形式确定可以用于水产养殖业的水域、滩涂；水域滩涂养殖权，是指依法取得的使用水域、滩涂从事水产养殖的权利。由此，水域滩涂养殖权属于用益物权的一种。水域滩涂养殖权不属于《民法典》规定禁止抵押的财产，因此水域滩涂养殖权可以抵押。

(二) 法律风险防范建议

1. 水域滩涂养殖权合法取得且无权利瑕疵。抵押人合法取得水域滩涂养殖权；用于抵押的水域滩涂资源资产不属于法律禁止抵押的范围；位于贷款银行所在地，且符合该地渔业产业规划政策要求，并持所在区（县）人民政府核发的水域滩涂养殖证书。

2. 落实剩余养殖权截止期限。用于抵押的水域滩涂资源资产的抵押期限不超过水域滩涂养殖证规定的水域滩涂养殖权截止期限。

3. 审查不同主体持有水域滩涂养殖权办理抵押的决策程序。以集体所有的水域滩涂资源资产抵押的养殖户（企业）必须经集体经济组织代表会议或村民代表会议通过；以有限责任公司、股份有限公司所有的水域滩涂资源资产抵押的，必须经董事会或股东会通过，但企业章程另有规定的除外；以共有的水域滩涂资源资产抵押的，抵押人必须同时取得其他共有人的书面同意；以国有单位水域滩涂资源资产抵押的，须经有权机关审查批准。

4. 水生动物、建筑物和其他设施一并抵押。签订抵押合同时，明确水域滩涂中养殖的水生动物、水域滩涂上的建筑物及其他设施与水域滩涂养殖权同时抵押。

5. 依法办理抵押登记手续。登记机关为（区）县发证登记机关或指定的渔业主管部门。

七、渔船抵押

（一）法律可行性分析

渔船不属于《民法典》第399条禁止抵押的财产范围，也不属于"法律、行政法规禁止抵押的其他财产"，可以作为抵押物设置抵押权。《渔业船舶登记办法》对渔业船舶抵押登记进行了明确规定。

（二）法律风险防范建议

1. 渔船所有权明确。抵押人对渔船拥有无争议的所有权；渔船共有人以共有渔船设定抵押时，应提供三分之二以上份额或约定份额的共有人同意的证明文件；具有合法有效的渔业船舶所有权证、渔业船舶登记证（或渔业船舶国籍证）、渔业船舶检验证、年度检验合格证。

2. 依法办理抵押登记。办理渔船抵押应及时办理抵押登记。县级以上地方人民政府渔业行政主管部门主管本行政区域内的渔业船舶登记工作，县级以上地方人民政府渔业行政主管部门所属的渔港监督机关依照规定权限负责本行政区域内的渔业船舶登记及监督管理工作。

3. 关注渔船之上权利负担。根据《海商法》规定，造船人、修船人在合同另一方未履行合同时，可以留置所占有的船舶，以保证造船费用或者修船费用得以偿还的权利，船舶留置权的行使先于船舶抵押权；船舶工作人员的劳动报酬、社会保障费、人身伤亡赔偿和部分船舶税费的受偿先于船舶抵押权。实践中，部分渔船不能达到《海商法》规定的船舶标准，但为避免最终处置抵押物时被他人主张优先权，建议高度重视优先权的排查，并据此合理评估渔船价值。

八、农业大棚抵押

（一）法律可行性分析

农业大棚不属于《民法典》禁止抵押的财产类型，因此，可以作为抵押物设置抵押权。

（二）法律风险防范建议

1. 农业大棚的所有权明确且取得确权证书。抵押人为某一农村经济组织中有自有或拟建大棚的农户或农民合作社；抵押人所持农业大棚建议为本人所有，土地为本人承包或本人责任土地；农业大棚权属明晰，抵押人已取得当地农业管理部门颁发的农业大棚所有权证。

2. 土地使用权一并抵押。使用农业大棚抵押贷款时，农业大棚法定寿命期限内土地使用权同时抵押。

3. 符合区域规划。设定抵押的农业大棚符合本区域农业大棚发展计划。

4. 及时办理抵押登记。及时到当地规定的产权交易中心办理抵押登记手续。以潍坊地区为例，齐鲁农村产权交易中心办理抵押登记手续。

九、大型农机具抵押[①]

（一）法律可行性分析

大型农机具抵押贷款主要用于农村农业基础设施建设维修扩建，农业生产工具的引进等。大型农机具不属于《民法典》禁止抵押的财产类型，可以作为抵押物设置抵押权。

（二）法律风险防范建议

1. 严格核实拟抵押机械设备的权属。通过现场查看，收集购置合同并与相应发票相核对，无所有权保留条款或已满足所有权转移条件，确保权属清晰；取得有权机构颁发的农业设施产权证。

2. 防止重复抵押。要求抵押人提供工商局登记备案的《动产抵押登记书》，核查拟抵押机械设备是否存在重复抵押的情况；未设立《民法典》第416条[②]规定的"超级优先权"。

3. 及时进行登记公示。在工商行政管理部门办理抵押登记。在农机登记证书上记载抵押登记内容，并在农机行驶证上加盖抵押专用章。完善抵押登记辅助公示手段，在办理抵押登记的同时，在农机上粘贴抵押标签，使潜在交易人能够低成本地获得动产的抵押信息；将相关抵押登记信息输入联网的

---

① 中国人民银行、中央农办、农业农村部、财政部、银保监会和证监会发布的《关于金融支持新型农业经营主体发展的意见》（银发〔2021〕133号）指出，银行业金融机构要积极推广农村承包土地的经营权抵押贷款，支持农机具和大棚设施等依法合规抵押质押融资。

② 《民法典》第416条规定："动产抵押担保的主债权是抵押物的价款，标的物交付后十日内办理抵押登记的，该抵押权人优先于抵押物买受人的其他担保物权人受偿，但是留置权人除外。"

计算机系统，使登记信息实现互联和共享。

4. 加强抵押设备的动态管理。定期现场查看抵押设备的放置场所、使用损耗、维修保养等情况，持续跟踪了解抵押物的权属、价值状况，及时办理抵押变更登记、续期登记手续；定期重估，若发现抵押设备价值不能覆盖债权金额时，应要求偿还贷款或追加担保措施。

第六章　植物新品种权质押法律风险防控

植物新品种权是农业领域一项重要的知识产权,植物新品种权质押融资对于支持乡村振兴、促进农业发展具有重要意义。本章通过对植物新品种权质押相关法律问题进行分析,就如何更好地开展植物新品种权质押融资提出法律风险防范建议。

一、开展植物新品种权质押融资的重要意义

(一) 植物新品种权质押概述

植物新品种权,是指完成育种的单位或个人对其授权品种依法享有的排他的独占权。近年来,我国植物新品种权的授权数量不断增长,目前农业植物新品种权授权量已超过 3 万件,林业和草原植物新品种授权量 5000 余件,植物新品种权市场蕴含着巨大的经济价值,为品种权质押融资提供了充分的客观条件。

植物新品种权质押,就是以植物新品种权作为质押物来担保债务履行的法律行为。

(二) 植物新品种权质押融资的重要意义

种子是农业的"芯片",加强种业科学技术研究,运用植物新品种权,激励育种原始创新,是确保国家粮食安全和发展现代农业的基础。习近平总书记指出:"种源安全关系到国家安全,必须下决心把我国种业搞上去,实现种业科技自立自强、种源自主可控。"[1] 国家各部委多次出台文件,强调金融支持乡村振兴,鼓励金融机构拓展新型知识产权质押融资。因此,开展植物新品种权质押融资,是银行服务乡村振兴,助力农业发展的重要举措。植物新

---

[1] 习近平:《论"三农"工作》,中央文献出版社 2020 年版,第 332 页。

品种权质押融资，能够充分利用品种权的融资担保价值，有效缓解农业企业因缺少合格抵质押物引发的融资难问题，为企业开展育种技术创新提供资金支持，推进种业高质量发展。

二、植物新品种权质押面临的法律风险

（一）品种权权属不清的风险

植物新品种权的获得，须经国家有权机关进行审查后颁发《植物新品种权证书》，并予以登记和公告。品种权证书是权利人享有品种权的证明，但实践中，一项新的植物品种的培育往往需要单位和个人等多方面的努力，权利关系比较复杂，如果出现权属纠纷或侵权纠纷，可能会给品种权质押融资带来风险。

（二）品种权终止的风险

1. 因保护期届满而终止。品种权具有"时间性"，一旦超过法律规定的保护期限，品种权就终止了。根据相关法律规定，品种权的保护期限，自授权之日起，藤本植物、林木、果树和观赏树木为20年，其他植物为15年。

2. 提前终止的风险。发生下列情形之一，将导致品种权在其保护期限届满前终止：（1）品种权人以书面声明放弃品种权的；（2）品种权人未按照规定缴纳年费的；（3）品种权人未按照审批机关的要求提供检测所需的该授权品种的繁殖材料的；（4）经检测该授权品种不再符合被授予品种权时的特征和特性的。

（三）品种权被宣告无效的风险

授予品种权的植物新品种应当具备新颖性、特异性、一致性、稳定性。任何单位或者个人如果发现植物新品种不符合前述条件，都可以向审批机关申请宣告品种权无效。被宣告无效的品种权视为自始不存在。

（四）品种权被强制许可的风险

强制许可的风险，是指为了国家利益或公共利益，国家审批机关可以不经品种权人同意，允许其他单位或个人实施品种权。如果出现这种情况，品种权的质押融资价值将显著降低甚至丧失。

(五) 品种权质权未有效设立的风险

我国对品种权质押采取的是登记生效主义，品种权质权自办理出质登记时设立。如果未进行质押登记，则品种权质权不生效。

三、植物新品种权质押的法律风险防控措施

(一) 审查出质植物新品种权的法律状态

一是要认真调查出质品种权的权属状态，要求出质人提交品种权证书。如果存在共同知识产权人的，出质人还需提交共同知识产权人同意以该品种权进行质押的书面文件。

二是要通过查询国家有权机关的登记簿和公告等方式，审查品种权是否存在提前终止、被宣告无效、被强制许可、被查封保全等情况。如果存在，则应谨慎接受。

三是通过全国法院被执行人信息查询系统等途径查询质押品种权是否涉诉，包括是否存在品种权侵权纠纷、权属纠纷、行政纠纷等，并就涉诉信息对品种权权属和价值的影响程度进行分析和评估。

四是注意查看品种权证书上的授权日和保护期限，准确计算品种权的保护期届满日，并注意贷款到期日以及品种权的未来处置期限不能超过品种权的保护期届满日。

(二) 完善植物新品种权质押合同

质押合同除了要具备被担保债权的种类和数额、债务人履行债务的期限、担保范围、出质品种权的具体信息等一般条款外，还有必要根据品种权的特性，对相关事项进行特别约定，包括但不限于：

1. 出质人有维持质押权利有效的义务，包括未经质权人同意，不得声明放弃已出质的品种权；承诺按时缴纳品种权年费，并同意质权人为维护质权的有效性可视情况代其缴纳年费；承诺按照审批机关要求提供检测所需的该授权品种的繁殖材料等。

2. 出质人承诺在质押期间如取得与设质品种权具有相关性的实质性派生品种，将一并质押给银行。

3. 实现质权时，出质人应积极配合银行并向银行交付繁殖材料等相关技

术资料，以便于银行实现质权。

（三）及时办理质押登记

出质人与银行（或者委托他人办理）应持相关证件、材料等到农业农村部（负责农业植物新品种权的登记）或国家林草局（负责林木、竹、木本观赏植物等植物新品种权的登记）办理品种权质押登记手续，质权自办理出质登记时设立。

（四）做好有针对性的贷后管理

为防范植物新品种权的权利状态和价值的不稳定性可能带来的风险，要对品种权质权采取有针对性的贷后管理措施：一是要注意监控品种权的权利存续状况，重点关注出质品种权的有效性、年费缴纳情况、是否涉诉，出质人有无擅自处分品种权的行为等。二是要注意监测品种权价值变动情况。建立健全品种权的动态评估制度，定期对影响品种权价值的重要因素进行调查和评估。一旦发现可能影响质权实现的风险事项，要根据法律规定和合同约定及时采取维权措施。

第七章　集成电路布图设计专有权质押法律风险防控

集成电路是信息技术产业高速发展的基础。大力发展集成电路布图设计专有权质押融资业务，对助力科创企业发展、支持企业创新具有重要意义。本章通过对集成电路布图设计专有权质押相关法律问题进行分析，揭示专有权质押法律风险并提出防控建议。

一、开展集成电路布图设计专有权质押业务的重要意义

布图设计是集成电路产品的"施工图"。为鼓励集成电路技术创新，保护布图设计专有权，国务院于2001年颁布了《集成电路布图设计保护条例》。在宏观政策扶持和市场需求提升的双重驱动下，集成电路产业持续快速发展，布图设计专有权申请及发证数量呈现快速增长趋势，但布图设计专有权质押业务却发展缓慢。

2022年9月，中国银保监会和中国人民银行联合印发了《关于推动动产和权利融资业务健康发展的指导意见》，强调银行机构应深化动产和权利融资业务创新，通过集成电路布图设计专有权质押融资等支持企业创新发展。未来，布图设计专有权质押业务仍具有十分广阔的发展空间。

二、集成电路布图设计专有权质押的法律风险

（一）布图设计专有权的法律特征

根据《集成电路布图设计保护条例》第2条规定，集成电路布图设计是指集成电路中至少有一个是有源元件的两个以上元件和部分或者全部互连线路的三维配置，或者为制造集成电路而准备的上述三维配置，其本质上属于一种技术方案的可视化图像。布图设计的创新主体对其创作的具有独创性的

布图设计享有的排他性权利，即布图设计专有权。

1. 权利内容

（1）复制权。权利人可以对受保护的布图设计的全部或其中任何具有独创性的部分进行复制。

（2）商业利用权。权利人可以为商业目的进口、销售或者以其他方式提供受保护的布图设计、含有该布图设计的集成电路或者含有该集成电路的物品。

2. 生效条件及保护期限

布图设计专有权经国家知识产权局登记产生，颁发《集成电路布图设计登记证书》。经登记的布图设计专有权保护期为10年，自布图设计登记申请之日或者首次投入商业利用之日起计算，以较前日期为准。

3. 许可转让

布图设计权利人可通过签订书面合同的方式转让专有权或者许可他人使用其布图设计。转让布图设计专有权，应向国家知识产权局登记，由国家知识产权局予以公告。布图设计专有权的转让自登记之日起生效。

（二）布图设计专有权质押法律风险

1. 专有权被撤销的风险

布图设计登记公告后，发现登记的布图设计专有权不符合《集成电路布图设计保护条例》相关规定的，专利复审委员会将撤销该布图设计专有权。被撤销的布图设计专有权视为自始不存在。

2. 专有权提前终止的风险

布图设计专有权申请登记及行使过程中涉及登记费、著录事项变更手续费、延长期限请求费、恢复权利请求费、复审请求费等各项费用。如权利人未按照规定期限缴纳相关费用，将直接影响权利状态或行使。

3. 专有权被非自愿许可的风险

在国家出现紧急状态或者非常情况时，或者为了公共利益的目的，或者布图设计权利人被认定有不正当竞争行为时，国家知识产权局可以给予使用其布图设计的非自愿许可。此种情况下，布图设计专有权的质押融资价值将受到影响。

4. 质权未有效设立的风险

布图设计专有权质押采取登记生效主义,质权自办理出质登记时设立。如果质权人与出质人仅签订质押合同,未进行质押登记,则质权不生效。

三、集成电路布图设计专有权质押法律风险防控措施

(一)谨慎核实布图设计专有权法律状态

1. 权属情况

以共有的布图设计专有权出质的,出质人应提交全体共有权人同意出质的合法有效的书面文件;权利人为股份有限公司、有限责任公司的,出质人须提供有权作出决议的机关作出的关于同意以该布图设计专有权进行质押的文件、决议或证明。

2. 担保情况

通过《布图设计登记簿》核实布图设计专有权担保情况,审慎接受已经出质的布图设计专有权。

3. 非自愿许可情况

通过《布图设计登记簿》查询布图设计专有权是否被给予非自愿许可,谨慎接受被给予非自愿许可的布图设计专有权进行质押;如综合考虑后接受该专有权作为质押权利,可以要求出质人将非自愿许可使用费提存或者优先用于向银行提前清偿债务。

4. 涉诉情况

通过中国裁判文书网、中国执行信息公开网等途径查询布图设计专有权涉诉情况,是否存在权属纠纷、侵权纠纷、行政纠纷等,并分析涉诉信息对布图设计专有权权属和价值的影响程度。

(二)及时办理布图设计专有权质押登记

签订质押合同后及时办理质押登记,取得国家知识产权局出具的《集成电路布图设计专有权质押登记通知书》,质权自办理出质登记时设立。对于有禁止或限制转让质押专有权的约定,应对该约定进行登记;登记最高债权额

时，应预估主债权及利息，以及主债权违约时实现担保权的全部金额。

（三）持续关注专有权法律状态

持续关注布图设计专有权是否存在被撤销、被给予非自愿许可、侵权纠纷等情况，适时采取暂停发放贷款，要求借款人、出质人提前还款或者追加担保方式等救济措施。

第八章　最高额物权担保中最高债权额确定的法律分析

最高额物权担保中最高债权额如何确定,《民法典》第389条及《民法典担保制度司法解释》第15条构建了相关规则。在新的担保规则下,如何更好地保护债权人的利益,本章进行相应的法律分析。

一、最高额物权担保中最高债权额确定的法律规则

关于最高额物权担保中最高债权额的确定,《民法典》第389条以及《民法典担保制度司法解释》第15条构建了以下规则:第一,原则上法定,当事人意思自治优先。原则上法定是指:最高额担保物权的担保范围法定,包括主债权及其利息、违约金、损害赔偿金、保管担保财产的费用、实现债权或者实现担保物权的费用等在内的全部债权。当事人意思自治优先是指:担保人和债权人可以就担保范围另行作出约定,且约定具有优先适用的法律效力。第二,登记优先规则。在最高额物权担保中,当登记的最高债权额与当事人约定的最高债权额不一致时,从优先保护相对人的合理信赖出发,采登记优先规则,法院依据登记的最高债权额确定债权人优先受偿额。

为了贯彻落实《民法典》的上述规定,《自然资源部关于做好不动产抵押登记工作的通知》(自然资发〔2021〕54号)对原有的不动产抵押登记工作进行了调整:一是明确记载抵押担保范围。当事人对最高额抵押的主债权及其利息、违约金、损害赔偿金和实现抵押权费用等抵押担保范围有明确约定的,应当根据申请在不动产登记簿"担保范围"栏记载;没有提出申请的,填写"/"。二是对不动产登记簿样式进行修改,将"抵押权登记信息"页的"最高债权数额"修改为"最高债权额"并独立为一个栏目,填写最高额抵押担保范围所对应的最高债权数额。

二、理顺最高额物权担保项下担保范围与最高债权额的关系

在最高额物权担保项下,担保范围与最高债权额是相互对应的关系。根据《民法典》以及《民法典担保制度司法解释》的上述规定,采当事人约定优先的规则。如果当事人在担保合同中明确约定了最高债权额的范围及于主债权及其利息、违约金、损害赔偿金、保管担保财产的费用、实现债权或者实现担保物权的费用等在内的全部债权,那么上述债权均应计入最高债权额中。反之,如果当事人在担保合同中约定的最高额债权的范围仅为本金,则利息、违约金、损害赔偿金、保管担保财产的费用、实现债权或者实现担保物权的费用等债权则无法计入最高债权额中。

三、准确理解登记的最高债权额优先适用规则

在最高额物权担保中,如果登记的最高债权额与当事人在合同中约定的最高债权额不一致,需要我们准确把握登记的最高债权额优先适用这一规则。一是准确把握登记优先的适用范围。根据最高人民法院民二庭编著的《最高人民法院民法典担保制度司法解释理解与适用》,登记作为一种公示方式,不论是作为不动产担保物权变动的成立要件,还是作为动产担保物权的对抗要件,均具有对抗当事人约定的效力。二是优先保护相对人基于登记公示而产生的合理信赖。在此需要特别提醒注意的是,由于《民法典担保制度司法解释》并未对登记优先的例外情形作出规定,因此,在2021年1月1日《民法典》实施以后,就不能再以《九民纪要》第58条作出的例外规定来否定登记簿记载的最高债权额的优先适用效力。三是以登记的最高债权额来确定债权人的优先受偿范围。如果登记簿记载的最高债权额仅是本金××××元,则利息、违约金、损害赔偿金以及实现债权的费用等则不能获得优先受偿。

在此方面,需要对于一个问题予以关注。试举一例以明之。在签署的最高额质押担保合同中约定,担保范围为主债权及其利息、违约金、损害赔偿金、实现债权或者实现担保物权的费用等在内的全部债权,但是约定的最高债权额为最高本金人民币1000万元及其相应的利息、违约金、损害赔偿金以及实现债权的费用等。对于这种合同中的约定方式,登记中可能存在以下几种登记方式:一是最高债权额:人民币本金1000万元;二是最高债权额:人

民币 1000 万元；三是最高债权额：人民币本金 1000 万元及其相应的利息、违约金、损害赔偿金以及实现债权的费用等。第一种登记方式对于债权人最不利，因为按照上述登记优先规则，不论质物的变现价值有多少，债权人均无权就利息、违约金、费用等主张优先受偿。第二种登记方式对债权人也不利，因为，登记的债权额实际上就是本金数额，如果质物的变现价值大于本金数额，则对于该部分差额，质权人无权优先受偿。第三种登记方式从形式上看对于债权人最有利，但是对于最高额物权担保中的最高债权额究竟应是一种具体确定的数额，即一个数字化的最高总限额，还是可以是一种具有限定性的、相对确定的数额，即如上例中所指，观点上认识不一，司法实践中也存在争议，将导致第三种登记方式能否得到司法裁判机关的支持，也即相应的利息、违约金、损害赔偿金以及实现债权的费用等债权能否得到优先受偿存在不确定性。为了在现行法律框架内最大限度地保护债权人的利益，减少最终结果的不确定性，在最高额担保物权合同中约定最高债权额时，建议在担保范围上涵盖主债权及其利息、违约金、损害赔偿金、保管担保财产的费用、实现债权或者实现担保物权的费用等在内的全部债权，最高债权额为一个具体确定的总数额，能够覆盖担保范围约定的全部债权，并确保办理担保物权登记时登记记载内容与合同中约定内容保持一致。

第九章　个人信息保护法律风险防控

银行在客户营销、客户准入、业务处理、档案保存、客户退出等全流程、环节均涉及客户个人信息的处理,应严格依照《个人信息保护法》,根据不同的业务场景,做好个人信息的收集、存储、使用、加工、传输、提供、公开、删除等工作。

一、个人信息的收集

信息收集是个人信息处理流程中的首要环节,也是风险管控的关键环节。例如,客户申请个人贷款时,银行需要收集客户的身份信息、工作信息、银行流水、房产信息、征信信息等多种信息;客户在使用手机银行时,银行基于实现各种功能的需要,除了收集个人身份信息、手机号等基础信息外,还可能会收集设备信息、位置信息、人脸信息等其他个人信息。

个人信息收集过程中的常见风险有:一是以欺诈、诱骗或者默认授权、功能捆绑等方式误导或强迫个人信息主体提供个人信息;二是隐瞒产品或服务所具有的收集个人信息的功能;三是通过非法渠道间接获取个人信息;四是过度收集个人信息。为防范以上风险,银行在收集个人信息时要注意以下几点:

1. 原则上要以"取得个人同意"作为处理个人信息的合法性基础

处理个人信息的合法性基础,是指符合哪种情形时,才可以处理个人信息。《个人信息保护法》扩充了处理个人信息的合法性基础,除了传统的"取得个人同意"这一情形之外,又增加了"订立、履行合同所必需或实施人力资源管理所必需""履行法定职责或者法定义务所必需""合理的范围内处理公开的个人信息"等六类情形。①

需要注意的是,如果要单独适用"取得个人同意"之外的其他情形来处理个人信息,则银行要有充分的依据来论证该信息处理行为达到了"必需"的标准、属于"法定职责或法定义务"、符合"合理的范围"等要求。但前述事项的判定结果往往主观性较强,如果缺乏依据或依据不充分,则可能导致个人信息处理行为缺乏合法性基础。因此,银行在处理个人信息时,原则上要以"取得个人同意"为前提,审慎选择其他合法性基础。

2. 充分履行告知义务

银行须妥善履行告知义务,遵循"公开透明"原则,确保信息主体是在充分知情的前提下作出同意。

(1) 告知内容要全面。告知内容包括:个人信息处理者的名称或者姓名和联系方式;个人信息的处理目的、处理方式,处理的个人信息种类,保存期限;个人信息主体行使权利的方式和程序;法律、行政法规规定应当告知的其他事项。告知内容要尽可能明确具体,避免使用"例如""包括但不限于"等笼统表述。告知内容发生变更的,应当将变更部分告知个人。

(2) 告知方式要显著。在处理个人信息前,银行要以足以引起个人信息主体注意的方式,以清晰易懂的语言进行告知,以便于个人信息主体接收和理解告知内容,要避免使用容易引起误解的词语或者复杂难懂的专业术语,避免告知文字过小过密、颜色过淡、模糊不清等。如果采取个人信息保护政策的形式进行告知,则个人信息保护政策应当便于查阅和保存,避免查询路径过于复杂或隐蔽。

3. 取得合法有效的同意

根据《个人信息保护法》第14条规定,"取得同意"的形式包括一般同意、特殊同意以及重新取得同意。银行要根据不同业务情形,使用正确的

---

① 《个人信息保护法》第13条第1款规定:"符合下列情形之一的,个人信息处理者方可处理个人信息:(一)取得个人的同意;(二)为订立、履行个人作为一方当事人的合同所必需,或者按照依法制定的劳动规章制度和依法签订的集体合同实施人力资源管理所必需;(三)为履行法定职责或者法定义务所必需;(四)为应对突发公共卫生事件,或者紧急情况下为保护自然人的生命健康和财产安全所必需;(五)为公共利益实施新闻报道、舆论监督等行为,在合理的范围内处理个人信息;(六)依照本法规定在合理的范围内处理个人自行公开或者其他已经合法公开的个人信息;(七)法律、行政法规规定的其他情形。"

"取得同意"的形式。

（1）一般同意。一般情形下，银行应通过个人信息主体自主作出的肯定性动作，如主动点击、勾选等，取得个人的明示同意，避免采用默示同意的方式。

（2）特殊同意。特殊情形下，银行处理个人信息应取得个人的"单独同意"或"书面同意"。对于需要取得"单独同意"的情形①，原则上应通过单独的个人信息授权书、交互页面（如弹窗、填写框等形式）取得个人的同意。

（3）重新取得同意。如因业务需求变化需要改变原有个人信息的处理目的、处理方式或处理种类时，银行应重新取得个人的同意。"重新取得同意"也应遵循取得个人同意的差别要求，需要获取单独同意的仍需获得单独同意。

4. 遵循"最小必要"要求

收集个人信息，应当限于实现处理目的的最小范围，不得过度收集个人信息，做到以下几点：一是收集的个人信息的类型应与实现产品或服务的业务功能有直接关联，即没有该个人信息的参与，产品或服务的功能无法实现。二是自动采集个人信息的频率应是实现产品或服务的业务功能所必需的最低频率。三是间接获取个人信息的数量应是实现产品或服务的业务功能所必需的最少数量。四是避免采用"捆绑授权""一揽子授权"等方式收集与产品或服务无关的个人信息。

5. 从严处理敏感个人信息

《个人信息保护法》设专节对处理敏感个人信息作出严格限制，而银行处理的个人信息大量涉及敏感个人信息，因此要特别注意以下几点：

（1）准确判别敏感个人信息。敏感个人信息是指一旦泄露或者非法使用，容易导致自然人的人格尊严受到侵害或者人身、财产安全受到危害的个人信息，包括生物识别、宗教信仰、特定身份、医疗健康、金融账户、行踪轨迹等信息，以及不满14周岁未成年人的个人信息。实践中，银行要根据敏感个人信息的定义，参考《信息安全技术 个人信息安全规范》（GB/T 35273—2020）《个人金融信息保护技术规范》（JR/T 0171—2020）等国家标准、行业

---

① 《个人信息保护法》规定的需要取得"单独同意"的情形：向第三方提供个人信息；处理敏感个人信息；向境外提供个人信息；公开个人信息；在公共场所安装图像采集、个人身份识别设备，用于除维护公共安全以外的其他目的。

标准，并结合具体的业务场景，准确判别处理的信息是否为敏感个人信息，如是，则要遵循敏感个人信息的特殊处理规定。

（2）遵循敏感个人信息的特殊处理规定。一是只有在具有特定的目的和充分的必要性，并采取严格保护措施的情形下，银行方可处理敏感个人信息。二是要征得个人"单独同意"。三是履行额外告知义务。除一般告知事项外，还需告知处理信息的必要性以及对个人权益的影响。四是处理不满14周岁未成年人个人信息的，要取得未成年人父母或其他监护人的单独同意，并制定专门的个人信息处理规则等。

二、个人信息的存储、使用、加工、传输

个人信息进入银行的信息系统后，面临存储、使用、加工、传输等内部处理活动，均可能面临不同程度的风险，常见的风险如下：银行内控措施失效，工作人员窃取、泄露、倒卖个人信息；超出客户授权范围使用个人信息，如违规交叉营销；在实现业务目的或超过保存期限后继续保留个人信息等。为防范以上风险，银行在处理个人信息时要注意以下几点：

1. 遵守保存期限和地点要求

（1）保存期限最小化。除法律、行政法规另有规定外，个人信息的保存期限应当为实现处理目的所必要的最短时间。

（2）以境内存储为原则。根据《个人信息保护法》第40条规定，关键信息基础设施运营者和处理个人信息达到国家网信部门规定数量的个人信息处理者①，应当将在中华人民共和国境内收集和产生的个人信息存储在境内。确需向境外提供的，原则上应当通过国家网信部门组织的安全评估。

2. 采取访问控制措施

银行应合理确定不同岗位员工的个人信息处理的操作权限，坚持"最小够用""最小授权"原则，并根据员工的岗位变动情况及时调整其权限。要完善个人信息处理的复核、审批机制，通过岗位分工实现相互制衡。要建立个人信息处理留痕机制，采取技术手段准确记录对客户个人信息的各项处理活

---

① 根据《数据出境安全评估办法》第4条规定，"处理个人信息达到国家网信部门规定数量的个人信息处理者"包括：（1）处理100万人以上个人信息的数据处理者；（2）自上年1月1日起累计向境外提供10万人个人信息或者1万人敏感个人信息的数据处理者。

动,尤其是对敏感个人信息的处理,从而能够准确回溯分析。

3. 采取展示限制措施

银行应采取去标识化、水印等安全技术措施,降低个人信息在展示环节的泄露风险。例如,可以参考《信息安全技术 个人信息去标识化指南》(GB/T 37964—2019)列举的常见标识符的去标识化方法,对姓名、身份证号、银行账号、地址、电话号码等个人信息进行展示限制,避免将完整信息直接展示在界面上。

4. 完善内部控制措施

银行要通过完善内部管理制度和操作规程,定期对员工开展安全教育和培训等方式,加强员工的个人信息保护意识,规范员工的个人信息处理行为,并通过检查、合规审计等方式确保各项规章制度的落实,严防严控个人信息泄露事件发生。例如,内部传输个人信息时,使用加密优盘、加密邮件等方式,避免使用即时通讯工具传输客户个人信息;员工离开工作区域时须退出界面、锁屏;员工离岗时须将包含客户个人信息的资料上锁,不得随意摆放等。

5. 制定个人信息安全事件应急预案

银行应制定个人信息安全事件应急预案,并定期组织相关人员开展应急响应培训和应急演练,确保相关人员能够熟练掌握发生个人信息安全事件时的应急处置职责和应急处置策略、流程。

三、个人信息的提供

根据《个人信息保护法》第23条规定,个人信息处理者对外提供个人信息的,除一般告知内容外,还应当向个人告知接收方的名称或者姓名、联系方式、处理目的、处理方式和个人信息的种类,并取得个人的单独同意;接收方应当在获得同意范围内处理个人信息。实践中,银行还应注意以下事项:

1. 银行对外提供个人信息

银行与第三方合作的情形非常普遍,如与各类商家合作,为消费者提供丰富的生活服务;与政府部门合作,为消费者提供便捷的政务服务等。在合作过程中涉及数据共享,即数据控制者将自己掌握的个人信息提供给合作方,使双方均独立拥有对该个人信息的控制权。在对外提供个人信息时，应注意以下事项：

（1）充分履行告知义务，向个人告知接收方的名称或者姓名、联系方式、处理目的、处理方式和个人信息的种类，并取得个人的单独同意。

（2）事先对接收方开展个人信息安全影响评估，审查接收方是否具有充分的个人信息保护能力，并与接收方明确约定个人信息的处理目的、方式、种类以及接收方的责任和义务。在合作过程中要采取必要措施督促合作方履行个人信息保护义务。

2. 银行接收第三方提供的个人信息

银行接收第三方提供的个人信息，是从其他个人信息处理者处间接收集个人信息，虽然不需要直接从个人信息主体处获得关于间接收集的授权同意，但要注意履行以下义务：

（1）要求个人信息提供方说明个人信息来源，并对其个人信息来源的合法性进行确认，谨慎核实提供方是否已按法律规定取得个人的单独同意。

（2）了解个人信息提供方已获得的个人信息处理的授权同意范围，包括使用目的，个人信息主体是否授权同意转让、共享等，并注意在前述授权同意的范围内处理个人信息。

（3）如开展业务所需进行的个人信息处理活动超出已获得的授权同意范围的，应在获取个人信息后的合理期限内或处理个人信息前，征得个人信息主体的明示同意，或通过个人信息提供方征得个人信息主体的明示同意。

四、个人信息的公开

1. 公开个人信息

根据《个人信息保护法》第 25 条规定，除非取得个人的单独同意，否则银行不得公开其处理的个人信息。

银行在客户营销、贷后催收时，可能涉及对个人信息的公开，如零售条线的各类促销、抽奖，需要公开获奖人个人信息如姓名、手机号码、个人住址等，应当进行去标识化处理。

2. 处理已公开的个人信息

《个人信息保护法》第 27 条规定："个人信息处理者可以在合理的范围内

处理个人自行公开或者其他已经合法公开的个人信息；个人明确拒绝的除外。个人信息处理者处理已公开的个人信息，对个人权益有重大影响的，应当依照本法规定取得个人同意。"实践中，银行要注意：一是处理已公开的个人信息要限于"合理的范围"内，不能任意处理。二是在个人明确拒绝的情况下，银行不得处理其已公开的信息。三是如果处理已公开的个人信息会对个人权益有重大影响，应依法取得个人同意。

五、个人信息的删除

《个人信息保护法》规定了个人信息处理者应当删除个人信息的五种情形[①]，并明确了信息处理者应履行主动删除的义务。在发生《个人信息保护法》规定的情形时，银行应主动履行删除个人信息的义务；如果法律、行政法规规定的保存期限未届满或者删除个人信息从技术上难以实现的，银行应具备充分的依据，并且应当停止除存储和采取必要的安全保护措施之外的处理。

[①] 《个人信息保护法》第47条规定："有下列情形之一的，个人信息处理者应当主动删除个人信息；个人信息处理者未删除的，个人有权请求删除：（一）处理目的已实现、无法实现或者为实现处理目的不再必要；（二）个人信息处理者停止提供产品或者服务，或者保存期限已届满；（三）个人撤回同意；（四）个人信息处理者违反法律、行政法规或者违反约定处理个人信息；（五）法律、行政法规规定的其他情形。法律、行政法规规定的保存期限未届满，或者删除个人信息从技术上难以实现的，个人信息处理者应当停止除存储和采取必要的安全保护措施之外的处理。"

第十章　个人住房贷款业务被诉纠纷防控与处置化解

受经济形势、疫情等多重因素影响，近年来各地房地产项目延期交房、停工缓建、烂尾等事件时有发生，涉房纠纷逐渐增多。根据山东省高级人民法院工作报告，2023 年全省审结房地产纠纷案件 8.8 万件，从纠纷数量来看，涉房纠纷高位运行，预计未来一段时间内该类纠纷仍将高位运行。

个人住房贷款业务被诉纠纷多为商品房预售合同纠纷引发，由于此类纠纷涉及商品房预售中的合作协议、监管协议、预售合同、担保贷款合同等多个合同，且内容不同但又相互牵连，法律关系较为复杂，且易引发群体事件。合同签订后，在正常履约状态下，银行发放贷款，购房人按期还贷，开发商按期交付商品房并办理所有权登记和抵押登记，贷款还清后，银行解除抵押，合同履行完毕。但如果开发商违约导致购房人无法取得商品房所有权，购房人为对抗开发商或减少损失而拒绝向银行偿还贷款，就会引发金融借款合同纠纷。该类纠纷如借款合同解除将相应引发偿债主体的变更，受房地产行业整体经营形势影响，银行债权实现存在一定不确定性。为防范化解风险，现针对个人住房贷款业务纠纷常见成因，从贷前、贷中、贷后、保全、诉讼五个环节提出风险防控措施建议。

一、纠纷主要类型

通过对近年来发生的涉房被诉纠纷进行分析，主要有以下类型：

（一）由借款人作为原告提起的诉讼

1. 借款人因解除购房合同同时主张解除借款合同的纠纷

房屋买卖合同纠纷中，往往涉及购房者、开发商、银行三方当事人。购房者与开发商签订房屋买卖合同，同时为购房与银行签订借款合同。因此，在开发商出现违约行为，无法交房或延迟交房的情况下，购房者会将开发商与贷款银行一并诉至法院，要求解除房屋买卖合同，同时解除借款合同。

根据《商品房买卖合同纠纷解释》相关规定，在因开发商违约行为导致房屋买卖合同解除的情况下，借款合同也将随买卖合同一同解除，开发商应当将收受的购房贷款和购房款的本金及利息分别返还给银行和购房者。如开发商此时面临资金短缺甚至破产风险，银行债权将难以实现。

2. 借款人以未尽资金监管义务等起诉要求暂缓或中止履行借款合同的纠纷

关于购房人能否要求暂缓或中止履行借款合同（暂停还贷）的问题，司法裁判标准不一，有的法院基于公平原则以银行违反预售款监管义务为由支持了购房人，有的法院又以监管协议与借款合同是不同法律关系为由，不支持购房人。

实践中，存在银行作为贷款方将按揭贷款资金违规划入非监管账户、银行未积极履行资金监管义务导致预售资金列出不明等情形。根据现有案例，在开发商延期交房的情况下，如购房者有切实证据证明银行存在违规发放贷款、未将预售资金汇入预售资金专用账户、预售资金监管失职等情形，导致开发商资金链断裂，楼盘停止建设，法院或将基于公平原则赋予购房者阶段性停贷权，即购房者有权自起诉之日起暂停还贷直至房屋具备交付条件，银行将面临停贷风险。

3. 借款人、担保人主张合同无效要求解除的纠纷

实践中，存在房地产开发商假借公司员工、亲属等人的名义，虚构房地产买卖交易，进而套取银行贷款以供自己使用的情形。一旦房地产开发商后期因资金周转困难导致还贷迟延，该问题就会暴露，从而引发开发商、银行、购房人（借款人）之间的诉讼纠纷。对于为了套取银行贷款而签订的商品房买卖合同，因双方不具有房屋买卖的真实意思，"假按揭"中商品房买卖合同无效已成为目前司法实践中的主流观点。对于借款合同、担保合同等效力，需要与纠纷具体事实相结合，进行具体分析。

（1）伪造购房借款人签名的"假按揭"。

借款人或担保人主张借款合同、担保合同非本人签字，本人对借款及担保毫不知情的情况下，如经鉴定确非"本人"签字，合同将被认定为无效，银行只能向实际用款人开发商主张相关权利，在开发商面临资金链断裂、破产等风险时，银行债权将难以实现。

(2) 有真实签名的"假按揭"。

关于"假按揭"中个人购房贷款合同的效力，目前司法实践中存在分歧。

部分法院认为双方因商品房买卖合同无效致使贷款合同目的无法实现，根据《商品房买卖合同纠纷解释》相关规定，贷款合同应予解除。

还有部分法院认为商品房买卖合同与贷款合同是相对独立的合同，商品房买卖合同无效并不必然导致个人购房贷款合同无效，还应分析银行在贷款发放过程中是否属于善意第三人。若银行作为受欺诈一方，有权根据《民法典》第148条规定，自知道或应当知道撤销事由之日起一年内行使撤销权，若未在规定期限内行使撤销权，应当视为银行认可借款合同的有效性；若银行不仅未尽到审查监管的职责，而且明知甚至帮助违规制作贷款资料、违规放贷等违法行为，属于双方虚伪故意、通谋实施，应认定为无效行为，除面临被诉风险外，还可能被监管部门进行处罚，甚至涉嫌违法发放贷款罪、骗取贷款罪等犯罪而被追究刑事责任。

4. 个贷业务不良信用记录引发的纠纷

实践中，存在借款人以还款后银行系统仍自动计息为由诉请返还不当得利、恢复征信记录的纠纷。如银行征信系统造成对个人诚信度作出不实记录或者错误的否定性评价，构成对个人名誉权的侵害，就需承担相应的侵权责任。

(二) 由开发商作为原告提起的诉讼

1. *房地产开发商承担保证责任后向借款人追偿，将银行列为第三人或要求银行返还保证金的纠纷*

在商品房买卖过程中，购房人通过银行按揭贷款向开发商支付购房款是常见的方式。在预售商品房买卖中，银行为防范风险，往往会要求开发商作为保证人，承担房屋抵押登记之前阶段的连带保证责任。购房人若出现贷款逾期情形，银行一般根据合同约定扣划开发商预存的保证金账户资金。开发商承担保证责任后，对借款人提起追偿权诉讼并将银行列为第三人；个别开发商以其已办理贷款房屋的产权登记，但银行未按时办理抵押登记为由，认为其阶段性保证责任已解除，起诉银行要求返还扣划的保证金。

根据《民法典担保制度司法解释》相关规定，开发商有权在承担赔偿责任的范围内向购房人追偿，享有银行作为债权人对购房人的权利，包括对购房人房屋的抵押权等担保物权，法院通常会支持银行要求开发商承担担保责任，并按合同约定扣划保证金。但是，在开发商已经履行了办理产权登记的义务，银行迟迟不办理抵押登记，或在开发商履行担保责任后，若银行已注销抵押登记、放弃抵押权等，导致开发商无法对购房人房屋主张抵押权，则银行存在败诉风险。

2. 预售资金监管账户未标识被法院扣划引发的纠纷

在进行商品房预售时，开发商会与银行、监管部门签订监管协议，约定银行应履行预售资金专用账户监管义务，以保障预售资金用于商品房项目工程建设。《最高人民法院、住房城乡建设部、中国人民银行关于规范人民法院保全执行措施确保商品房预售资金用于项目建设的通知》（法〔2022〕12号）规定："除当事人申请执行因建设该商品房项目而产生的工程建设进度款、材料款、设备款等债权案件之外，在商品房项目完成房屋所有权首次登记前，对于预售资金监管账户中监管额度内的款项，人民法院不得采取扣划措施。"

实践中，存在有的银行未对预售资金监管账户进行标识，导致法院在对该房地产开发商因相关被诉纠纷进行执行时，将预售资金监管账户内资金冻结并进行扣划，由此引发开发商通过诉讼等方式要求银行返还资金。由于法院已将被扣划资金分配给申请执行人，而申请执行人账户无资金可供执行回转，或银行作为执行异议申请人主体是否适格存在争议，或申请执行人抗辩预售资金扣划未影响楼盘建设等，银行成功实现扣划资金执行回转存在困难，引发败诉甚至造成业务合作中断等风险。

（三）由案外第三人作为原告提起的诉讼

1. 房屋买卖合同或产权争议涉及银行抵押权引发的纠纷

该类纠纷系房屋买卖合同纠纷或产权纠纷涉案房产为银行抵押物，要求银行协助办理变更登记手续，银行一般作为纠纷第三人参加诉讼，主要包括房屋买卖合同纠纷、物权确认纠纷、离婚财产纠纷、赠与财产纠纷等引发的纠纷。根据法院裁判，银行需在充分保障抵押权顺利实现的前提下，协助办理房屋变更登记手续。

2. 执行异议纠纷

执行异议纠纷系银行起诉的借款合同纠纷中，案外人认为法院保全措施侵害其财产权益，向法院提起执行异议，或被法院驳回后发起执行异议之诉，主要包括案外人未经另案裁判主张排除执行和案外人依据另案裁判文书主张排除执行。

（1）如案外人未经另案诉讼裁判，仅是凭借与被执行人签订的房屋买卖合同主张排除执行，根据《法院执行异议和复议规定》，需同时满足四个条件：在人民法院查封之前已签订合法有效的书面买卖合同；在人民法院查封之前已合法占有该不动产；已支付全部价款，或者已按照合同约定支付部分价款且将剩余价款按照人民法院的要求交付执行；非因买受人自身原因未办理过户登记。

（2）如案外人依据另案裁判文书主张排除执行，法院在审查时主要关注案外人取得另案裁判的权利基础，如系基于物权或物权性质的请求权，大多支持案外人排除执行请求；如系债权类请求权则不予支持排除执行请求。

若法院支持案外人排除执行请求，则银行债权实现存在风险。

二、法律风险防控与处置化解

（一）贷前调查环节

【措施1】 严格审查房地产开发商相关资质和信用。

重点审查开发商的资质、资信等级、管理水平、资产负债及盈利水平等是否符合总行及省行信贷政策及规章制度的准入规定和要求；审查开发商已开发项目建设情况、销售情况、履行保证责任的意愿及能力、是否卷入诉讼或纠纷等。

【措施2】 加强对合作项目的审查。

重点审查项目开发及销售的合法性、资金到位情况、工程进度情况等，防止开发商套取、挪用个人住房贷款资金，造成项目风险。

【措施3】 严格审查借款人身份、贷款申请材料。

对房屋买卖合同、购房首付款、借款人收入证明、资金流水等贷款申请资料应进行充分的尽职调查，充分核实借款人购房真实性及还款能力。

（1）严格客户身份核查，重点关注开发商集中推荐借款申请人，多名借款人联系电话或地址相近或重复，借款申请人来自同一单位、家族或地区等情况，尤其应当关注开发商集中推荐的借款申请人。

（2）严格核验购房首付款，重点关注首付款由开发企业或第三方统一代缴情况。

（3）定期监测按揭项目是否存在批量违约或批量还款等现象，如同一还款账户批量还款情况。

（4）严把按揭项目审批关，严格坚持见客谈话制度，认真做好客户身份核查。

（5）高度重视产权抵押登记环节的合规性、有效性。

【措施4】加强借款人婚姻状况及财产权属情况的审查。

（1）通过与借款申请人当面交谈，了解借款人婚姻状况、财产权属情况、工作、收入情况等。

（2）审查"个人"与配偶有无"婚姻财产"约定，若已约定婚姻财产各自所有，建议仅以其个人财产进行评估。

（二）贷中审查环节

【措施1】切实落实面签制度，确保签字和身份的真实性。

切实落实合同面签制度，确保合同相对人身份的真实性，避免因合同签字的真实性起诉银行主张合同无效。存在授权委托书时，应严格审核委托人及受托人的身份证件、书面授权委托书及委托权限、事项、期限等。

【措施2】准确填写合同，确保合同条款内容一致。

应准确填写合同空白信息，核对贷款申请表与贷款合同所有信息的一致性，避免因填写错误引发被诉风险。

【措施3】共债共签，担保取得夫妻另一方同意。

在签订个人借款合同时，应注意夫妻共签；签订担保合同时，应注意取得夫妻另一方的书面同意。

（三）贷后管理环节

【措施1】及时办理抵押（预告）登记。

借款合同及抵押合同签订后，应及时到登记机关办理预抵押登记手续，应确保抵押预告登记信息的准确性，预告登记的财产与办理建筑物所有权首次登记财产一致；加强贷后管理，在符合办理正式抵押条件后及时办理，避免影响银行优先受偿权的实现。

【措施2】加强资金监管。

（1）强化房屋预售资金监管及涉房贷款资金封闭管理，严格落实国家、地方预售资金监管规定及行内要求，切实履行预售资金监管协议约定义务，严禁违规办理监管账户资金支用，防范预售资金挪用风险。

（2）强化项目贷款放款管理，严格落实监管规定及行内规定，确保贷款支用进度与工程进度匹配，杜绝超工程进度放款；做实重要节点贷款归还进度管理，保障银行资金安全。

【措施3】持续跟踪合作项目进展。

持续排查停工缓建、涉及停贷舆情楼盘情况，加强房地产类押品价值重估管理，视情况追加风险缓释措施。

【措施4】及时办理抵押权注销登记手续。

在抵押物所担保的全部债务清偿完毕后或依据生效法律文书债务人无责任、无义务时，及时办理解押手续，并将所保管的抵押物权属证明及有关单证返还抵押人。

【措施5】严格核实贷款余额，准确录入系统。

在办理个贷业务结清环节，应注意严格核实申请结清金额与贷款余额，严格按照还款协议、和解协议实际约定或生效裁决确定的内容调整系统账务信息，避免出现贷款已实际结清的情况下银行系统自动计费引发被诉风险。

【措施6】严格核实逾期信息，准确申请不良征信。

若借款人逾期还款需记录不良信用记录的，应做好不良信用记录录入前的核实工作。建议通过电话、短信等方式与借款人联系，核实信息的真伪，催缴逾期借款，说明不良征信记录产生的严重后果，避免因不良征信错误记录引发被诉风险。借款人主张借款已还清，不良征信记录有误的，应核实其是否已经履行了全部还款义务。

（四）保全诉讼环节

【措施1】及时诉讼。

针对逾期贷款应在诉讼时效（3年）内及时提起诉讼。已超过诉讼时效的，可以采取与债务人重新达成还款协议、设法让债务人在明确继续承担还款责任的催收到（逾）期贷款通知书上签字或盖章、获取债务人同意履行债务相关材料等措施，争取恢复诉讼时效。

【措施2】严格按照生效法律文书记录系统数据。

（1）如果生效裁判文书确定债务人无责任、无义务时，对判定事实应及时按相应业务管理流程进行处理，包括账务信息处理、不良征信信息的消除等，避免产生侵权责任。

（2）生效裁判文书确定的债权与系统记载不一致时，应严格依照调解书、判决书来确定债务人的应还金额，避免继续按照系统记载金额要求债务人还款，或直接行使抵销权。

（3）准确行使调解书、判决书确定的债权，避免债权未清偿完毕而出具结案证明、结案说明等案件执结证明。

【措施3】充分利用诉讼程序维护银行债权。

在购房者起诉要求解除房屋买卖合同和解除银行借款合同的纠纷中，建议采取以下措施：应积极主张银行债权，如借款合同解除，要求开发商代偿剩余贷款，若购房人未主张开发商还款义务，银行要及时反诉或另行提起诉讼，同时及时查封案涉房产；庭审前，准确核实银行债权及担保权、抵押权情况，在庭审中，如实陈述前述权利事实。

【措施4】及时处理司法冻结、扣划引发的争议。

对于商品房预售资金监管账户、封闭贷款结算专户基金、各类保证金账户等法院不能冻结或扣划的账户，应在账户开立时确保客户名称、账户名称、账户类型准确，并进行准确标识，避免因未标识导致客户资金被错误冻结或扣划。一旦客户、监管部门向银行提出关于"总对总"系统冻结或扣划的异议或争议，立即协助客户查清相关事实，查清导致冻结或扣划错误出现的原因。同时，全力配合客户及时向作出冻结或扣划的法院提出执行异议，必要时，可以银行名义及时向法院提出执行异议，请求法院启动执行回转程序。

【措施5】采用多元化纠纷处置化解方式，注意声誉风险防控。

对于尚未正式立案的纠纷，应充分利用社会矛盾纠纷多元预防调处化解综合机制，通过调解、和解等非诉讼手段解决纠纷或争取准备时间，避免声誉风险；对于已立案尚未开庭的纠纷，符合条件的，依法及时向法院申请不公开审理；如发现为多位购房者在同一诉状中主张权利，应第一时间向法院主张诉讼标的不同一，案件不属于必要共同诉讼，积极与法院沟通协商，争取单独立案受理,以便查清案件事实,缩小案件影响范围,避免形成群体事件;对于已开庭审理尚未作出裁判的纠纷、已判决的纠纷,加强与法院的沟通协调,做好判后息诉、案结事了工作。

第十一章 保理业务法律风险防控

一、《民法典》保理合同章解读

（一）保理合同的性质与效力

《民法典》第761条规定了保理合同的定义，体现了保理合同融资和应收账款基础关系的复合。该条规定，保理合同是应收账款债权人将现有的或者将有的应收账款转让给保理人，保理人提供资金融通、应收账款管理或者催收、应收账款债务人付款担保等服务的合同。

（二）保理合同的内容与形式

《民法典》第762条规定保理合同的内容与形式，保理合同的内容一般包括业务类型、服务范围、服务期限、基础交易合同情况、应收账款信息、转让价款、服务报酬及其支付方式等条款。保理合同应当采用书面形式。

（三）虚构应收账款对保理合同的影响

《民法典》第763条是对《民法典》第146条规定的"通谋虚伪意思表示"条款在保理业务中的细化规定，该条规定了虚构应收账款对保理合同的影响。该条规定，应收账款债权人与债务人虚构应收账款作为转让标的，与保理人订立保理合同的，应收账款债务人不得以应收账款不存在为由对抗保理人，但是保理人明知虚构的除外。

（四）保理人直接通知应收账款债务人

《民法典》第764条赋予了保理人直接通知债务人的权利。该条规定，保理人向应收账款债务人发出应收账款转让通知的，应当表明保理人身份并附有必要凭证。

（五）基础交易合同变更的影响

《民法典》第 765 条规定，应收账款债权人与债务人可以变更或者终止基础交易合同，但受到双重限制。依据该条，应收账款债务人收到转让通知后，应收账款债权人与债务人无正当理由协商变更或者终止基础交易合同，对保理人产生不利影响的，对保理人不发生效力。

（六）保理人的权利救济路径

保理可分为有追索权的保理与无追索权的（买断型）保理，《民法典》第 766 条、第 767 条分别规定了上述两种保理业务类型及追索要求。

当事人约定有追索权保理的，保理人可以向应收账款债权人主张返还保理融资款本息或者回购应收账款债权，也可以向应收账款债务人主张应收账款债权。保理人向应收账款债务人主张应收账款债权，在扣除保理融资款本息和相关费用后有剩余的，剩余部分应当返还给应收账款债权人。

当事人约定无追索权保理的，保理人应当向应收账款债务人主张应收账款债权，保理人取得超过保理融资款本息和相关费用的部分，无须向应收账款债权人返还。

（七）多重保理的效力

《民法典》第 768 条规定了应收账款转让登记问题，明确以登记先后作为首要的顺位依据。该条规定，应收账款债权人就同一应收账款订立多个保理合同，致使多个保理人主张权利的，已登记的先于未登记的受偿；均已登记的，按照登记的先后顺序受偿；均未登记的，由最先到达应收账款债务人的转让通知中载明的保理人受偿；既未登记也未通知的，按照应收账款比例清偿。

二、对银行保理业务的影响

（一）将"将有的应收账款"列入保理业务范围，扩大了保理业务范围

《民法典》第 761 条首次规定应收账款债权人可以把将有的应收账款转让给保理人开展保理业务，将促进供应链金融业务的发展，为银行保理业务

开展带来机遇。

(二) 明确债务人不得以保理人非"明知"的虚构应收账款对抗

《民法典》第 763 条规定，仅在保理人对应收账款债权人与债务人虚构应收账款"明知"的情形下才不受保护，即使保理人"应知"，这也意味着《民法典》给予了保理人极大的保护优待，一定程度上降低了银行在保理业务中为虚假应收账款"买单"的风险。

(三) 明确保理人可直接通知应收账款债务人

《民法典》第 764 条规定保理人可向应收账款债务人发出应收账款转让通知。该条规定赋予了保理人直接通知债务人的权利，同时要求保理人应当表明保理人身份并附有必要凭证，既降低了债务人的核实成本，又为保理人提供了行权通道。

(四) 明确有追索权的保理与无追索权的保理两种类型及追索内容

《民法典》第 766 条、第 767 条分别规定了有追索权的保理与无追索权的保理两种保理业务类型及追索内容和要求。需注意，对于有追索权保理业务，保理人向应收账款债权人的追索包括返还保理融资款本息、回购应收账款债权两种方式；保理人向应收账款债务人主张应收账款债权的，在扣除保理融资款本息和相关费用后有剩余的，剩余部分应当返还给应收账款债权人，无追索权保理业务则无须向应收账款债权人返还。

(五) 明确了同一应收账款上存在权利冲突时的优先顺位原则

《民法典》第 768 条规定了多个债权人就同一应收账款向保理人主张权利的，以登记先后作为首要的顺位依据，与第 414 条"可以登记的担保物权"保持一致，并首次明确保理业务中转让登记具有优先于通知的效力。

三、银行在开展保理业务中的风险防范措施

(一) 注意审查应收账款的真实性

虽然《民法典》给予了保理人较大的保护优待，但保理人仍应对应收账款的真实性履行相应的审慎义务。

1. 审查合同、单证的真实性和合理性。审查单据种类是否齐备、单据要

素是否完整、不同单据之间的相关信息是否一致等；将基础交易合同与订单、发票、货运单据、出入库单及质检单据等信息相互印证，尤其是金额、名称、时间、数量等重要信息保持一致，逻辑正常合理。

2. 审查增值税发票原件真实性。在受让应收账款前，通过国税网站或赴国税管理部门查询发票真伪，有效鉴别虚开、套开、造假发票。

3. 确保应收账款的权属清晰、无瑕疵。通过人民银行征信系统查询拟受让应收账款是否转让给第三人、是否设置质押权；通过人民法院相关网站查询关于基础交易的生效法律文书、法院公告信息，了解基础交易涉诉情况。

（二）注意确保"应收账款转让通知书（回执）"的真实性和清洁性

保理业务实践中，"应收账款转让确认书（函）"的签章虚假风险较为常见，导致应收账款债务人以此对保理人的付款请求进行抗辩。可采取以下防范措施：

1. 保理人现场送达"应收账款转让通知书"并取得回执。《民法典》第764条规定保理人可向应收账款债务人发出应收账款转让通知。实践中，建议保理人与应收账款债务人取得直接联系，派人到应收账款债务人处送达"应收账款转让通知书"，并当场取得其确认回执。

2. 注意审查"应收账款转让通知书（回执）"的"清洁性"。实践中，存在应收账款债务人在"应收账款转让通知书（回执）"上附加付款条件以此抗辩付款的风险。因此，建议使用银行"应收账款转让通知书（回执）"标准文本，并审查其"清洁性"，避免因"回执"附条件导致保理人主张应收账款债权受阻。

（三）注意"扫清"应收账款上存在的抗辩权和抵销权

根据《民法典》第548条、第549条，债务人收到转让通知后，对让与人的抗辩权和特定情况下的抵销权，可以向受让人主张。据此，应收账款债务人基于基础合同对债权人的抗辩权和抵销权同样可对抗保理人，但是司法实践中认可债务人对上述权利的放弃。因此，保理人应注意审查基础交易合同中债务人的抗辩权和抵销权，如有，建议要求债务人放弃，可采取基础交易合同债权人、债务人参与下达成新的放弃上述抗辩权、抵销权的合意的方式，也可以采取债务人一方对于放弃作出明确的意思表示的方式。

(四) 注意及时办理应收账款转让登记

保理人在接受应收账款前,应在人民银行征信中心查询拟受让应收账款的转让及质押情况,并尽快办理转让登记,避免因未登记或晚于他人登记导致债权无法充分受偿。如经查询,发现拟受让应收账款已被转让或质押,建议不予接受,要求保理申请人另行提供担保措施。

第十二章 应收账款质押业务法律风险防控

一、应收账款的概念及特点

应收账款最初为会计学概念,一般主要是指企业因销售产品、提供劳务等,应向购货单位或接受劳务单位收取的款项。① 此处所述"应收账款"指其法律意义上的概念。《民法典》虽然明确应收账款可作为质押担保财产,但没有对应收账款作出明确定义,目前较为认可的定义是《动产和权利担保统一登记办法》中的规定,即"应收账款债权人因提供一定的货物、服务或设施而获得的要求应收账款债务人付款的权利以及依法享有的其他付款请求权,包括现有的以及将有的金钱债权,但不包括因票据或其他有价证券而产生的付款请求权,以及法律、行政法规禁止转让的付款请求权"。具有以下特性:

1. 非证券化的合同债权

按照民法理论,债权可基于合同、侵权、无因管理和不当得利形成,但金钱债权并非都是应收账款,侵权、无因管理和不当得利所形成的金钱债权,更多体现为对权利的救济。应收账款主要是基于民事合同而形成的金钱债权,实践中财政补贴、政府承诺返还的土地收益金等预期利益不应归属于《民法典》意义上的应收账款。

2. 既存或未来金钱债权

《民法典》明确规定,应收账款质押包括现有的以及将有的应收账款。

---

① 财政部于2000年12月29日发布的《企业会计制度》第17条规定,应收及预付款项,是指企业在日常生产经营过程中发生的各项债权,包括:应收款项(包括应收票据、应收账款、其他应收款)和预付款等。财政部2011年10月18日发布的《小企业会计准则》第9条第1款规定,应收及预付款项,是指小企业在日常生产经营活动中发生的各项债权。包括:应收票据、应收账款、应收股利、应收利息、其他应收款等应收款项和预付账款。

《动产和权利担保统一登记办法》对应收账款的范围采用了概括加列举的模式,即具体包括销售、出租产生的债权(包括销售货物,供应水、电、气、暖、知识产权的许可使用,出租动产或不动产等)、提供服务或劳务产生的债权(医疗、教育、旅游等)、基础设施和公用事业项目收益权(能源、交通运输、水利、环境保护、市政工程)、提供贷款或其他信用活动产生的债权、其他以合同为基础的具有金钱给付内容的债权。现有应收账款是指应收账款债权人已依合同约定取得的、可向确定应收账款债务人主张的金钱债权。未来应收账款是"指一项未来也许存在的应收账款。产生应收账款的合同尚未存在,但预期此合同会达成,且应收账款会根据合同挣得"[1]。其中,根据产生的可能性和内容的确定性程度,未来应收账款可分为收费权和普通未来应收账款两种。收费权作为应收账款,其标的、期限等已然确定,如公路收费权的收费种类、收费标准等,而且因为其实用性和稀缺性,未来应收账款产生的可能性相当高,确定性也比较强,可作为质押物;而普通未来应收账款,其产生的客观基础仅为普通生产经营范围,仅凭借经营状况及交易市场判断其产生的可能性,而标的、时间等基本无法确定,也被称为纯粹的未来债权,建议审慎接受该种应收账款作为质押物。

二、应收账款质押实务中的法律风险类型

相较于其他的担保物权,应收账款质押本质上是以出质人对第三人合法拥有的应收账款作为质押物,质押权的实现最终是需要基础合同的付款债务人(以下简称次债务人)履行。因此,在应收账款质押实务操作中,应关注以下法律问题及风险。

(一) 应收账款虚假的风险

出质应收账款虚假,主要是指出质应收账款自始不存在,即出质人存在欺诈行为,虚构应收账款,以根本不存在的应收账款出质。一旦质押的应收账款被证实为不真实,则质押标的不存在,质押自始无效。根据《动产和权利担保统一登记办法》和《中国人民银行征信中心应收账款质押登记操作规则》,应收账款质押登记,无需出质人协同办理,仅需质权人自行登记申报,

---

[1] 中国人民银行、世界银行集团、国际金融公司中国项目开发部编:《中国动产担保物权与信贷市场发展》,中信出版社2005年版,第428页。

登记机构只将申报人的申报予以公示,并不对出质权利进行任何实质性审查,只要符合登记的形式要件,申请人即质权人即可申请登记并由登记系统自动完成相应的登记,因此,应收账款的真实与否,均由质权人自行审查、判断和承受。

(二) 基础合同效力引发的风险

应收账款产生于出质人和次债务人之间存在的基础合同,用于设立质押的应收账款是否成立、能否最终实现,与基础合同效力密切相关。基础合同效力风险包括以下两种情况:一是基础合同合法性风险。即基础合同本身存在交易违反法律禁止性规定,交易合同效力被认定无效的情形,则依此产生的应收账款自始不存在,也无法实现。二是应收账款质押设立后基础合同被解除。对于合同债权质押后当事人能否解除合同,法律无明确规定,根据《民法典》规定,如存在法定或约定条件,解除权人可单方解除合同,即单方解除合同通知到达对方时,合同即可解除。若质权人主张限制出质人或债务人行使合同解除权,因缺乏法律依据,法院可能不予支持。

(三) 应收账款质押未通知次债务人的风险

根据《民法典》规定,以应收账款出质的,质权自办理出质登记时设立。由此,应收账款质押登记产生公示效力,但该公示力能否及于次债务人,《民法典》并无明确规定。笔者认为,应收账款质押是发生在出质人和质权人之间的质押担保法律关系,次债务人非一方主体,应收账款虽已登记质押,却并不发生债权转让通知的法定效果。回归到应收账款的本质来讲,其属于出质人对次债务人的一般债权,应受《民法典》相关规则约束,债权出质并非债权转让,但应收账款质权的实现涉及债权转让及"债务"的履行,必然涉及对应收账款债务人的通知。根据《民法典》规定,债权人转让权利的,应当通知债务人,未经通知,该转让对债务人不发生效力。因此,对于应收账款设质的,若质押时未通知次债务人,次债务人在被质权人主张清偿应收账款时,即可以其未接到通知来抗辩。

(四) 质押登记完成后应收账款消灭的风险

次债务人在应收账款质押后仍向出质人清偿导致应收账款质权灭失。应收账款质押属于权利质押的一种,质押登记并不直接造成应收账款权属的转移,尽管《民法典》规定应收账款出质后不得转让,但经质权人和出质人协商同意的除外。但是,一旦出质人将已出质的应收账款再次转让,必然影响质权人的质权实现。在应收账款质押登记后,应收账款的债权人仍为出质人,除非事先取得次债务人同意,否则,质权人无权要求次债务人不向出质人清偿,一旦次债务人通过其他形式或渠道履行付款义务,作为质押物的应收账款获得清偿的部分则相应灭失,将导致质权人对该灭失部分的应收账款丧失质权。

(五)次债务人偿债能力风险

质权人能否顺利受偿,在很大程度上与次债务人的资信状况和偿付能力有关。对于既存应收账款,如果应收账款债务人因经营不善等原因不能偿付所欠款项,导致无法收回应收账款,会使质权人的质权无法实现。对于未来应收账款质押,这类质押贷款大多涉及大型基础设施建设,质押的是预期收益,如公路、桥梁、隧道、渡口等不动产的收费权质押,建设中项目资金到位情况和竣工使用后的车流量等都可能影响其预期收益的实现。

(六)次债务人的抗辩权风险

应收账款质押存在于出质人对次债务人的债权基础之上,因此,应收账款质押除应适用《民法典》中关于权利质押的一般规则外,还应适用关于债权转让的相关规则。应收账款质押法律关系中仅包含质权人与出质人,并不包含次债务人。次债务人对出质人的任何抗辩权利都不因应收账款被质押而丧失,质权人的质押登记同样也无法对抗次债务人对出质人的抗辩权。出质人对于应收账款的债权,是建立在其认为已充分履行自身合同义务基础上的,在出质人未充分履行上述义务的情况下,应收账款债务人依据《民法典》享有抗辩权。同样,次债务人在基础合同项下可以对出质人行使的其他抗辩权,如抵销权、撤销权、解除权、时效抗辩权等也不受应收账款出质的影响,这必然影响质权人的质权实现。

三、应收账款质押法律风险防范

(一)审慎确定设立质押的应收账款

应收账款质押最终实现依赖于应收账款的真实性及次债务人的偿债能力,

因此，对于质权人来讲，应审慎确定可接受的应收账款，合理确定次债务人。

1. 关于应收账款类型

《动产和权利担保统一登记办法》对应收账款的界定采用了概括加列举的模式，列举了应收账款的几种具体类型。实践操作中，建议选择《动产和权利担保统一登记办法》明确的应收账款类型。同时，核实质押应收账款不存在任何权利负担，无任何在先权利人，以及其转让或处分不受法律或当事人约定的禁止或限制，在性质上亦非不得转让的权利（如救济金、抚恤金、退休金），特别是在以收费权质押的情况下，应关注是否取得主管部门允许质押的许可。

2. 关于应收账款的真实性和有效性

质权人可通过要求出质人提供基础交易合同、发货单、验收单、发票等相关文件，保证基础合同不存在足以影响合同效力的事项、应收账款不超过诉讼时效、出质人在合同项下确实享有付款请求权。对于以公路等收费权出质的，质权人可要求出质人提供相关主管部门的审批文件或其他行政许可文件，并核实上述文件确未超过有效期，且有效期能够充分覆盖主债权期限，并应通过相关政府网站核实拟质押收费权有关情况。

3. 关于次债务人资信状况和偿债能力

应选择资信与实力较强的应收账款债务人。质押应收账款债务人的实力、信用，决定着质押应收账款的实现程度，应收账款债务人具有较强的偿债还款能力，还款及时信用度好的，应收账款担保的价值越高。在接受应收账款质押的时候，应对应收账款债务人的经济情况、偿债能力、信用等级、信誉等进行认真审核评估，尽量选择无不良信用记录、资金实力较强的次债务人。

（二）向次债务人通知确认

1. 关于通知主体

从合同的相对性角度讲，应当由原债权人即出质人作出，但为进一步确认次债务人对应收账款质押和未来可能转让的知晓，建议通知可由出质人和质权人共同作出，由出质人送达。

2. 关于通知方式

为避免未来诉讼中举证困难，建议通知以书面方式作出，次债务人在通知书上书面签署回执，留档备用。对于某些付款主体特定的收费权质押，应向付费义务人发出质押通知。

3. 关于通知内容

质权人应向次债务人确认出质债权的存在，以及确认或剔除该债权的权利负担，从而正确评估应收账款的经济价值。首先，关于出质应收账款的存在，要求次债务人确认应收账款的真实合法有效性，且知悉将应收账款质押给质权人；其次，关于应收账款客观状况，确认质权人为质押应收账款的唯一收款人，次债务人在收到通知书之前未收到任何有关应收账款质押、担保或转让的通知，以及该应收账款不存在任何权利负担；再次，关于应收账款还款，要求次债务人承诺按约清偿应收账款，且将应付账款全部付至回款专用账户或指定账户，不得通过其他方式向出质人清偿；最后，质权人应分析次债务人在出质应收账款项下可能享有的抵销权、抗辩权，并要求次债务人书面承诺放弃行使抵销权与抗辩权。

（三）严格质押合同签署和登记管理

在应收账款质押办理过程中，合同签署和质押登记环节需谨慎办理，避免出现操作失误引起的法律风险。

1. 关于应收账款质押合同

建议应收账款质押合同对包括但不限于以下几个方面进行明确约定：首先，对于出质应收账款应有详尽描述和界定，既有概括总述，又有列举式的明确界定，记载质押应收账款的付款人、基础交易合同信息、应收账款金额、付款方式、履行期限等情况；其次，合同条款应明确，质权人或出质人应将应收账款质押事宜通知次债务人，质权人有权要求次债务人直接向质权人履行清偿义务，保证质权人优先受偿；再次，要明确应收账款回款专用账户条款，对于履行期限先于主债权的应收账款，其回款应付至专用账户，以保障质权的实现；最后，要求出质人承诺和保证，出质人不得有转让、放弃权利等行为，债务人提前清偿应收账款的，出质人应提前偿还借款或者提存。

2. 关于质押登记办理

为办理质押登记，质权人与出质人必须另行签订单独的"出质登记协议"，对质押登记的相关事项进行约定，"出质登记协议"签订后，质权人应进入登记平台办理出质登记，并上传"出质登记协议"影印件；特别需要注意的是，现行登记管理制度下，登记机关并不对登记内容进行审核，因此，质权人在登记录入时，应正确录入出质人、质权人的相关信息，对应收账款情况清楚界定；关于登记期限，建议将登记期限作最长记载，并及时办理展期登记；对于某些收费权，应注意须双重质押登记，对于已被原《应收账款质押登记办法》纳入应收账款范围的收费权，若其他主管部门对其出质登记另有要求的，应同时满足其登记要求。

（四）强化质押应收账款的管理

1. 关注质押应收账款基础合同的履行

质权人应监督出质人遵循其与次债务人基础合同的约定，按时充分履行供应货物、提供服务等义务，避免出现因出质人重大违约导致次债务人解除合同或拒绝付款的风险产生。

2. 监管应收账款的到期及履行

应收账款的到期日应尽量早于或等于借款合同的还款日，便于及时实现应收账款质权；在应收账款到期后，应要求次债务人将应收账款偿付至指定回款专用账户，而该账户由质权人监管或控制，支付的应收账款应用于清偿借款或提存；质押期间，质权人可要求出质人提供其与次债务人所发生的应收账款对账单，关注应收账款的变动情况。一旦质押应收账款出现坏账或其他减损情况，质权人应尽快与出质人、次债务人协商，要求补充提供担保或尽早采取措施以实现质权，保证应收账款具有足额的担保价值。

3. 督促出质人积极行使应收账款债权人的权利

质权人要特别注意维护自身或出质人对次债务人的应收账款的持续有效性，防止质押的应收账款超过诉讼时效而使自己不能对抗次债务人的时效抗辩权。为确保应收账款质押权实现，质权人应督促出质人积极采取措施催收应收账款，并通过催告次债务人履行债务，要求次债务人出具付款计划、支付利息、部分清偿、提供履行担保等方式中断应收账款的诉讼时效，并保留相应书面证据。

4. 随时关注次债务人的偿债意愿和偿债能力

应收账款质权人质权的最后实现依赖于次债务人的偿债意愿和偿债能力。

质权人应密切关注次债务人偿债能力的变化，必要时应对次债务人及时采取债权保全措施。除客观经营情况发生变化导致偿债能力下降外，次债务人主观上也可能会采取一些措施逃避债务，从而导致应收账款质权实现的风险增加。因此，对于次债务人偿债意愿下降或作出不利于质权人质权实现的不利行为时，质权人既可以采取物权人的物权保护措施来防范风险和实施救济，也可以采取代位权、撤销权、违约救济等债权保全的措施保护债权。

第十三章　预售商品房抵押法律风险防控

预售商品房抵押是各家商业银行按揭贷款业务中通常采取的一项担保措施，由于我国法律法规对预购商品房抵押规定不太具体明确，实践中涉及预售商品房抵押的纠纷较多[1]，严重影响了商业银行的债权安全。为更好地保护商业银行的合法权益，减少风险的发生，现结合法律法规及业务实际，对预售商品房抵押的相关法律风险进行简要分析并提出相关防控建议。

一、关于预售商品房抵押的概述

（一）预售商品房抵押的界定

预售商品房抵押是指购房人购买开发商建设中的商品房，尚未办理建筑物首次登记；购房者为购买房屋与银行签订商品房抵押贷款合同，以预售商品房作为抵押标的担保按揭贷款；不动产登记机关向银行出具"不动产登记证明"，证明权利或事项为"抵押权"。

（二）预售商品房抵押的特征

预售商品房抵押具有如下特征：一是预售商品房抵押实质为不动产预告登记[2]，即为保障实现抵押目的而进行的预告登记；预告登记后，未经预告登记的权利人同意，处分该不动产的，不发生物权效力。二是预售商品房作为抵押标的未办理正式产权证书，即开发商未给购房人办理产权过户登记或抵押标的不具备办理正式抵押的条件。三是预售商品房抵押是办理正式抵押的预防措施，最终目的是为按揭贷款办理正式抵押，提供物权担保，使贷款银行获得优先受偿权。

---

[1] 仅 2017 年 3 月 7 日在中国裁判文书网以 "预售商品房抵押" 关键字搜索到的案例就达 1686 件。
[2] 参见《民法典》第 221 条。

二、预售商品房抵押面临的法律风险

(一) 预售商品房合同被解除的法律风险

抵押预告登记仅能限制购买人初始产权登记后的物权处分行为,无权限制购买人与开发商之间的买卖合同行为,以及购买人与第三人对预售房屋的合同行为。预告登记法律效力不是限制开发商"一房二卖",而是限制后一买卖合同的物权效力,即限制购买人的物权处分行为。在购买人办理产权初始登记前,抵押预告登记不能限制购买人与开发商行使合同解除权,购买人与开发商之间存在的商品房买卖合同,存在约定解除或法定解除的多种情形。买卖合同解除后,抵押合同目的存在无法实现的法律风险。

(二) 查封导致正式抵押不能的法律风险

《民法典》第399条第5项规定:"依法被查封、扣押、监管的财产不得抵押",且目前法律法规并未作出例外规定。依据该条之规定,如预售房屋被第三人申请预查封或查封之后,预抵押将无法办理正式抵押,即使办理了正式抵押也存在被法院判决抵押无效的风险。如第三人对预售商品房进行拍卖处置,抵押预告登记权利人将存在优先受偿不能的法律风险。虽然自然资源部印发的规范性文件《不动产登记操作规范(试行)》第14.1.6条审核要点中规定"有查封登记的,不予办理抵押登记,但在商品房抵押预告登记后办理的预查封登记,不影响商品房抵押预告登记转抵押权首次登记"。该规范使得抵押预告登记转抵押权首次登记具有可操作性,但抵押权首次登记的效力是否受法律保护,尚存争议。

(三) 抵押预告登记被认定无效的法律风险

《民法典》第221条规定:"预告登记后,债权消灭或者自能够进行不动产登记之日起90日内未申请登记的,预告登记失效。"该条规定的90日为法定除斥期间,不适用中止、中断、延长的规定。司法实践中,通常将购买人办理初始产权登记作为预告登记除斥期间的起始点。而抵押权登记需要抵押权人和抵押人双方共同申请,或抵押权人申请、抵押人确认分次进行,《不动产登记操作规范(试行)》第14.1.4条规定"抵押权首次登记应当由抵押人和抵押权人共同申请"。但现实中,确实存在购买人无故拖延或失联的情形,导致在预告登记期内无法办理正式抵押手续,从而存在使预告登记丧失效力或被判决无效的法律风险。

(四) 阶段性连带保证人脱保的法律风险

在预售房屋合作协议或借款担保合同中,银行通常与开发商签订阶段性连带责任保证合同,保证期间至办妥正式抵押登记止。但如果抵押预告登记权利人长期怠于办理正式抵押登记手续,或疏忽大意未及时办理正式抵押登记手续,不仅存在预告抵押登记失效的风险,对购买人(或办理所有权证后的实际登记人)转让预售房(或办理产权初始登记后的房屋),导致正式抵押办理不能时,法院有可能以抵押预告登记权利人存在过错为由,判决免除开发商的连带保证责任。

三、法律风险防控措施

(一) 增加其他担保措施

虽然法学界将抵押担保称之为"担保之王",但预售商品房抵押在转为正式抵押前存在优先权难以成立的多种因素,从而丧失担保功能。为更好维护抵押预告登记权利人的债权利益,建议增加或强化如下担保措施:一是银行与开发商签订保证合同,由开发商提供阶段性保证责任,担保期限至买受人办理产权登记或银行与买受人办理正式抵押登记止。二是由购房人提供其他担保,如权利质押、其他财产抵押等。三是由第三人提供连带责任保证,或提供权利质押、财产抵押。四是由有担保资质的金融机构提供保函,或由保险机构出具保险单等。

(二) 及时办理正式抵押登记

抵押预告登记权利人必须在法定的预告登记除斥期限内尽快办理正式抵押登记手续,特别是在涉及诉讼的过程中,尽量在第一审法庭辩论终结前办理正式抵押登记,取得权利证书。如果预告登记权利人不积极行使自己的请求权,将会导致抵押预告登记失效的风险。同时,应注意积极通知购房人办理正式抵押手续,并通知开发商将办理分户办证的情况及时反馈预告登记权利人,并保留相关督促证据,避免出现因预告登记权利人怠于行使权利而使开发商担保责任免除的结果。

（三）完善个人住房借款合同条款

银行提供的个人住房借款合同中，借款人义务、借款人违约情形中涉及抵押预告登记相关内容不够明晰的情况。建议在借款人义务条款中增加借款人办理产权登记后一定期限内，积极联系贷款人，通过线上或线下办理正式抵押登记，或按照债权人通知期限，及时完成正式抵押登记等。在借款人违约情形条款中，将借款人违反上述义务的行为作为其严重违约情形，便于银行在行使合同解除权时具有明确的合同依据，避免不必要争议的产生。

（四）及时维权确认预抵押优先权

根据《民法典担保制度司法解释》第52条，设立抵押预告登记后，开发商已办理建筑物所有权首次登记，且不存在预告登记失效等情形下，如债务人严重违约，可及时提起诉讼，请求法院确认债权及预抵押优先权，并在债务人不履行判决的情况下，及时申请强制执行。取得司法确权后，可以有效维护贷款人合法权益，在涉及第三人查封、开发商破产等情形时取得有利维权依据。故建议，在贷后管理中，高度关注抵押预告登记失效情形，在借款人出现违约情形、开发商已办理首次登记时，应积极主张预抵押优先权，及时维护银行合法权益。

（五）建立完善不动产互联网登记系统

为充分维护贷款银行、购房人合法权益，提高登记效率，建议：一是不动产登记部门持续深化不动产互联网登记，由银行端发起申请、上传相关预抵押或抵押登记材料，不动产登记部门审核，抵押人通过手机、电脑等终端确认同意，不动产登记部门系统出具电子不动产产权证书。二是抵押人办理首次房屋产权证时，不动产登记系统自动将预抵押转换成正式抵押，并自动通知银行和购房人，并由抵押人限期确认。该操作既可维护银行的权利，也为抵押人提供便利，提高了整体操作效率。

（六）完善相关法律规定

建议在《民法典》及其司法解释或完善不动产登记规定时，考虑增加如下内容：一是进一步明确预告登记除斥期间起算点的界定标准，建议为抵押预告登记被申请人向抵押登记机关提交正式抵押登记申请之日，将90日期限留给抵押预告登记权利人，同时抵押登记机关按预告登记预留联系方式通知抵押预告登记权利人，这样更加符合预告登记制度的立法目的。二是建议明确规定转抵同步制度，即对抵押预告登记的商品房，在买受人与开发商办理产权过户（或为所有权初始登记）时，不动产登记机关应当在不动产登记簿上载明预售商品房抵押已转为现房抵押，向抵押人颁发房屋所有权证，并同时向抵押权人换发正式抵押不动产权登记证明。三是建议对《民法典》第399条第5款"依法被查封、扣押、监管的财产不得抵押"明确例外情形，即已抵押预告登记的财产除外。

第十四章 银行债权"破产撤销"法律风险防控

近年来,企业破产情形经常发生。进入破产程序后,管理人将根据《企业破产法》规定,请求法院撤销债务人对未到期债务的提前清偿、对个别债权人进行清偿等行为,从而使金融机构债权人的权益可能受到损害。本章着重对"破产撤销"的情形进行法律分析,并提出风险防范措施。

一、关于"破产撤销权"的法律分析

(一) 相关法律规定

破产撤销权的适用情形包括以下两种:

1. "一年临界期"

《企业破产法》第31条规定:"人民法院受理破产申请前一年内,涉及债务人财产的下列行为,管理人有权请求人民法院予以撤销:(一) 无偿转让财产的;(二) 以明显不合理的价格进行交易的;(三) 对没有财产担保的债务提供财产担保的;(四) 对未到期的债务提前清偿的;(五) 放弃债权的。"实务中,金融机构债权清偿被撤销的行为类型主要集中在该条的第3项、第4项两种情形,具体分析如下:

(1) 对没有财产担保的债务提供财产担保。金融机构在贷后管理中发现借款企业发生债务危机时,通常会要求借款企业提供新的担保,但是如果借款企业在提供财产担保后一年内被法院裁定受理破产申请,破产管理人可以申请撤销该财产担保行为。

(2) 对未到期的债务提前清偿。金融机构适用合同中的"宣布贷款立即到期"条款,要求债务人提前还款时,如果依据不充分或未履行通知义务,则可能被法院认定为对未到期债务进行清偿。

2. "六个月危机期"

《企业破产法》第 32 条规定："人民法院受理破产申请前六个月内，债务人有本法第二条第一款规定的情形，仍对个别债权人进行清偿的，管理人有权请求人民法院予以撤销。但是，个别清偿使债务人财产受益的除外。"

破产申请受理前 6 个月内，债务人在已具备破产原因（即不能清偿到期债务，并且资产不足以清偿全部债务或明显缺乏清偿能力）的情况下，无论是对金融机构的到期债权进行清偿，还是对"宣布立即到期"债权进行清偿，均可能被认定为个别清偿行为而被撤销。

（二）相关司法解释

破产撤销权制度的设置是以维护债权人整体利益、保护公平清偿为基础的，其在一定程度上影响了对债务人与行为相对人交易自由的保护，因此需要明确相应的行权界限。《企业破产法司法解释（二）》第 12 条、第 14~16 条规定了管理人行使破产撤销权人民法院不予支持的几种例外情形，包括：提前清偿的未到期债务，在破产申请受理前已经到期；债务人对以自有财产设定担保物权的债权进行的个别清偿；债务人经诉讼、仲裁、执行程序对债权人进行的个别清偿等。

二、法律风险防范措施

为最大限度防范金融债权清偿行为被破产管理人撤销的风险，应提前做好风险防范措施：

（一）原则上通过诉讼、执行程序实现个别清偿，特别是在贷款"未到期""宣布提前到期"等情况下

根据《破产法司法解释（二）》第 15 条规定，在债务人与债权人并非恶意串通损害其他债权人利益的前提下，债务人通过诉讼、仲裁、执行程序对债权人进行个别清偿是可以免予被撤销的。金融机构债权人可以通过诉讼或仲裁程序取得具有给付内容的生效裁判文书，在取得生效裁判文书后通过债务人主动履行生效裁判文书或者申请法院对债务人进行强制执行来实现债权清偿。尽量避免"协商还款"方式，特别是在贷款"未到期""宣布提前到期"等情况下，否则还款行为有可能被撤销。与"协商

还款"方式相比，通过诉讼、仲裁、执行程序实现债权清偿的效力稳定性较有保障。

（二）"宣布贷款立即到期"时应保留相关证据，并履行通知义务

为防范破产撤销权带来的不确定性影响，金融机构在适用"宣布贷款立即到期"条款提前收回贷款时：一是应当注意收集和留存债务人已经出现合同约定的违约或危及债权实现情形、银行有权适用"宣布贷款立即到期"条款的证据，尤其是书面证据。二是及时通知债务人。在进行提前收贷时，应先发送贷款提前到期的书面通知，保留债务人签收该通知的回执等信息，避免因通知手续存在瑕疵而被认定为对未到期债务的提前清偿行为。

（三）加强贷后管理，及时掌握债务人经营状况，提前了解债务人可能破产的相关信息，合理规划在破产临界期前完成清偿或追加财产担保

1. 加强贷后调查，及时处置化解

金融机构在贷后管理中应跟踪和掌握借款企业的经营和资产状况，密切关注企业违约（包括在其他金融机构违约情况）和涉诉情况，通过定期查询全国企业破产重整案件信息网、上市公司公告等方式，了解债务人是否存在涉诉或可能进入破产的信息。

一旦发现企业发生违约、涉诉等情形、可能存在资不抵债情况，要迅速采取稳妥化解措施：一是及时提起诉讼，运用诉讼调解、简易程序、支付令、实现担保物权程序等多种法律措施，尽早取得生效法律文书并申请执行，争取在破产临界期前完成债务清偿。二是合理规划安全的还款方式，在还款主体方面，如贷款有其他保证人的，尽可能选择以正常企业保证人承担保证责任的方式还款，避免被认定为个别清偿。三是选择第三方的财产担保。金融机构在贷款期限内要求增加担保或者进行贷款展期、借新还旧等操作时，要尽可能选择第三方的财产设置担保，避免被认定为破产企业"对没有财产担保的债务提供财产担保"的行为。

2. 关注债务人是否具备破产条件

法院在受理破产申请前会对债务人是否具备破产原因进行严格审查，如果发现债务人不符合破产条件，则裁定不予受理。因此，在法院受理破产申请前的审查过程中,特别是针对"突然破产"企业,金融机构要根据债权实际情况分析债务人破产的原因及利弊,提交债务人不符合破产条件的证明材料,请求法院作出不予受理破产申请,让清偿发生在法定的"一年""六个月"外。

第十五章 存款质押业务法律风险防控

存款质押具有价值稳定、质权实现途径简便等优点,但因目前对于存款质押的法律属性、构成要件等,司法实践中存在不同的认识,如未谨慎操作将可能引发担保落空的风险。本章旨在通过对存款质押的法律性质和法律风险进行研究分析,对商业银行如何防控存款质押风险提出应对措施。

一、存款质押的法律性质分析

(一)存款质押的法律属性

质押分为动产质押和权利质押。动产质押是指债务人或者第三人以其享有所有权的动产出质,作为债权的担保,债务人不履行债务时,债权人可以主张对该动产的优先受偿权。动产质押的特点是,只转移动产的占有,不转移动产的所有权,质权自出质人将动产交付给质权人时设立。权利质押是指债务人或者第三人以其所有权之外可转让的财产权出质,作为债权的担保,债务人不履行债务时,债权人可以主张对该权利的优先受偿权。权利质权自交付权利凭证或办理出质登记时设立。

存款质押,是指债务人或第三人以其存入银行账户的金钱出质,作为债务人履行债务的担保。对于存款质押是动产质押还是权利质押,学术界有不同观点。

一种观点认为,金钱存入银行账户后,存款人仍保有金钱的所有权,存款属于存款人享有所有权的特殊动产,以存款出质属于动产质押。一种观点认为,金钱存入银行账户后,存款人就失去了金钱的所有权,而动产质押是出质人以其享有所有权的财产出质,故存款人不可能在存款上设定动产质权。存款质押实质上是存款人以其对银行享有的债权出质,因此属于权利质押。第三种观点认为,存款质押属于权利质押还是动产质押,取决于存款是否特定化，如果存款未特定化，属于权利质押；如果存款特定化，则属于动产质押。

相较于前两种观点，第三种观点既体现了金钱的"占有与所有一致"原则，又从特定化的角度阐述了这一原则的例外情况，也与我国目前的司法实践相符。具体来说：

1. 存款"未特定化"，构成权利质押

普通的动产所有权与占有可以分离，而金钱作为一种特殊的动产，出于对其流通职能的考虑，使得金钱具有以下法律特征：一是金钱的所有和占有是一致的，转移占有即转移所有权；二是金钱为种类物，具有高度代替性，金钱存入银行账户后，存款人就失去了金钱的所有权，取得了请求银行支付一定数额金钱的债权。存款人以其对银行的债权出质，作为债务人履行债务的担保，即构成权利质押。

存单作为银行签发的证明存款人对于银行享有债权的凭证，可以成为权利质押的标的物。以存单出质担保债权的实现，性质上属于以债权出质，由此成立权利质权，质权自存单交付时设立。

2. 存款"特定化"，构成动产质押

金钱的所有和占有一致原则只是一般的民法规则，但是不完全适用于各种复杂的交易关系，尤其是一些特殊的商事关系。金钱的"占有即所有"严格来说是一种推定，只要法律上有适当的识别方法，如通过特殊账户方式将出质金钱予以特定化，使出质金钱既不与出质人的其他金钱相混同，又能独立于质权人的财产，则可构成动产质押。

（二）存款质押的法律效果

存款是否特定化决定了存款质押的担保法律属性，而不同的法律属性会带来不同的法律效果。

在权利质押的情况下，因存款未特定化，质权人只能对质押的债权主张优先受偿权，无法直接对出质人账户内的存款主张优先受偿权。如果存款账户被司法机关采取扣划等司法措施时，对债权人而言存在担保落空的风险。

在动产质押的情况下，因存款已特定化，质权人可以直接对该存款主张优先受偿权，可以对抗其他债权人。法院在对特定化的质押存款采取司法强制措施时，会优先考虑质权人的利益，如司法解释明确规定对于信用证开证保证金，法院可以冻结，但不得扣划。

因此，对于债权人来说，最稳妥的方法是将存款质押做成动产质押。

（三）存款质押构成动产质押的要件

1. 书面合意

存款质押成立的前提是当事人对于存款质押达成书面合意，该要件包含两层意思：一是必须采取书面形式；二是必须体现质押的意思表示。可以是在借款合同之外单独签订质押合同，也可以是在借款合同中约定质押条款。无论采用哪种形式，都需严格落实合同要素，包括：被担保的主债权种类和数额；债务人履行债务的期限；质押财产的名称、数量、质量、状况；担保的范围；质押财产交付的时间等。存款质押合同应明确质押担保的意思表示，明确存款质押账户的名称、账号、金额，并与被担保的主债权相对应。

2. 特定化

特定化是指通过采取一些特殊方式，使出质的存款具备区别于其他存款的特征，成为特定物。如前所述，是否"特定化"是存款质押构成动产质押还是权利质押的关键要件，也是司法实践中债权人对账户资金的优先受偿权能否获得法院支持的重要因素。

对于"特定化"的具体要求，现行法律法规并没有进行明确规定，司法实践中对此有不同认识，导致了不同的裁判结果。从近几年的司法实践来看，"特定化"应满足以下条件：

一是从账户外观看，存款质押账户的外观形式应当区别于出质人的普通账户。如果账户没有明确、清晰地显示出已设立质押的外观，则难以区分该账户内资金是出质人的普通存款还是质押存款，债权人对该款项主张优先受偿权的，难以获得法院支持。

二是从账户用途看，存款质押账户应当是出质人为出质金钱开立的专用存款账户，不能是基本存款账户、一般存款账户或临时存款账户。质押账户不能用于日常结算，也不得用于存放除出质金钱以外的其他资金。

三是从账户金额看，存款质押账户的金额应当固定。如果质押账户内的资金有进有出，金钱数额一直处于浮动变化的状态，司法实践中可能被认定为不符合"特定化"要求。但最高人民法院在第54号指导案例中认为，支出款项的用途符合保证金质押要求，账户资金浮动不影响动产质权的设立。

3. 转移占有

转移占有是指出质人不能自由使用质押账户内资金，实质上丧失了对账户的管理权和控制权，而质权人实质上取得了对质押账户的管理权和控制权。出质人和质权人应明确约定，未经质权人同意，出质人不得支用质押账户内的存款。在质押账户实际管理上，亦应严格限制出质人从质押账户中支取任何款项。

二、存款质押面临的法律风险

（一）存款质押未有效设立的风险

由于相关法律法规未就"特定化"和"转移占有"进行明确规定，各地法院对于"特定化"和"转移占有"的审查方法与标准不完全一致，如对于特定化这个要件，有对银行要求较高的"账户名称判断法"，也有对银行要求相对较低的"会计科目判断法"，因此实践中存在着因银行操作问题导致存款质押被法院认定为未有效设立的风险。

如在最高人民法院（2013）民申字第2060号民事判决书中，质权人银行在一般账户中将700万元款项冻结作为保证金，但最高人民法院认为，质押账户的外观特征应当准确、清晰，本案所涉账户为一般账户，不符合特定化要求，故质权未有效设立。

（二）质押存款被法院扣划导致担保落空的风险

出质人的账户存款可能因出质人与其他债权人的纠纷被法院冻结、扣划，从而导致担保落空的风险，尤其是随着"总对总"网络执行查控系统的上线，这种风险更加突出。

在"总对总"系统上线前，法院需要到银行网点进行冻结、扣划操作，银行作为质权人能及时知晓，并进行合理抗辩。随着"总对总"系统的上线，法院利用计算机网络等现代信息手段，与全国多家金融机构实现专线连接，法院执行人员只需通过该系统，便可快速查询被执行人在银行开立的账户、余额、交易明细等信息，对账户存款进行冻结、扣划。对于质押给银行的存款账户，如果账户外观上无特殊标识，在"总对总"系统反馈给法院的查询结果中，该类账户与普通账户并无区别，法院可能会直接对该类账户进行冻结、扣划，导致存款质押账户中的资金在银行不知情的情况下，直接被法院通过"总对总"系统扣走，进而导致担保落空的风险。

三、存款质押的法律风险防控措施

为有效防范存款质押未有效设立以及质押存款被冻结、扣划的风险，提出以下风险防控措施：

（一）对质押账户进行特殊标识，达到形式上的特定化

对存款质押账户的账户名称、账户性质、账户用途等进行特殊标识，使其区别于出质人的普通银行账户，如在账户名称中增加"质押"或者"保证金"字样，账户性质标记为专用存款账户，账户用途标记为质押等，这样该账户便具有了已设立质押的外观，满足了形式上的"特定化"要求。同时应确保任何第三方对存款质押账户进行查询时，均可根据上述特殊标识了解到该账户的质押特征，这样银行就有充分的理由证明存放质押金钱的账户是特定的、专用的质押账户。

（二）对质押账户进行严格管理，达到实质上的特定化

第一，在质押担保期间，质押账户内的资金原则上不能变动，以减少"浮动质押"的争议。如果质押账户内的资金随意进出，就不符合特定化要求，质权人的权利无法对抗第三人。第二，在与担保公司合作业务、与开发商合作的楼盘按揭业务中，如果质押账户内的资金确实难以做到"固化"，则应严格确保账户资金的划入和划出符合质押协议的约定，仅能进行质押协议项下的资金浮动，不得用于日常结算。

（三）确保对质押账户的控制，实现移交占有

质押存款应当移交质权人实际占有并由质权人控制。账户是存款的载体，因此质权人应对存款质押账户实施严格控制，确保出质人无法对存款质押账户进行自由支配。质押账户内的资金未经质权人同意不得划出，以实现质押存款的移交占有。

（四）加强质押合同管理，完善法律手续

办理每笔存款质押业务，均应签订书面的存款质押合同，对被担保债权

的种类和数额、质押账户的户名、账号和开户行以及银行就该账户内存款享有优先受偿权等事项进行详细约定，确保出质存款与被担保的债权具有对应关联性。

(五) 即使采取存单质押形式，也必须对账户特定化

如前所述，存单质押为权利质押，如果仅存单质押，对应的账户未特定化，则债权人无法直接对账户中的存款主张优先受偿权，账户中的存款无法对抗司法强制措施。因此如果采取存单质押这种形式，除了签订书面质押合同和交付存单外，也要注意对账户进行特定化，从而争取法院支持银行对存款的优先受偿权。

第十六章 动产流动质押业务法律风险防控

一、流动质押的概念及特征

(一) 流动质押的概念

流动质押是实践中发展起来的一种担保方式，也被称为动态质押、存货动态质押等，是指债务人或第三人为担保债务的履行，以其有处分权的原材料、半成品、产品等库存货物为标的物向银行等债权人设定质权，双方委托第三方物流企业占有并监管质押财产，质押财产被控制在一定数量或价值范围内进行动态更换，出旧补新的一种担保方式。① 动产流动质押属于动产质押的一种新类型，其相较于普通动产质押的最大区别即是其交付方式为指示交付。动产流动质押采用"流动质押+第三人监管"的模式，突破了普通动产质押中质物的特定化和静止化，实现了出质人对动产质物的再利用，保障了质物的流通性和出质人的正常生产经营活动。

(二) 流动质押的相关法律规定

为规范实践中这一创新性的融资方式，2019年9月11日最高人民法院审判委员会民事行政专业委员会第319次会议发布的《九民纪要》及《民法典担保制度司法解释》对流动质押的具体适用专门予以规范。

1. 《九民纪要》

《九民纪要》第63条规定："【流动质押的设立与监管人的责任】在流动质押中，经常由债权人、出质人与监管人订立三方监管协议，此时应当查明监管人究竟是受债权人的委托还是受出质人的委托监管质物，确定质物是否

---

① 最高人民法院民事审判第二庭：《最高人民法院民法典担保制度司法解释理解与适用》，人民法院出版社2021年版，第476页。

已经交付债权人,从而判断质权是否有效设立。如果监管人系受债权人的委托监管质物,则其是债权人的直接占有人,应当认定完成了质物交付,质权有效设立。监管人违反监管协议约定,违规向出质人放货、因保管不善导致质物毁损灭失,债权人请求监管人承担违约责任的,人民法院依法予以支持。如果监管人系受出质人委托监管质物,表明质物并未交付债权人,应当认定质权未有效设立。尽管监管协议约定监管人系受债权人的委托监管质物,但有证据证明其并未履行监管职责,质物实际上仍由出质人管领控制的,也应当认定质物并未实际交付,质权未有效设立。此时,债权人可以基于质押合同的约定请求质押人承担违约责任,但其范围不得超过质权有效设立时质押人所应当承担的责任。监管人未履行监管职责的,债权人也可以请求监管人承担违约责任。"

2. 《民法典担保制度司法解释》

《民法典担保制度司法解释》第55条规定:"债权人、出质人与监管人订立三方协议,出质人以通过一定数量、品种等概括描述能够确定范围的货物为债务的履行提供担保,当事人有证据证明监管人系受债权人的委托监管并实际控制该货物的,人民法院应当认定质权于监管人实际控制该货物之日起设立。监管人违反约定向出质人或者其他人放货、因保管不善导致货物毁损灭失,债权人请求监管人承担违约责任的,人民法院依法予以支持。在前款规定的情形下,当事人有证据证明监管人系受出质人委托监管该货物,或者虽然受债权人委托但是未实际履行监管职责,导致货物仍由出质人实际控制的,人民法院应当认定质权未设立。债权人可以基于质押合同的约定请求出质人承担违约责任,但是不得超过质权有效设立时出质人应当承担的责任范围。监管人未履行监管职责,债权人请求监管人承担责任的,人民法院依法予以支持。"

(三)流动质押的法律特征

流动质押属于动产质押的一种特殊类型,其符合动产质押的法律特征,同时又具有其独特的法律特征。

1. 流动质押的交付方式为指示交付。动产质押以质物的交付为成立要件,它要求出质人必须将质押的动产交付给质权人,由质权人保管和占有质物。流动质押的交付方式为指示交付,即出质人通过将质物交付于质权人委托的第三方监管机构的方式完成质物交付。

2. 流动质押的创新点主要是在确保质物总价值不低于约定的最低金额前提下，出质人可以对超出约定价值部分的质物进行出库、入库、替换等操作。

3. 流动质押一般需引入第三方监管。通常由质权人委托第三方监管机构对质押存货进行占有和监管，质押财产在第三方监管机构的控制下，在一定数量或价值范围内进行动态更换、出旧补新。

二、流动质押的设立要件

（一）出质人实质交付动产

《民法典》第429条规定，动产质权的设立以标的物交付为生效要件。因此，质权人占有质物是质权成立的要件和存续的前提。但流动质押由第三方监管质物，无法实现直接将质物交付于质权人。由于我国民法认可指示交付亦可构成质权成立要件的交付，即允许第三方对标的物直接占有的情形下，由质权人取得间接占有。在流动质押的设立中，只要第三方系接受质权人的委托对标的物进行占有，质权就可以得到有效设立。① 对于出质人和监管人共同占有质物的场合，质权是否有效设立？对此，最高人民法院认为，只要监管人系受债权人的委托监管质物，且已经进行了实质监管，如质物出库时应征得监管人同意，则意味着质物并非完全处于出质人控制下，应认为流动质押已经设立。②

（二）质物特定化

1. 质物的价值或数量特定

流动质押的质物特点即是在保持并处于不断变化中，此种情形下，监管人向质权人提交的质押财产清单是证明质押财产范围的有效凭证，质押财产清单应尽量详细方可符合特定化的要求。③ 实践中，质物的价值受市场行情、

---

① 最高人民法院民事审判第二庭：《最高人民法院民法典担保制度司法解释理解与适用》，人民法院出版社2021年版，第479页。
② 最高人民法院民事审判第二庭：《最高人民法院民法典担保制度司法解释理解与适用》，人民法院出版社2021年版，第480页。
③ 参见最高人民法院民事审判第二庭：《〈全国法院民商事审判工作会议〉理解与适用》，人民法院出版社2019年版，第375页。

生产日期、质量等多种因素影响，监管人应结合监管合同约定的质物数量或价值维持约定的履行监管义务，否则，将面临质物价值减少而影响质权的有效性的风险。

2. 外观特定

流动质押中，质物存放场所除了质押货物外，可能还存在出质人或其他第三人存放的货物，仅凭数量或价值特定、监管人派员现场监管难以解决。这就要求质物具有被质权人占有的特定外观，例如，质物存放场地的区隔，即将质物存放场地从出质人或第三人的仓库中隔离出来予以专区管理和控制；或者对质物予以标记，即通过标记明确该质物属于质权人实际占有，且与其他货物相区分，以达到外观特定的标准。

（三）监管人系受质权人委托

流动质押模式下，质权人一般通过委托监管人对质物进行监管的方式实现质物的交付和占有。如监管人系接受质权人委托，与质权人直接签订监管协议并明确委托关系，则一般认定监管人受质权人委托，质物交付至监管人即视为交付至质权人。在有些流动质押业务中，质权人与出质人、监管人三方签订监管协议，质权人与监管人之间委托关系能否成立，主要看委托监管协议的具体内容，如委托监管协议明确约定，监管人受质权人的委托监管质物，质权人对质物具有占有返还请求权，则质权可能被认定为合法有效设立，若无上述约定，质权将被认定为未有效设立。实践中，有的质权人要求出质人与监管人两方签订监管协议，由监管人对质物进行监管，该种情形极可能被认定为质权人与监管人之间的委托关系不成立，进而影响质权的效力。

（四）明确监管费用的支付主体

认定质权人与监管人之间的委托关系是否成立的一个重要判断标准即是监管费用的支付主体。如监管费用由委托方即质权人支付，则质权人与监管人之间的监管委托关系成立；如监管费用由出质人支付，质权人与监管人之间的委托关系可能被认定为不成立，进而导致质权未有效设立。

（五）监管人实际控制质物

监管人需对质物进行实际控制，方可认定流动质押有效设立，实际控制质物一般包括以下几方面：

1. 审核查验

在接受出质人交付时,监管人通过质物接收确认函、出质通知书回执等对其实际交付的质物品名、数量、质量等进行具体查验,确保与质物清单及监管协议记载的质物相符。

2. 保存保管

监管人对质物的监管应当尽到一般善良管理人的注意义务,如选择合适的保管场所,提供适当的保管条件等。

3. 实际监管

监管义务是监管人最重要的义务,监管人在监管期间要监控质物的数量和质量,防止质物随意出库或脱离其实际占有。监管人是否安排人员进驻仓库对质物进行实质监管、监管人是否可以自由出入仓库等情况均是判断监管人是否已经实际控制质物的标准。

三、办理动产流动质押业务的法律风险防控措施

(一) 明确委托监管关系以实现质物实际交付

1. 明确委托监管关系

无论质物存放于监管人或其他第三人的仓库,还是存放于出质人的仓库,判断债权人是否已占有质物,核心在于监管人是否系受债权人委托对质物进行监管并已实际控制该质物。因此,监管协议中应明确约定监管人系受质权人委托对质物进行监管。

2. 明确监管费用支付

为防止出现出质人以其向监管人支付监管费为由主张其与监管人成立委托关系,从而否认监管人系受债权人委托监管质物,进而主张质权不成立的风险,应由债权人向监管人支付监管费用。如确需由出质人支付监管费用,建议明确约定出质人支付监管费用是基于出质人、监管人和债权人各方合意后的合理商业安排,且该等安排并不构成出质人与监管人之间成立委托监管关系,监管人在监管期间仅受债权人委托监管控制质物,亦不影响质权人就质物享有质权,但该种情形下,债权人与监管人之间是否构成委托关系仍存

在不确定性。

3. 及时支付监管费用

债权人应按时支付监管费用，避免因支付不及时导致监管人不履约，进而导致质物脱离监管控制；如约定由出质人支付监管费用，债权人应督促出质人及时支付，避免因费用迟延支付导致监管人中止监管，并督促监管人充分、审慎履行其监管义务。

（二）采取有效措施实现质物的特定化

1. 如监管人使用出质人的仓库或厂房存放质物，要求监管人与出质人签订租赁合同并按时支付租赁费用。

2. 质押合同应清楚记载质物的数量、价值、品种和规格等信息，以实现价值特定的要求。

3. 质物存放场地区隔化。要求监管人将质物堆放或存储于相对独立的特定区域，并辅之以物理隔离或张贴不易破坏的质押标识的形式，使之区别于出质人或第三方的其他库存货物；以物理隔离实现实体特定的要求，如在监管场地张贴或悬挂醒目标志，载明"某银行质物监管场地"，以明确质权人对质物的占有。

4. 对质物进行标记。要求监管人对质物打上特殊、醒目标记，明确该质物属于质权人实际占有，并与出质人其他货物、其他质权人占有货物的标记相区分，以实现公示效果。标签应当载明质权人、监管人、所有人等足以明确质物特征而实现特定化的基本信息。

（三）注意督促监管人有效监管

流动质押的质物交付不仅包括将财产交给监管人的瞬间行为，也包括由监管人实施的持续控制，因此，质权人应注意督促监管人严格履行监管义务。

1. 质押监管合同明确监管人对质物的绝对控制，排除出质人随意占有支配质押财产的权利。明确约定监管人的监管职责和义务，尤其是质物入库确认、出库审核、每日报告等内容，明确约定监管人的违约责任。

2. 监督监管人履行对质物的审核查验、保管监管等义务，实现有效的管领控制。在质物交付时，监管人负有审核查验义务；在质权存续期间，监管人应提供合适的仓储条件，确保质物与其他财产隔离，定期检查质物，准确记录数量、规格等，并向质权人反馈；当因出质人提取质物等原因而导致质物数量减少时，监管人应审核出质人是否符合提取条件，一旦质物价值减少至约定以下，监管人应立即通知质权人，并及时采取应对措施。

3. 质权人应加强对质物和监管人的监督管理。加强对监管人按时报送质物出库审核单据、每日报告清单等义务的监督，质物清单载明信息应尽量详细，包含明细、规格、数量、堆放地址等足以使质物特征实现特定化的全部信息。加强对监管人制作的质物报告、出库审核单等材料的核实，定期或不定期到质物存放现场进行巡查，一旦发现质物价值减少至约定以下，立即要求监管人按照协议约定采取补救措施。

专题 违法发放贷款罪分析及防范

违法发放贷款罪，是指银行或者其他金融机构及其工作人员违反国家规定发放贷款，数额巨大或者造成重大损失的行为。该罪是金融机构从业人员最易触犯的罪名之一。近年来，随着信贷规模的不断扩大，违法发放贷款罪案件数量呈较快上升趋势。本文统计了 2018 至 2020 年中国裁判文书网公布的 496 个违法发放贷款罪案例，从行为人身份信息、岗位分布、行为动机、行为类型等多个维度进行分析，并在此基础上提出预防犯罪的具体措施。

第一节 违法发放贷款罪解析

一、违法发放贷款罪的立法沿革

（一）1995 年《全国人民代表大会常务委员会关于惩治破坏金融秩序犯罪的决定》

该决定首次明确了违法发放贷款类犯罪，规定了"违法向关系人发放贷款罪"和"违法发放贷款罪"两个罪名。

（二）1997 年《刑法》全面修订

本次修订将《全国人民代表大会常务委员会关于惩治破坏金融秩序犯罪的决定》中有关违法发放贷款犯罪的规定纳入《刑法》第 186 条，删除了原规定中的"玩忽职守或者滥用职权"，增加了"关系人的范围依照《中华人民共和国商业银行法》和有关金融法规确定"。

(三) 2006 年《刑法修正案（六）》

《刑法修正案（六）》对违法发放贷款犯罪进行了修正：一是将原来的两个罪名合并为"违法发放贷款罪"一个罪名；二是将违法性特征的界定标准从"违反法律、行政法规规定"修改为"违反国家规定"；三是将违法发放贷款的数额增设为构成犯罪的标准之一，将"造成重大损失的"修改为"数额巨大或者造成重大损失的"，将"造成特别重大损失的"修改为"数额特别巨大或者造成特别重大损失的"。

二、违法发放贷款罪的构成要件

(一) 客体要件

本罪侵犯的客体是国家的金融管理制度，具体讲是国家的贷款管理制度。贷款业务是金融机构的一项重要金融业务，贷款质量的高低，不仅关系到银行等金融机构的自身效益，也关系到社会稳定和经济发展。为了规范贷款行为，提高贷款质量，保障金融机构稳健运行，维护金融秩序，国家制定颁布了《商业银行法》《金融违法行为处罚办法》等一系列法律、法规，形成了一套行之有效的管理制度。如果银行或者其他金融机构及其工作人员在办理贷款业务时违反国家规定，不仅会增加信贷资产风险，还会严重影响金融秩序稳定。

(二) 客观要件

本罪在客观方面表现为违反国家规定发放贷款，数额巨大或者造成重大损失的行为。

1. 要有发放贷款的行为

这是构成本罪客观方面的前提和基础。如果金融机构的员工在工作中严重不负责任或者滥用职权，但没有发放贷款的行为，则不构成违法发放贷款罪。

发放贷款的对象包括关系人以及关系人以外的人。银行或者其他金融机构的工作人员，违反国家规定向关系人发放贷款的，从重处罚。《商业银行法》规定，"关系人"是指董事、监事、管理人员、信贷业务人员及其近亲属，以及上列人员投资或者担任高级管理职务的公司、企业和其他经济组织。

2. 违反了国家规定

《刑法》第96条规定，"违反国家规定"是指违反全国人民代表大会及其常务委员会制定的法律和决定，国务院制定的行政法规、规定的行政措施、发布的决定和命令。但是《商业银行法》等法律对于商业银行"发放贷款"的规定比较笼统，例如，虽然《商业银行法》第35条规定"商业银行贷款，应当对借款人的借款用途、偿还能力、还款方式等情况进行严格审查"，第36条规定"商业银行贷款，借款人应当提供担保。商业银行应当对保证人的偿还能力，抵押物、质物的权属和价值以及实现抵押权、质权的可行性进行严格审查"，但对于"严格审查"的标准是什么，却并未明确。正是由于缺少上述具体标准，导致司法实践中容易出现"客观归罪"的情况，即根据贷款损失的结果推定信贷人员"未严格审查"或"未认真履责"，引发较多争议。

3. 违法发放贷款数额巨大或造成了重大损失

"数额巨大"和"造成重大损失"是本罪行为在量的方面的一个必要标准。"数额巨大"是指违法发放贷款行为所指向的数额，根据《最高人民检察院、公安部关于公安机关管辖的刑事案件立案追诉标准的规定（二）》，违法发放贷款的数额达到100万元以上的，不论贷款造成的损失大小，均应立案追诉；"造成重大损失"是针对违法发放贷款的结果而言，根据立案追诉标准，违法发放贷款造成直接经济损失数额达到20万元以上的，不论贷款发放金额大小，均应立案追诉。

(三) 主体要件

根据《刑法》第186条规定，个人和金融机构均可成为本罪的犯罪主体。

单位犯罪主体，即银行或者其他金融机构，如商业银行、村镇银行、小额贷款公司等；自然人犯罪主体，即银行或其他金融机构的工作人员。

(四) 主观要件

主观构成要件方面，"故意"与"过失"均可构成本罪。理论界存在

"故意说""过失说""故意及过失混合说"等不同观点。不同观点的评价对象有所不同。"故意说"是以行为人实施违法放贷行为时的主观心理状态为评价对象,即行为人实施违法发放贷款的行为,是出于故意;"过失说"是以行为人对放贷结果的主观心理状态为评价对象,即行为人对贷款损失结果是出于过失。业务实践中,违法发放贷款罪行为人的罪过形态是非常复杂的,既可能出于故意,也可能出于过失;行为人对违法发放贷款的行为,既可能是故意为之,也可能是出于过失;行为人对造成重大损失的结果多出于过失,特殊情况下也可能是出于故意。

第二节 违法发放贷款罪案例分析

自 2018 年至 2020 年,中国裁判文书网共公布了 496 份案由为"违法发放贷款罪"的判决书,涉及当事人 690 人,有记录的违法放贷金额 226.5 亿元,造成损失 148.3 亿元,损失率 65.5%。其中,2018 年发生案件 170 件,涉及当事人 234 人,违法放贷金额 24.17 亿元,损失金额 16.92 亿元,损失率 70%;2019 年发生案件 180 件,涉及当事人 250 人,违法放贷金额 122.98 亿元,损失金额 76.74 亿元,损失率 62.4%;2020 年发生案件 146 件,涉及当事人 206 人,违法放贷金额 79.34 亿元,损失金额 54.64 亿元,损失率 68.9%。(见图 1、图 2)

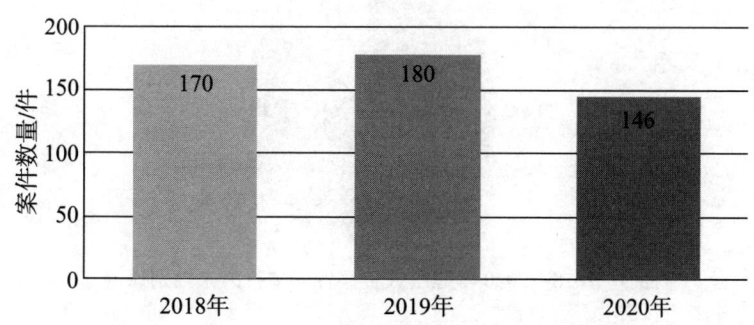

图 1 2018—2020 年违法发放贷款罪样本案件数量

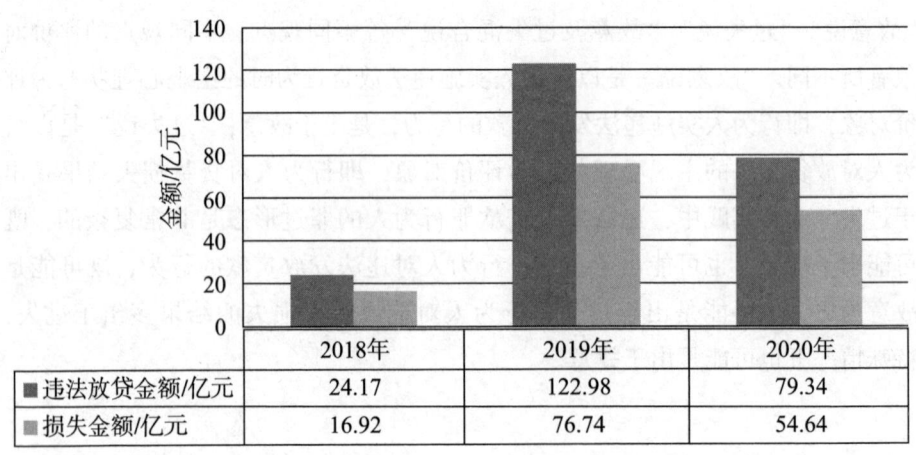

图 2　2018—2020 年样本违法放贷金额及损失金额

一、行为人身份特征

（一）性别

案例样本所涉 690 个行为人当中，有 670 人在判决书中有明确的性别表述，其中男性 599 人，占比 89.4%；女性 71 人，占比 10.6%。（见图 3）

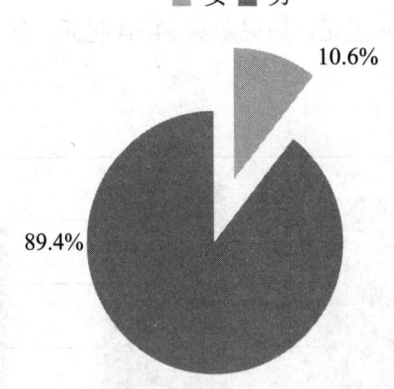

图 3　2018—2020 年违法放贷案件样本行为人性别比例

（二）年龄

案例样本所涉 690 个行为人当中，有 625 人在判决书中有明确的年龄表述，其中，集中度较高的年龄阶段分别为：第一，46~50 岁，共 163 人，占比 26.1%；第二，51~55 岁，共 127 人，占比 20.3%；第三，41~45 岁，共 94 人，占比 15%。统计发现，约 75% 的违法发放贷款罪行为人年龄集中在 36~55 岁之间。（见图 4）

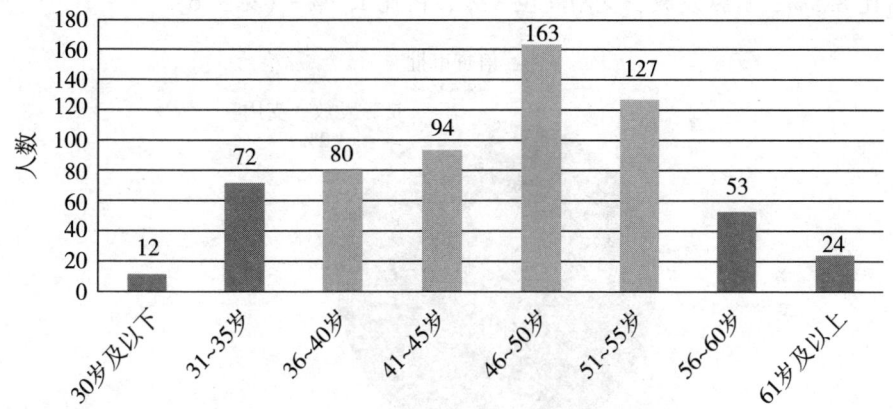

图 4　2018—2020 年违法放贷罪犯样本年龄阶段分布

（三）文化程度

案例样本所涉 690 个行为人当中，有 617 人在判决书中有明确的文化水平表述，其中，399 人为本科以下学历，占比 64.7%；210 人为本科学历，占比 34%；8 人为研究生及以上学历，占比 1.3%。（见图 5）

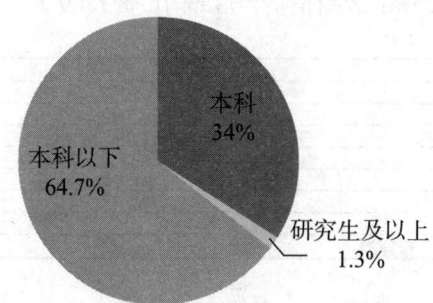

图 5　2018—2020 年违法放贷罪犯样本文化程度占比

（四）岗位

违法发放贷款罪行为人在金融机构中主要分布在信贷经营岗、信贷审批岗和贷款发放、支用岗三类岗位。案例样本所涉 690 个行为人当中，有 683

人在判决书中有明确的岗位表述,其中,信贷经营岗位617人,占比最高,为90.3%,以基层机构的信贷岗位人员居多,主要为网点、支行客户经理及机构负责人;信贷审批岗位(包括支行负有贷款审批职责的负责人)58人,占比8.5%;贷款发放、支用岗位8人,占比1.2%。(见图6)

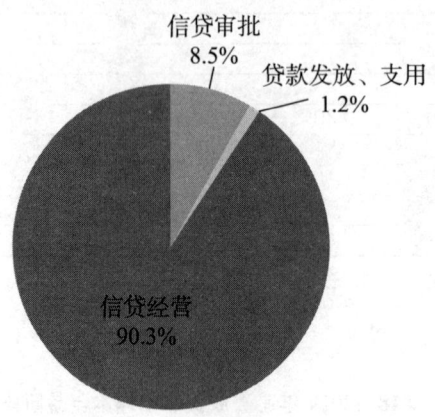

图6 2018—2020年样本案例岗位分布

(五) 职务

案例样本所涉690个行为人当中,有683人在判决书中有明确的职务表述,其中占比居于前三位的为:客户经理(信贷员)392人,占比57.6%;网点、支行负责人221人,占比32.5%;支行信贷经营部门负责人39人,占比5.7%。(见图7)

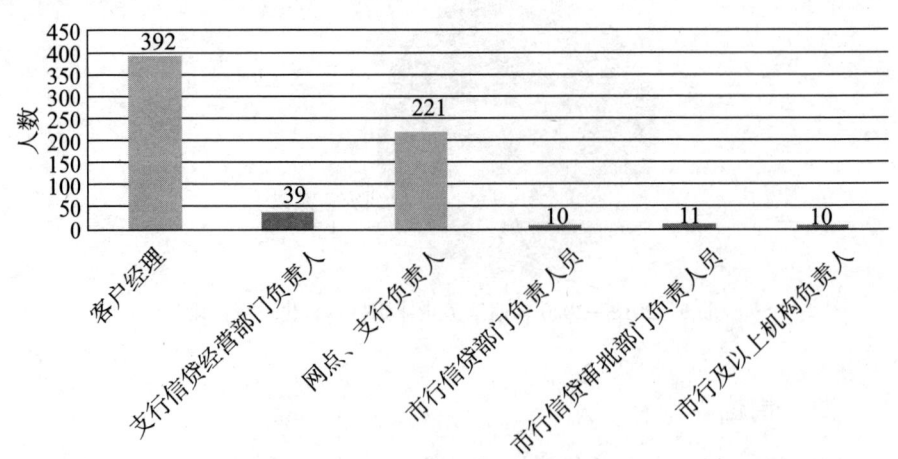

图7 2018—2020年样本案例职务分布

二、行为特征

（一）行为动机

根据样本案例统计，违法发放贷款罪行为人违法放贷的行为动机有未尽职履责、完成业绩指标、受他人指使、收受贿赂及徇私舞弊五种情形。其中，居于前三位的行为动机分别为：未尽职履责 245 人，占比 35.5%；完成业绩指标（包括贷款发放指标、不良压降指标）237 人，占比 34.3%；徇私舞弊（包括为己之利、人情贷款）80 人，占比 11.6%。（见图 8）

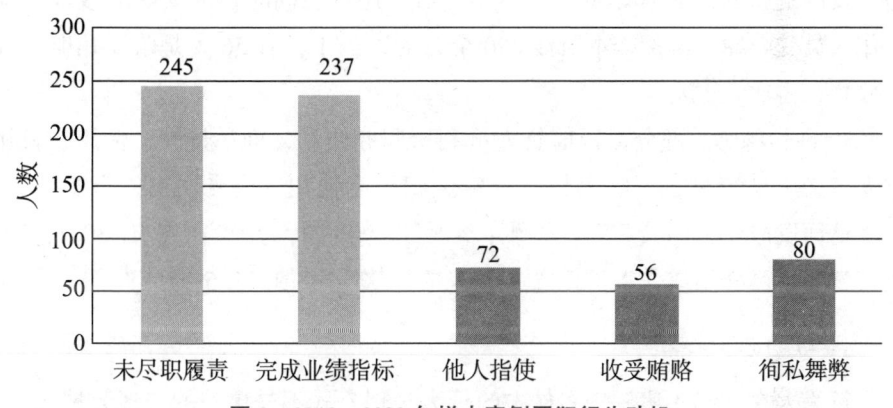

图 8　2018—2020 年样本案例罪犯行为动机

1. 未尽职履责。部分银行信贷人员未严格执行信贷业务规章制度，仅凭经验操作业务，缺乏风险防范意识，履职严重不负责任，从而导致对不符合条件的贷款申请人发放贷款。这种情形下的行为人，其主观状态一般出于过于自信的过失，既包括信贷经办人员不严格按照信贷规定调查审核，也包括领导人员没有尽职尽责地进行审核。需要注意的是，即使本人没有直接参与贷款流程，也可能因为没有履行相应的职责而受到刑事追究。案例样本所涉 690 个行为人当中，有 245 人因怠于履行岗位职责而导致违法发放贷款的结果，占比 35.5%。

2. 完成业绩指标。部分银行信贷人员所谓迫于业绩考核指标的压力，为了完成信贷业务发放或不良贷款回收，对不符合借款条件的客户出具虚假调查报告，甚至直接协助贷款申请人修改、伪造申请材料，从而达到发放贷款的目的。案例样本所涉 690 个行为人当中，有 237 人是出于完成信贷发放任务或不良压降任务的动因违法放贷，占比 34.4%。

3. 他人指使。部分银行信贷人员法律意识淡薄，在贷款调查、审批过程中，迫于他人指使或者是盲目相信领导，明知借款人不符合贷款发放条件仍违法发放贷款。案例样本所涉 690 个行为人当中，有 72 人是受他人指使或因领导安排参与违法放贷，占比 10.4%。

4. 收受贿赂。金融机构工作人员收受贿赂后，利用职务便利为行贿人违法发放贷款。这种职务便利既有信贷业务经办人员直接放贷的情况，也存在处于领导职务的人员收受贿赂后安排下属人员放贷的情形。行为人收受贿赂违法发放贷款的，根据受贿人的不同身份，还可能同时构成受贿罪或非国家工作人员受贿罪。案例样本所涉 690 个行为人当中，有 56 人是收受贿赂后违法放贷，占比 8.1%。

5. 徇私舞弊。部分银行信贷人员利用职务便利，徇私舞弊，借用、冒用他人名义申请贷款，实际上将贷款资金归自己使用，或受朋友、亲戚请托，碍于情面发放"人情贷款"。案例样本所涉 690 个行为人当中，有 80 人是发放贷款供自己使用或受人请托发放"人情贷款"，占比 11.6%。

（二）行为类型

行为人在一起违法放贷案件中的行为表现方式不是单一的，多数情况下，会同时存在多种行为表现方式。根据案例统计，行为人违法发放贷款的行为表现方式主要分为以下七种类型：一是未按规定对借款人身份信息进行真实性核查；二是未按规定对借款人贷款申请资料、贷款用途、偿债能力等进行审查；三是故意隐瞒或编造虚假的贷款申请材料；四是未按规定对保证人偿还能力、抵质押物进行审查；五是违反贷款审批程序或超权限审批；六是违反贷款发放、支用管理规定；七是违法向"关系人"发放贷款。其中，居前三位的行为类型分别为：故意隐瞒或编造虚假的贷款申请材料，434 人，占比 62.9%；未按规定对借款人身份信息进行真实性审核，356 人，占比 51.6%；未按规定对保证人偿还能力、抵质押物进行审查，223 人，占比 32.3%（见图 9）。

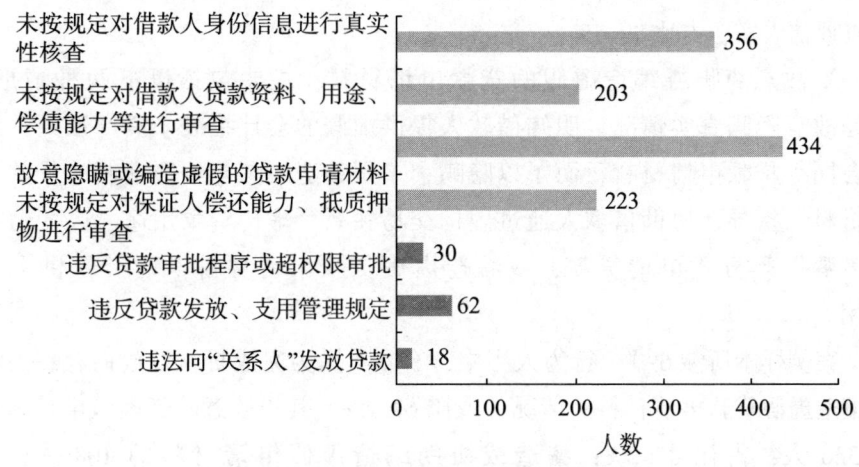

图9 2018—2020年样本案例罪犯行为方式

1. 未按规定对借款人的身份信息进行真实性核查。主要表现为未严格审查借款人的身份信息等情况，或在明知借款人与实际用款人不一致的情况下违法发放贷款。此类行为可以分为两种情况：一是"冒名贷款"，即贷款材料上并非借款人本人签字，借款人对贷款并不知情；二是"借名贷款"，即贷款材料上的签字虽为借款人本人签字，但贷款实际上并非借款人本人使用，而是由公司使用或他人使用。

案例样本所涉690个行为人当中，有356人在业务操作过程中未按规定对借款人的身份信息进行真实性核查而违法放贷，占比51.6%。其中，因严重不负责任导致违规发放"冒名"贷款的89人，占比25%；明知借款人与实际用款人不一致依然违法放贷的267人，占比75%。

2. 未按规定对借款人贷款申请材料、贷款用途、偿债能力等进行严格审查。主要表现为怠于履行工作职责，导致对借款人的调查评估失实。如未按规定进行实地调查或外部查询；未对贷前尽职调查结论与借款人申请材料之间或借款人提供的申请材料相互之间存在关键性数据严重不符的情况进行深入调查、核实验证；应识别而未识别客户贷款申请材料存在造假行为或重大缺陷；因审查、核实疏忽，未发现客户的主体资格、交易背景和所提供材料的完整性、合规性存在严重缺陷等。

案例样本所涉690个行为人当中，有203人因怠于履行工作职责而未按规定对借款人的贷款申请材料、贷款用途、偿债能力等进行严格审查，导致调查评估失实，占比 29.4%。

3. 故意隐瞒或编造虚假的贷款申请材料。主要包括以下两种情形：一是故意隐瞒真实情况。明知借款人提供虚假的会计报表、资产证明、购销合同等贷款申请材料，而予以隐瞒；二是编造或参与编造虚假的贷款申请材料，指导、协助借款人通过虚构交易关系、虚构贷款用途、改变财务报表数据等方式申请贷款，或编造虚假贷款申请材料申请贷款供个人使用。

案例样本所涉 690 个行为人当中，有 434 人为完成贷款发放而存在隐瞒或编造虚假贷款申请材料的情况，占比 62.9%。其中故意隐瞒虚假申请材料的 326 人，占比 47.2%；编造或协助编造虚假申请材料的 108 人，占比 15.7%。

4. 未按规定对保证人偿还能力、抵质押物进行严格审查。主要包括以下四种情形：一是未认真履行工作职责，在担保人未到场的情况下办理贷款手续，未对担保人身份及资信状况进行调查核实，担保法律手续出现瑕疵，或明知担保人身份及资信状况不符合规定依然违法放贷；二是未按规定核实担保财产的真实性和有效性，应发现而未发现抵质押物的权属证明虚假，或者明知权属证明文件虚假仍违法发放贷款；三是未按规定进行押品估值，致使抵质押物估值明显高于当时市场价值；四是违反规定在抵押物未办妥抵押登记手续、未设立有效抵押权的情况下发放贷款。

案例样本所涉 690 个行为人当中，有 223 人未按规定对保证人的偿还能力、抵、质押物的权属和价值以及实现抵押权、质权的可行性进行严格审查，占比 32.3%。其中，怠于履行工作职责的 86 人，占比 38.6%；明知保证人无担保能力或抵质押物存在瑕疵依然违法放贷的 137 人，占比 61.4%。

5. 违反贷款审批程序或超权限审批。主要包括以下三种情形：一是超越或变相超越贷款审批权限，如贷款业务经办机构负责人违反贷款审批权限规定违规审批发放贷款；二是授信审批未按规定的程序进行，逆程序或减少程序进行授信；三是采取化整为零的手段，将大额贷款分解为多笔小额贷款，规避分级审批规定。

案例样本所涉 690 个行为人当中，有 30 人在贷款审批过程中违反程序或超授权审批，占比 4.3%。

6. 违反贷款发放、支用管理规定。主要包括以下两种情形：一是未严格落实授信审批批复条件、借款合同约定的放款条件，或明知不符合放款条件而发放贷款；二是违反贷款支付监督管理规定，明知借款人申请支用贷款的用途与借款合同约定的用途不相符而予以支用。

案例样本所涉690个行为人当中，有62人在贷款发放和支用环节违反规定，未落实批复条件或明知借款人实际用途与约定用途不符而放款，占比4.3%。

7. 违法向"关系人"发放贷款。主要包括以下两种情形：一是向关系人发放信用贷款，即不要求借款人提供任何担保；二是向关系人发放担保贷款的条件优于其他借款人同类贷款的条件，主要是指给予关系人更为优惠的条件，如降低担保要求、降低利率等。

案例样本所涉690个行为人当中，有18人是向"关系人"发放贷款，占比2.5%。

第三节 违法发放贷款罪防控措施

一、完善规章制度体系，夯实防控基础

（一）加强信贷规章制度合法性建设，提升规章制度科学性

规章制度建设是银行依法合规经营的一项重要基础性工作。科学的规章制度，既能有效确保业务依法合规经营，又能促进业务高效健康发展。合法性是一个科学的规章制度需要满足的首要标准，更是规章制度制定的底线和前提，把国家法律、法规的规定和要求准确体现在规章制度中。为确保规章制度的合法性，要加强以下两方面的工作：

1. 加强规章制度的合法性审查工作

严格依照法律法规和总行有关规定对规章制度进行法律性审查，防止出现规章制度与法律法规、总行有关规定相违背的情况，确保制度的合法合规性。

2. 加强规章制度的合法性重检工作

一是密切关注新颁布、新修订的法律法规对信贷业务产生的影响，及时对行内信贷制度进行修订、补充或废止，做好"外规内化"；二是深入研究司法实务中常见的信贷类违法犯罪行为类型，以及监管处罚实例中的监管罚点，对照查找信贷业务流程的薄弱环节，有针对性地对规章制度进行修改完善，夯实规章制度合法合规基础。

（二）强化规章制度执行，维护规章制度权威性

规章制度的生命力在于执行。否则再好的制度也将形同虚设，变为"不带电的高压线"。必须强化对信贷规章制度执行的监督、检查及违规责任追究力度，使员工不违规、不敢违规。

1. 牢固树立依法遵规意识，严格按照规章制度操作

坚持"有章必依"，严格按照规章制度办理信贷业务，确保规定动作落实到位，培养严格按程序办事的良好习惯。

2. 加强违规责任追究

做到"执章必严，违章必究"，提高违规成本，使责任追究真正起到震慑违规行为的作用。

3. 加强教育培训，让"遵章守纪"成为行为习惯

确保每一名信贷岗位员工都熟知规章制度，能够按照规章制度要求合规操作，避免出现员工由于对规章制度学习不深入、理解不全面，以习惯代替制度等原因导致的违法违规行为。

二、加强信贷关键环节管控，严格落实规章制度要求

（一）法律法规"红线"

本文根据法律法规规定，通过对"违法发放贷款罪"案例及信贷业务监管罚点的梳理，归纳出以下信贷业务法律法规"红线"，如有触犯则可能构成违法发放贷款罪（见表1）。

表1 信贷业务法律法规"红线"表

关键环节	对借款人身份真实性及主体资格的审查
"红线"	①违规办理冒名贷款； ②向不具备借款资格的借款人发放相关贷款； ③向关系人发放信用贷款，向关系人发放担保贷款的条件优于其他借款人同类贷款条件
关键环节	对借款人贷款申请资料的审查
"红线"	①未严格审查贷款申请材料； ②员工参与、指导编造虚假贷款申请材料
关键环节	对贷款用途的审查
"红线"	①明知贷款用途与约定用途不一致； ②"个贷企用""企贷个用"； ③员工参与、指导编造虚假用途证明材料
关键环节	对保证人真实性及担保能力的审查
"红线"	①担保人未到场办理贷款手续； ②未按规定严格审查担保人身份及担保资格
关键环节	对担保物的审查
"红线"	①抵质押物虚假、不真实； ②抵质押物评估严重不审慎； ③押品管理失职不到位
关键环节	贷款审批
"红线"	①审贷未分离； ②随意放松授信条件； ③超越、变相超越权限审批贷款； ④违反审批程序进行贷款审批
关键环节	贷款发放与支用
"红线"	①逆程序发放贷款； ②超授信额度发放贷款； ③未落实放款条件违规发放贷款

（二）防控要点

【关键环节1】 借款人身份真实性及主体资格审核

要点1：通过身份证联网核查系统、全国企业信用信息公示系统等途径查询个人借款人身份的真实性，核实企业证照是否真实有效。

要点2：对于个人经营类贷款，须通过市场监督管理机关、税务机关网站、电话查询等方式确定借款人经营实体相关证照的真实性。

要点3：办理对公信贷类业务时，应查阅公司章程、验资报告、股权登记文件等，了解借款人股东情况及注册资本到位情况，以及产权关系是否清晰。

【关键环节2】 借款人还款能力审查

要点1：《商业银行法》规定"商业银行开展信贷业务，应当严格审查借款人的资信"，"商业银行贷款，应当对借款人的借款用途、偿还能力、还款方式等情况进行严格审查"。司法实务中，"严格审查"的标准通常适用有关规章规定，故应当严格执行中国人民银行、国家金融监督管理局会等国家监管部门的规章规定，对借款人还款来源、还款能力及还款方式进行调查。贷款调查应以实地调查为主，采取现场核实、电话查询以及信息咨询等多种途径和方法。

要点2：重点关注征信情况。通过征信系统查询借款人及法定代表人、实际控制人是否存在不良信用记录及违约失信情况。

要点3：重点关注涉诉情况。通过中国裁判文书网、中国执行信息公开网等渠道全面查询借款人涉诉情况，以及企业或企业负责人是否被列为被执行人或失信被执行人，是否被列入限制高消费人员名单。

【关键环节3】 贷款申请资料审查

要点1：尽到谨慎注意职责，严格审查借款人提供的贷款申请资料，确保材料齐全、真实、符合形式要求。

要点2：银行作为专业的金融机构，在材料审查上不能仅达到"一般注意"的标准，应负有特殊注意义务，确保申请材料不存在"特殊注意"能够发现的瑕疵。

要点3：坚决杜绝"指导"借款人编造虚假材料。对不符合贷款条件的，可以要求借款人补充材料，决不允许以任何形式"授意""指导"借款人编造虚假的贷款申请材料。

【关键环节4】 借款人信贷用途审查

要点1：明确约定并告知借款人贷款资金的规定用途，不得用于购买期货、股票、基金、理财产品等。

要点2：对借款人提交的贷款用途证明材料要进行认真审核，必要时进行实地调查核实。

要点3：高度关注与贷款用途直接相关的交易业务，防止借款人通过虚构交易，套取商业银行信贷资金。

【关键环节5】 担保人真实性和担保人资格审查

要点1：坚持"亲见"原则，确保担保人亲自办理担保业务，同时注意加强实地调查，确保担保人身份真实性。

要点2：严格审查担保人担保资格。

（1）担保人为公司的，注意遵守新《公司法》关于公司对外担保的规定，严格审查相关担保决议的合规性、真实性。

（2）担保人为自然人的，应要求其配偶作为共同担保人在相关合同及文件上签字，也可要求其配偶出具《夫妻共同承担担保债务声明书》。

【关键环节6】 担保物审查

要点1：严格审查抵质押物的真实性和法律状态。必须到有关不动产、动产登记机关进行查询，确保抵质押物真实存在、权属清晰，担保人有权处分，且不属于法律规定禁止抵质押的情形。

要点2：准确掌握抵押物是否有出租、查封、设定居住权等权利负担。

【关键环节 7】 授信审批

要点1：严格按照国家法律法规、监管政策及商业银行制度要求的授信权限、程序进行审批，坚决杜绝超权限、变相超权限审批。

要点2：遵守授信审批纪律和职业道德。授信审批人员要恪守职业道德，严格遵守审批纪律要求。

要点3：严格遵守国家监管部门信贷政策，按照总行信贷政策进行贷款审批，不能随意适用"例外"情形，放松授信审批条件。

【关键环节 8】 贷款发放与支用

要点1：借款人申请支用贷款时，要按照规定认真审查支用材料的合规性及手续的完备性。

要点2：贷款发放时应严格审查放款条件是否全部落实到位，并根据贷款合同约定安排放款。

要点3：贷款支用后，无论是受托支付还是自主支付，都必须及时取得与合同约定用途相符的凭证，并核实确认其真实有效性，严防贷款资金被挪用。

三、强化内控管理，完善岗位分离制衡

（一）落实岗位分离

严格落实有关规章制度中"岗位分离"的规定，将贷款调查、审查、审批等各环节的工作职责交由不同岗位承担，明确岗位权限与责任，各岗位之间既要相互配合又能够互相制衡，坚决杜绝"一手清"现象，使信贷岗位分离制衡真正起到"防火墙"的作用。

（二）加强岗位轮换

严格落实有关规章制度中"岗位轮换"的规定，对贷前调查、贷中审查等关键岗位，如客户经理岗、信贷部门负责人、贷款审批岗等，必须定期调换岗位人员，不允许以各种方式规避轮岗，或以各种借口长期不轮岗。

（三）强化监督检查

加强事中管控，强化监督检查工作。要将专项检查与综合性检查、常规检查与重点检查、定期检查与突击检查相结合，加大对风险隐患较大及管理存在缺陷的部位和环节的重点检查力度。同时，业务部门检查与风控部门检查要共同推进，形成合力，做到通过监督检查及早发现、及时化解违规问题。

四、强化法治宣传教育，提升全员法律意识

在办理信贷业务过程中出现各种违规、违法行为，大部分是法律意识不强、法治观念淡薄的表现。因此，要持续深入开展法治宣传教育工作，多措并举提升法治宣传教育的针对性和有效性。通过举办专题讲座、研讨会、案例教学等多种方式，使广大员工学习、了解和掌握相关法律、法规、规章制度，提升法律意识和法律思维，使"遵章守纪、依法合规操作"变为自觉行为，逐步形成办事依法、遇事找法、解决问题用法、化解矛盾靠法的良好法治文化。

后 记

我决定撰写《商业银行法律风险防控与处置化解》一书，是想把多年从事法律事务工作的经验与体会分享给广大读者，与此同时，为了纪念与同事们一起共同奋斗、难以忘怀的光辉岁月。本人自1997年中国政法大学研究生院毕业后进入建设银行山东省分行工作，2003年6月起任法律事务部主要负责人，历经法律事务、风险管理、内控合规（法律事务）等部门，在管理岗位工作20年，主要从事法律事务管理工作，基本未有间断。每当想起和同事们一起处置化解重大法律风险、重大法律纠纷的艰苦过程，历历在目，仿佛就在眼前。一心为公的胸怀、专精覃思的法律素养、兢兢业业的工作作风、持之以恒的品质，都已成为我们的"烙印"和宝贵的精神财富，我为有如此卓越的法律工作同事而深感自豪与骄傲。

多年从事法律事务管理工作，我一直注重法学理论、法律规定与银行经营管理实践的结合，坚持系统观念，运用法治思维，提升法律风险管理能力；紧盯银行业经营管理和业务创新实践，深入业务流程环节，把握法律风险点，提出防控措施，更加有效地防控与处置化解法律风险；注重法律风险管理问题的研究，多年前发表《构建法律风险管理体系》等文章。近几年，围绕绿色金融、科技金融、普惠金融、数字金融等银行业务创新，加强有关法律问题的研究，为业务高质量发展提供法律智慧和法治支持保障；我和法律条线的同事们完成了一些既具有理论性又具有实用性的研究课题，部分研究成果的相关文章已公开发表。

本书是全体作者法律智慧的结晶，也是作者们法学理论与银行业务实践有机结合的成果；本书的分论部分主要选自作者们以前发表的文章和完成的研究课题。全书由我进行体系、内容设计，撰写有关内容提纲；总论部分及专题部分我与作者们共同撰写的章节，我列出提纲；分论中第五章、第六章、第七章、第十一章、第十二章、第十四章、第十五章，主要取自我与作者们

后 记

已共同发表的文章；并负责全书内容的审定。全书在行文上力求通俗易懂、简明扼要，突出实用性。

本书撰写分工如下：

尹承业：总论：第一章，第三章第一节，第二章（共同），第三章第二节、第三节、第四节（共同），第四章（共同），第五章（共同）。专题（共同）。前言，后记。

赵雪敏：总论：第二章第二节（共同）。分论：第二章（共同）、第三章（共同）、第八章。

赵鹍：总论：第二章第三节至第六节（共同）。分论：第一章。

秦敏：总论：第二章第三节、第六节，第三章第二节，第四章第一节、第二节、第三节（部分），第五章第四节。分论：第二章、第三章、第六章、第九章、第十四章、第十五章；专题（部分）。

任燕：总论：第二章第二节、第五节，第三章第三节，第四章第三节（部分），第五章第一节、第二节。分论：第五章、第十一章、第十二章、第十六章。

于皓珈：总论：第二章第一节，第四章第三节（部分），第五章第五节、第六节、第七节。分论：第三章（部分）、第十章。

孙文超：分论：第四章、第十三章。

吴晓婉：总论：第二章第四节、第三章第四节、第五章第三节。

杨乐：总论：第四章第四节。

王天娇：分论：第七章；专题。

虽然我与全体作者利用业余时间不辞辛苦进行写作，对本书倾注了大量心血与汗水，但由于能力有限，不当之处亦在所难免。欢迎各位读者予以批评指正！

最后，借此感谢建设银行总行法律部全体同仁多年来一直对我的关心、支持与帮助！衷心感谢建设银行省分行领导及所有同事们对我的支持、帮助与关怀！

尹承业

2024 年 4 月 26 日